プロブレムQ&A

お世継ぎ問題読本

［どこへ行く？　女性天皇論争］

■

佐藤　文明・著

緑風出版

プロブレムQ&A

目次

プロブレムQ&A

Ⅰ　どこへ行く女性天皇論争

Q1 親王誕生が意味するもの
秋篠宮妃が男児を生んだということで、マスコミは大騒ぎ。でも、巷は意外に冷めてたり。これをどう考えたらいいのでしょうか。 10

Q2 なぜ女性は天皇になれないのか
日本には何人かの女帝がいたそうですね。でも、今では女性天皇は許されない。どうしてそんなことになってしまったのですか。 17

Q3 女性天皇容認論が浮上した背景
女性天皇を認めようという声が最近、高まっているようです。今頃なぜ、とも思いますが、声が高まった理由を教えてください。 27

Q4 期待と反発・入り組む賛成と反対
女性天皇賛成派、反対派。革新も保守もいろいろと割れているそうですが、なぜそんなに入り組んでしまっているのでしょうか。 36

Q5 「皇室典範に関する有識者会議」
小泉前総理の諮問機関が、女性天皇容認で結論を出したと聞いています。それに沿って法改正が行われるのではないのですか。 44

Q6 激烈な男子男系派の巻き返し
女性天皇に反対するグループが、自民党の中で巻き返し、小泉諮問機関結論に反対したそうですが、その論理はどんなものですか。 53

Q7 男児誕生で一息ついた民族派
秋篠宮妃が男児を生んだため、天皇制も今世紀は安泰だ、といいます。とすると、女性天皇を巡る論議は終わったのでしょうか。 63

Ⅱ 日本の源流と女性の役割

Q8 万世一系の神話はどこまで真実か
万世一系の天皇制を誇る人たちと、そんなものはなかったという人たち。どちらが本当なのか、定義を含めて教えてください。
74

Q9 日本もまた母系制から始まった
日本は昔、母系社会だったと、なにかで読んだことがあります。でもこの間の論議で、母系を巡る議論がないのはなぜなのでしょうか。
86

Q10 記紀神話を正しく読むために
『古事記』『日本書紀』は、読みにくく、とてもむずかしい。解説書から始めますが、正しく理解するためにはどんな点に注意すればいいのでしょうか。
96

Q11 自然崇拝と女神信仰の間に
日本は多神教で森羅万象に神が住むといわれ、一神教のような男性神もいないので、自然や女性に優しいとされます。現実はそう見えませんが。
108

Q12 飛鳥時代の女性天皇の役割
推古から称徳までの一七〇年間、半分が女帝統治下にありました。これを「つなぎ」とする説明はムリ。本当の役割はなんだったのでしょうか。
118

Q13 女帝も珍しくない世界の王制
イギリスのエリザベス女王は有名ですが、世界に女王は珍しくないようです。それも単なるお飾りではなさそう。どうだったのでしょう。
130

プロブレムQ&A

Ⅲ　天皇の継承と戦争の関係

Q14　建武中興から幕末までの天皇　142
歴史の教科書を見ても、後醍醐天皇が建武中興でがんばった後、幕末になるまで天皇の話は出てきません。その間はどうしていたのでしょうか。

Q15　帝国憲法と旧皇室典範の関係　153
天皇制は伝統そのものではなく、欧米との出会いによって確立したものだと聞きました。帝国憲法と天皇制との関係を教えてください。

Q16　帝国憲法下の天皇たち　164
戦前、天皇はどんどん神格化して行ったと聞きます。そうなってしまったのは帝国憲法に問題があったのか、天皇に問題があったのか、どちらですか。

Q17　戦争責任と靖国神社の関係　174
戦争に行った人たちは、死んでも靖国に祀られることを心の支えにした、と聞きます。どこまで本当なのか、少し理解できないところがあります。

Q18　新憲法下で変わったもの　185
新憲法で日本は大きく変わったといわれます。でも象徴天皇制ってよくわからない。天皇制を残したために引きずったものも多いと思います。

Q19　女性天皇でなにが変わるのか　195
女性が天皇になれば世の中が変わる、という意見があります。でも、どう変わるかの説明はありません。あまり変わらない、ということですかね。

Q20　求められるあなたの究極の選択　205
天皇頼みで何かを変える、何かを守る。その発想がダメなんでしょうね。変えるのも守るのもまずは自分。そのためには究極の選択が問われますね。

資料　有識者会議報告・222

本文イラスト＝堀内　朝彦

プロブレムQ&A

I

どこへ行く女性天皇論争

Q1 親王誕生が意味するもの

秋篠宮妃が男児を生んだということで、マスコミは大騒ぎ。でも、巷は意外に冷めてたり。これをどう考えたらいいのでしょうか。

親王と内親王

二〇〇六年九月六日、秋篠宮《あきしののみや》（文仁《ふみひと》）妃《ひ》の紀子《きこ》さん（三九、五日後に四〇）が東京港区の愛育《あいいく》病院で帝王切開《ていおうせっかい》によって男子を出産しました。新聞各紙はこれを「紀子さま、男児ご出産」と号外《ごうがい》で報じ、テレビ各社も日本全国の奉祝《ほうしゅく》ムードを伝えています。しかし、町を歩いての実感《じっかん》では、紀子さんの出身地である目白商店街（豊島区）など、一部の商業施設を除き、決して熱狂的《ねっきょうてき》な奉祝は見られず、マスコミの上滑り、といった感じが拭《ぬぐ》いきれません。

この、市民の冷静な受け止め方に影響されたのか、マスコミの続報《ぞくほう》は急速に尻すぼみとなり、宮内庁《くないちょう》の発表を報じる程度になっています。このなかで話題の焦点になったのは、男児懐妊をいつ知ったのか、ということでしたが、宮内庁によれば、両親の希望で性別については出産まで主治医《しゅじい》も知らなかった、との説明でした。事前に発表がなかったため、目白商店街などでは、「祝・親王《しんのう》さま誕生」と

帝王切開

分娩の際の苦痛を和らげる（無痛分娩）ため、イギリス王室の間で流行した切開分娩だが、ドイツ語のカイザー（分離）を帝王と邦訳したのはまちがい。現在では出産が母子の安全に関わる場合に用いられる。紀子さんも、前置胎盤に近いということから切開分娩となった。

かつて、天皇が神格化されていたとき、天皇のからだにメスを入れるのはタブーとされた。天皇が生まれる母体にメスを入れるのも、イギリ

「祝・内親王《ないしんのう》さま誕生」の二種類の横断幕《おうだんまく》を用意していたようです。

お七夜《しちや》に当たる九月一二日、病院内で「命名《めいめい》の儀《ぎ》」が行われ、「悠仁《ひさひと》」と名づけられた、と同日、宮内庁から発表されています。が、その後、命名には秋篠宮夫妻が二〇日も熟慮《じゅくりょ》した、という話が流れ、「もっと前から知っていたのではないか」といった疑問を抱いた人も少なくないようです。が、真相は今のところだれにもわかりません。

ところで、天皇・皇族《こうぞく》のあり方を定めた法律である「皇室典範《こうしつてんぱん》」第六条は「嫡《ちゃく》出《しゅつ》の皇子及び嫡男系嫡出の皇孫《こうそん》は、男を親王、女を内親王とし」としています。秋篠宮は天皇の嫡出の子（法律上の妻との間で生まれた子）で、紀子さんとの間に生まれた子は嫡男系嫡出の皇孫です。したがって、男児は「親王」、女児は「内親王」と呼ばれることになります。そのため、男女、それぞれの横断幕を用意しなければならなかったわけです（ちなみに、右以外の皇族は男子が「王」、女子が「女王」と呼ばれます）。名前に付随するこれらの呼称《こしょう》を「尊称《そんしょう》」と呼んでいます。

また、典範二三条で「天皇、皇后、太皇太后及び皇太后の敬称は、陛下とする。前項の皇族以外の皇族の敬称は、殿下とする」とあり、これを「敬称」と呼んでいます。が、これらの尊称や敬称の使い方には矛盾も多く、わかりにくいもので、庶民の戸籍の中にまで無用な差別を持ち込む結果になるものなので、本書ではこれを省略します（本書は基本的に皇族や民間人の一般的な敬称も省略させていただくことにします）。「天皇皇后両陛下」という表現は、敬称によって固有名を省略したもの。紀

スとは違い、神権日本ではタブーであった。が、いまはそんな時代ではない。筆者は紀子さんの選択を正しいと思う。

しかし、手術日がなぜ九月六日だったのか。根拠は不明。その子が天皇になった場合、その日が天皇誕生日＝記念日になるとすれば、疑念（主治医のなんらかの記念日だったり）が残る。世俗や近代技術にまみれた天皇は、神権どころか神秘でもない。これを機に祝祭日を見直すべきだ。

太皇太后と皇太后
皇太后《こうたいごう》とは元、皇后であった天皇の母親のこと。太皇太后《たいこうたいごう》とはかつて皇后であった天皇の祖母のこと。
天皇の父や祖父の呼称規定がないのは父や祖父が存命であれば、子は天皇になれないためだ。生前譲位が

子さんは秋篠宮文仁殿下妃・紀子妃殿下というのが正しいのでしょうが、妃が二つ入るなど、おかしなものというほかはありません。

男児誕生の意味

男で陛下と呼ばれるのは天皇だけ。そのため天皇を「陛下」と略すことがあります。皇太子の名前は浩宮徳仁《ひろのみやなるひと》ですが、ふつうは皇太子殿下で浩宮殿下とは呼びません。弟の礼宮《あやのみや》文仁殿下は結婚して一家（秋篠宮家）を創立したため、秋篠宮殿下と呼ばれるようになっています。浩宮と秋篠宮は似ていますが、前者は名前（幼名）で、後者は宮号《みやごう》（秋篠宮の幼名は礼宮）。皇太子は結婚しても天皇ご一家の一員で、宮家を創立しませんが、皇族男子は宮家を継ぐ（ふつうは長男）場合を除き、宮家を創立します。秋篠宮とはそうした宮号で、氏とか家名というよりも屋号（新居・秋篠宮邸の名でもある）に近いものです。

もっとも皇太子夫妻が天皇家の一員だといっても、おなじ建物に同居しているわけではなく、天皇・皇后が暮らす吹上御所（千代田区の皇居内）とはまったく別の東宮御所（港区の赤坂御用地内）に暮らしています。そのため、皇太子のことを東宮殿下と呼ぶこともあるようです。

皇室典範第一二条（皇族女子は、天皇及び皇族以外の者と婚姻したときは、皇族の身分を離れる）によって、女子は結婚すると皇族身分を離れて庶民の家に入ることになるので、宮家を創立することはありません。いずれにしても、将来天皇になる資格

認められれば（現在の皇室典範には、譲位規定がない）呼称が必要になるはず。父は上皇、祖父は太上皇というのが歴史的な呼称である。

東宮の呼び名は屋号である

赤坂御用地には赤坂御苑《ぎょえん》を中心に、いくつかの宮家が建っている。迎賓《げいひん》館《かん》と裏庭つづきの位置に大正天皇妃・貞明《さいめい》皇后の大宮御所《おおみやごしょ》が建っていたが、一九五八年に壊されて、皇太子一家の居室兼公務所として建設された（落成は一九六〇年）のが東宮御所。その後の増築を含め、建設費は四億四四〇〇万円の新居である。白樺《しらかば》やテニスコートなど、軽井沢のイメージで囲まれているが、天皇代替わりで、「テニスコートの恋」を思い出にした当人達は皇居・吹上御所に移住。現皇太子一家がここで暮らしている。東宮とは御所に付けら

があるかどうかを含めて、皇族は男子として生まれるか、女子として生まれるかで、その後の人生が大きく異なることになります。

とりわけ今度の出産は「嫡男系嫡出の皇孫」の誕生劇です。それまでも皇孫は三人いますが三人とも内親王（女子）で、将来天皇になる可能性の高い親王（男子）はひとりもいなかったのです。また、誕生が男児だということになれば皇族全体にとっても、秋篠宮が誕生して以来、四一年ぶりの男子（皇族男子は全員が天皇になる資格を持ちます）誕生ということ。天皇制の存続を願う者にとって、まずはめでたい出来事なのです。

山手線・目白駅前には「祝・親王さま誕生」という横断幕とともに、鯉のぼりが飾られたそうです。内親王だったらなにを飾ろうとしたのか、祝うほうにも男児と女児とでは意識に大きな違いがあったものと思われます。

本書のテーマ

本書のメインテーマは皇室典範第一条の規定（皇位は、皇統に属する男系の男子が、これを継承する）にあります。これによれば天皇の地位は男系男子しか継げないわけで、愛子《あいこ》・佳子《かこ》・眞子《まこ》、三人の内親王は、皇室典範が改正されない限り天皇にはなれないのです。でも、こんど生まれた悠仁ちゃんは親王なので、典範の改正がなくても皇位を継承できます。「天皇制の存続を願う者にとって、まずはめでたい」といったのはそのことを意味しています。

れた名で、宮号とはいえないが、宮号も本来は屋号の一種だったので、広義の宮号だといってもいいだろう。

紀子さま男児ご出産
体重2558グラム 母子とも健やか
皇室41年ぶり皇位継承3位
典範改正見送りへ

秋篠宮妃男子出産を報じる新聞
『朝日新聞』二〇〇六年九月六日付け

ところが、思いのほか親王誕生を歓迎する声は大きくありませんでした。天皇制の存続を願う人たちも、胸のうちでは歓迎しながらも、声を潜めている気配があります。それはなぜなのか、を考えてみましょう。

まずは秋篠宮妃・紀子さんの妊娠の経過があります。皇太子妃・雅子さんに第二子出産が期待できないため、「愛子ちゃんに皇位継承の道を開こう」という声が高まり、皇室典範改正が議論されていました。しかし、女性天皇に反対し、皇室典範改正を認めないとする人たちの巻き返しが強まったとき、突如、紀子さんの妊娠が報じられ、勝ち誇ったような宮妃の映像（これは筆者の印象です）が流れました。

これとは対照的に、憂鬱《ゆううつ》な表情を浮かべる皇太子妃の姿。そして、紀子さんの出産に合わせ、逃げるかのように日本を離れ、オランダで過ごした皇太子家族。その際に見せた愛子《あいこ》ちゃんと雅子さんの満面の笑み。これらのマスコミ報道に触れて、多くの人が、親王出産を直感しました。根拠はなにもないのですが、①親王誕生は織り込み済みで、人々の間ではすでに歓喜のお祝い事ではなかったのです。

また「愛子ちゃんを天皇に」という思いを抱く人、そうは思わなくても「典範改正は不可欠」と考える人たちにとって、②親王誕生は典範改正を振り出しに戻すもので、再度厄介な問題を考えなければならない、という気の重さがあるようです。この件に関して、天皇家内部に対立があるのかどうか、明らかではありませんが、悠仁ちゃんの誕生に狂喜しすぎるのも、秋篠宮家に肩入れしすぎる感は否めません。典範改正に傾いていたマスコミが一転、典範改正反対に回ったような印象を与

雅子と紀子

筆者は観察する気もないのだが、雅子と紀子は、長男次男の対立を増幅しているという。たしかに皇太子と秋篠宮が仲良しであるという印象はない。というより、天皇家において、兄弟が仲良しだった例がはたしてあるのだろうか。この対立は世襲家族の宿命のようなものではないか。だから人々は己に引き寄せて、さまざまな俗説や憶測を言い立てる反面で、痴話げんかには距離を置きたいと考える。長男の責任の重さと、次三男のさまざまな屈辱感、といったところで痛みわけにしようとするのである。

える奉祝記事も、読者への説明として苦しい部分があります。
お家騒動には距離を置きたい、というのがごく一般的な反応なのです。
また、旧来の天皇制の存続を絶対と考える人たち（以後、本書ではこの人たちを「天皇崇敬民族派」あるいはただ「民族派」、「家」制度の復活を同時に求める人たちを「国体護持・民族派」と称することにします）にしてみても、天皇制の断絶・終焉《しゅうえん》（→Q2、Q3）をとりあえず回避《かいひ》できたわけですが、これによって天皇制が安泰になったわけではありません。恒久的《こうきゅうてき》な手立てを講じるためには、皇室典範の改正は避けられない（皇位継承者の消滅を防ぐために設けられている宮家の絶滅は、悠仁誕生でも解決されない不安定要素なのです）のです。

こうした保守・民族派の戸惑いを代表するように、悠仁誕生時の首相だった小泉純一郎は、親王の誕生を愛《め》でながらも、「典範改正論議は別（これからも続けるべき、との含み）」と語ったし、その後、新首相になった安倍晋三にしても「典範改正を今論じる時期ではない（いずれそのときは来るだろう、との含み）」と語っていて、改正論を無用だとは語っていない点に注目すべきです。だから、③いずれやってくる典範改正論議に、手の内は見せたくない、フリーハンドでいたい。①、②、③この三つが奉祝一色にならなかった理由だろうと思います。

本書もまた、②典範改正が振り出しに戻ったこと、③いずれは典範改正がやってくる、という認識に立っています。その際、この間に積み上げられた議論を踏まえると同時に、この間、出されていなかった論点をも見つめ直すことで、③やがて

2005年（平成17年）11月25日　金曜日
皇室典範会議が報告書
政府 来春にも改正案
女性・女系天皇容認
第1子優先が適当
報告書のポイント

皇室典範会議が報告書を提出したことを報じる新聞

『朝日新聞』二〇〇五年十一月二十五日付

来る改正論議に厚みのある論点を提供しようと考えるものです。

悠仁親王の誕生は、「愛子ちゃんに皇位継承の道を開こう」という、どちらかといえば緊急避難的な皇室典範改正論議を超えて、この問題を熟考させる時間的余裕を生みました。その結果、夫婦の幸せにとって、女性や子どもの幸せにとって、天皇家の家長としての地位（皇位）の継承はプラスなのかどうか。それを模範《もはん》とする日本の家族が幸せに向けて開かれているのかどうか。天皇制を維持することがプラスなのかどうか、こうしたことを冷静に考えてみるチャンスが与えられたと思うのです。

Q2 なぜ女性は天皇になれないのか

日本には何人かの女帝がいたそうですね。でも、今では女性天皇は許されない。どうしてそんなことになってしまったのですか。

天皇を特別な人にする論理

日本には昔から天皇《てんのう》がいて、国を治《おさ》めてきた、といわれています。江戸時代、天皇は何代も京都御所《きょうとごしょ》に暮らしていました、国を治めていたのは江戸の徳川家《とくがわけ》の将軍《しょうぐん》です。天皇はただ、伝統《でんとう》に基《もと》づく宮中祭祀《きゅうちゅうさいし》をおこなっていたにすぎません。内輪《うちわ》の祭《まつ》りですから少々地味《じみ》で、なにをしているのかを知る人は少なかったようです。

ところが幕府は、黒船《くろふね》の来航《らいこう》で、それまでの鎖国政策《さこくせいさく》をやめなければならなくなったとき、反対を押し切ってまで開国《かいこく》する力がありませんでした。そこで天皇の力を借りたことから、天皇の存在《そんざい》が急に大きくなったのです。明治《めいじ》になって新しい国を作った人たちは、この天皇に国の統治権《とうちけん》を与えたほうが支配《しはい》しやすいと考え、天皇を君主《くんしゅ》とする憲法《けんぽう》を制定《せいてい》しました。

当時《とうじ》、世界ではフランスが革命《かくめい》によってルイ王朝《おうちょう》を倒《たお》して共和制国家《きょうわせいこっか》を樹立《じゅりつ》し、

現天皇の即位礼＝一九九〇年（平成二年）十一月十二日、毎日新聞提供

アメリカもイギリスからの独立を果たして大統領制《だいとうりょうせい》の道を歩み始めていました。四《し》民平等《みんびょうどう》、人に上下《じょうげ》はない、という考え方が強まっていたのです。明治の実力者《じつりょくしゃ》もそうした世界を知ってはいました。けれども、イギリス式の立憲君主制《りっけんくんしゅせい》を選んだのです。

そのため、四民平等の世の中でなぜ天皇だけが特別な存在なのかを説明する必要が出てきます。統治《とうち》の正当性《せいとうせい》、統治権の根拠《こんきょ》です。そこで使われた説明が、昔から天皇は偉《えら》かった、昔からずっと君臨《くんりん》していた、昔からずうっとそうだった、という事実（これには疑問もあります）です。すなわち「伝統《でんとう》」こそが統治の正当性を支えたのです。この「伝統」には、その後、国学者《こくがくしゃ》の学説《がくせつ》によって脚色《きゃくしょく》が施《ほどこ》されます。それが「万世一系《ばんせいいっけい》の伝統」というものです。

「万世一系」とは大昔《おおむかし》からずっと男系《だんけい》の天皇によって代々世襲《だいだいせしゅう》されてきて、途切《とぎ》れたことがない、ということ（これが本居宣長《もとおりのりなが》以来の国学者の考え方）です。これが唯《ゆい》一《いっ》の統治権の根拠なのだから、今後もずっと一系（男系）によって途切れることなく天皇の地位は世襲されていく、ということでもあります。だから、明治になってつくられた天皇の地位継承《ちいけいしょう》の仕方《しかた》を決める「皇室典範《こうしつてんぱん》」第一条は「男系の男子これを継承す」と定めたのです。

江戸時代まで女性も天皇になれた

江戸時代までは女性天皇《じょせいてんのう》も許《ゆる》されていて、実際、何人かの女性が天皇になって

万世一系

この言葉そのものは比較的新しいもので、わかっている最初の使用例は慶応三年一〇月の岩倉具視《いわくらともみ》「王政復古議」に「皇家は連綿として万世一系」とある。「一系」の語は和書にも漢書にもない、という。ニュアンスとしては『日本書紀《にほんしょき》』の「万世無窮」、『神皇正統記《じんのうしょうとうき》』の「一種姓」。藤田東湖《ふじたとうこ》には「万世一姓ノ天皇」という用法があった、とされる。いずれにせよ、この段階では、継承の伝統において男系・女系といった区分は明瞭ではなかったと思われる。

います。だから、女性天皇を認めてもいいのではないか、との意見もあり、「皇室《こうしつ》典範《てんぱん》」制定過程《せいていかてい》では、女性天皇や女系天皇《じょけいてんのう》を認める試案《しあん》が出されていました。しかし、万世一系の天皇を「万邦無比《ばんぽうむひ》」の貴種《きしゅ》として尊《たっと》ぶ国学者の主張によれば、これまでの女性天皇は一代《いちだい》限り。つなぎの天皇なので、その子が天皇になることはなかった。つまり、女系に移ることはなかった、としています。そして、王朝《おうちょう》の交代がないままに男系一系で王家《おうけ》をつないできたことが、世界に例のない誇《ほこ》るべきもの（万邦無比）なのだ、と主張してきたのです。

皇室典範をまとめる責任者だった井上毅《こわし》は、この主張を日本の伝統として受け入れて女系を否定《ひてい》すると同時に、男系であっても女性は天皇になれない、という立場に立ちました。なぜなのか、その理由は明確《めいかく》ではありませんが、父系《ふけい》（男系）社会では、女性天皇を認めるとその配偶者《はいぐうしゃ》（皇配《こうはい》）が、次代の天皇を自分の家の子として取り込み、天皇家が乗っ取られることを心配したものと考えられます。

乗っ取られないまでも、孝謙《こうけん》（称徳）天皇における道鏡《どうきょう》のように、配偶者が天皇の力を頼りに政治権力をふるう恐《おそ》れがある。こうしたことを防ごうとしたのだといわれます。究極《きゅうきょく》の予防策《よぼうさく》として、女性天皇には配偶者を持たせない、という手もありますが、それではカップルで臨《のぞ》むことの多い国際的な外交舞台《がいこうぶたい》では通用《つうよう》しようもありません。

こうした配慮《はいりょ》の結果が「男系男子《だんけいだんし》」に限る、という「皇室典範」の考え方になったわけです。女性天皇の可能性はこうして消滅《しょうめつ》しました。

道鏡と宇佐八幡神託事件

称徳《しょうとく》天皇は大津で病気療養中、僧・道鏡の治療を受ける。以後、二人は急速に接近。道鏡は大臣禅師《おおおみぜんじ》、太政大臣禅師に出世。ついには天皇に準じる地位である法王になる。称徳の後ろ盾で、あらゆる権力を手にしたのである。さらに七六九年、宇佐八幡に「道鏡を天皇に据えよ」との神託が下り、称徳はその確認を和気清麿《わけのきよまろ》に命じる。清麿の報告しだいで道鏡は天皇になったかもしれないのである。が、清麿の報告は「必ず皇緒を立てよ」で、称徳・道鏡の陰謀は水泡に帰した（『続日本紀《しょくにほんぎ》』）とされる。これによって、清麿は明治政府によって、楠正成《くすのきまさしげ》と並ぶ忠臣に奉られた（↓一二七頁注）。

男系男子（↓二三頁）

王制と継承

ここで、王制《おうせい》と継承《けいしょう》について考えて見ましょう。王制とは王様《おうさま》（君主《くんしゅ》）が国を治める政治体制《せいじたいせい》、国家体制《こっかたいせい》のことです。かつて、世界の多くが王制（君主制）の国でした。王国は武力で他者を従《したが》えた王の所有物《しょゆうぶつ》であり、その財産《ざいさん》は王家に分配《ぶんぱい》されました。王の地位も王家内部で継承されます。血縁《けつえん》に基づく継承を世襲《せしゅう》といいますが、王制は基本的に世襲です（もちろん王は絶対者なので、継承者を血縁外から指名することも可能です。これを中国では「禅譲《ぜんじょう》」と呼んでいます）。また、武力《ぶりょく》で地域をまとめ、地域を拡大し、反乱を抑えるために王のため軍隊《ぐんたい》を持ち、彼らは王のためにだけ働きます。

江戸時代の将軍《しょうぐん》とは、こうした存在で、幕府も王制の一種と言っていいでしょう。もっとも、江戸時代にはそれぞれの国があり、藩主《はんしゅ》（君主＝王だが、日本ではこれを諸侯と呼んでいる）がいましたので、将軍は君主を超える存在として「大君《おおきみ・たいくん》」と呼ばれていました。西洋や中国でも、地域をまとめる王をキングとか「王」と称し、彼らの世襲を認めながら、より広域の世界をまとめる覇者《はしゃ》をエンペラーとか「皇帝《こうてい》」と呼んでいました。

明治維新《めいじいしん》、幕府を倒して政権を握《にぎ》った薩摩《さつま》や長州《ちょうしゅう》は王制＝幕府を廃《はい》しながら、王制＝天皇に依拠《いきょ》しました。それが「王政復古《おうせいふっこ》」の大号令《だいごうれい》です。維新とは「ご一新《いっしん》」とは異なり、引き継いで改めるという意味ですが、実際にはなにも一新せずに遠い昔に還《かえ》る、ということでした。日本は王制を維持したのです。天皇は帝《みかど》と呼ば

ジュリアス・シーザー
ローマの軍司令官（インペラトール）だったシーザー（フルネームはガイウス・ユリウス・カエサル）は暗殺されてしまうが、その養子・オクタヴィアヌスが初代ローマ皇帝になる。このインペラトールがエンペラー（ヨーロッパ各語の皇帝）、カエサル（分家の意＝つまり、ユリウス家の分家）がカイザー（ドイツ語の皇帝）になった。が、エンペラーには軍司令官、カイザーには分家、分離、切開のニュアンスが含まれている。切開分娩（カイザーシニット）のカイザーを帝王（シニットは切るの意）と誤訳したのが帝王切開（→一〇頁注）。

れ、君主と呼ばれていましたが、いつのまにか「天皇」と呼ばれるようになっていきます。

天皇とは道教《どうきょう》の信仰《しんこう》対象である動くことのない天の王者《おうじゃ》・北極星《ほっきょくせい》を指す、という解釈《かいしゃく》が一般的です。筆者は単なる覇王《はおう》を超え、天＝神を内在する存在、すなわち則天武后《そくてんぶこう》が希求《ききゅう》した「即天皇帝《そくてんこうてい》」の略称《りゃくしょう》とも考えています。皇帝であるとともに天の使者である、王の中の王であり、神である。「天皇」とはこうした用語で、則天武后を歴史から葬《ほうむ》り去《さ》った中国では、二度と使われなかった用語です。

欧州《おうしゅう》でも、王であると同時に神であるような存在は権力者の理想でした。しかし、神の権威《けんい》を代表するローマ法王は、こうした帝王の存在を認めませんでした。こうした中、十二世紀に神聖《しんせい》ローマ帝国《ていこく》を旗揚《はたあ》げした東フランク王国（この歴史はもっと複雑）のドイツ諸連邦《しょれんぽう》の王は、フランク王国の皇帝をローマ教皇の分枝《ぶんし》と見なします。皇帝であると同時に神である、欧州（というより、主にドイツ）はこれをホーリー・エンペラー（神聖皇帝）と名づけます。

日本語でも「帝」はみかど、「天皇」はすめらみこと。「すめら」は「聖なる」なので、英訳ではホーリー・エンペラーが正確でしょう。しかし実際には「エンペラー」と訳されています（外国文献ではmikado）。一八七一年にドイツが国民国家・ドイツ帝国として統一されます。この統一ドイツは神聖ローマ帝国を第一帝国と定め、自ら第二帝国を名乗ります。ヒットラー・ナチスはこれに次ぐ第三帝国を唱えましたが、ドイツ第三帝国崩壊後、エンペラーをホーリー・エンペラーと称する習

道教
儒教が生まれる基盤ともなった、陰陽五行思想などを含む中国の民間神秘宗教。易学や風水などで、日本にも強い影響を与えた。

則天武后（→一二五頁注）

慣は欧州全体で姿を消しています。つまり、国際的には天皇も王、または皇帝に他ならないのです。

幕末維新《ばくまついしん》、日本も国際的な潮流《ちょうりゅう》を見極《みきわ》め、統治者を民衆が選ぶか、君主に国の決定権を渡さない権力のあり方を模索《もさく》していました。君主を排して民衆自身が政治を動かそう、というのが「共和《きょうわ》（政体）」の考え方。君主の指示に従おう、というのが「（君主）専制《せんせい》」、民主的に選出《せんしゅつ》されたリーダーと君主とが国の未来を担《にな》っていく、というのが「（君民）同治」の発想です。

「国体には三体あり、共和、専制、同治《どうち》それなり」とは、当初の自由民権運動《じゆうみんけんうんどう》が配布したパンフレットの一節です。このパンフレットは共和こそ理想である、といっています。端的に言えば王制も天皇制もいらないということです。しかしこの考え方は自由民権運動の中軸《ちゅうじく》とはなりませんでした。当時の士族《しぞく》や知識人（インテリ）は民権のリーダーを装《よそお》って、政権の内部に入り込む余地《よち》があったからです。彼らが天皇を称《たた》えることは、明治政権にとってもありがたいことでした。

当時のインテリ民権結社《みんけんけっしゃ》を代表する「交詢社《こうじゅんしゃ》」や「嚶鳴社《おうめいしゃ》」は自由・平等を叫びながらもどこかで歯切れの悪い論理を提供しました。福沢諭吉《ふくざわゆきち》が結成した交詢社は、天皇を中軸とする憲法草案を全国の民権結社に提示し、その枠内での変革に期待したし、嚶鳴社も機関紙《きかんし》上で「女帝を立つるの可否」を討議《とうぎ》させ、女性天皇には問題がありすぎる、という結論を導いています。井上毅《こわし》はここでの論戦《ろんせん》をそのまま借用《しゃくよう》し、女性天皇を否定する「皇室典範」を定めているのです。

明治日本の政治体制

明治の日本は君主専制として出発し、内閣を発足させて君民同治を模索。憲法発布によって同治の一形態である立憲君主制を選んだとされる。しかし、帝国憲法は人権の規定を法の枠内にとどめており、権力を制限する規定がないため、憲法であるかどうかは疑問で、立憲君主制とは言いがたい。

嚶鳴社

会津藩出身のジャーナリスト・沼《ぬま》間守一《もりかず》を社主とする民権結社。その機関紙『東京横浜毎日新聞』紙上で「女帝を立つるの可否」が連載された。可の先鋒は肥塚竜《こいづかりゅう》、否の代表が島田三郎。最後に社主の沼間が否に回って、女帝不可の結論が出された。

「男系での女性天皇」と「女系天皇」

次に、「男系である女性天皇」と「女系天皇」とのちがいについて説明しておきます。系とは生まれた子がどの家、どの一族《いちぞく》の系統《けいとう》に属するかを決めるもので、男系（父系）、女系（母系）、両系《りようけい》（双系）があります。「父系社会」というのは男系によって「家産《かさん》」や「家名《かめい》」といったものが継承《けいしよう》されていく社会のことで、その反対が「母系社会」です。現代社会は「双系社会」が多い、といわれていて、日本も法律上ではどちらの家に属するかは両親の決定にゆだねられており、双系です。

ただし、新憲法で男女平等《だんじよびようどう》が謳《うた》われる前の日本（戦前の日本）は父系制（これに特別な権力を与えていたので父権制、家父長制社会とも呼ぶ）でした。もっともこれは法律上のタテマエ（仕組み）で、実際には芸事《げいごと》（家業）を母から娘へと継承《けいしよう》するために母系一族、女系家族を貫く人たちも存在しています。また、父権の実態は弱く、ことがあると子を連れて母方の実家へ逃げ帰る、といった慣習《かんしゆう》も根強く、双系的な社会だったとも言われています。

しかし、系を辿《たど》ろうとする意識や制度は、家産や家業の継承に裏づけられたものので、本来、双系はありえません。父系か母系です。双系とは男女平等の権利意識から形成された現代的な制度であり、そこからうまれた意識です。民族学者は太《たい》古《こ》の人類も双系だった、といいますが、それは系を意識する以前の状態、すなわち「無系《むけい》」と呼ぶほうが正確だと思われます。

民権結社三態

民権結社には土佐自由党を代表とする「士族民権」と、多摩・神奈川を中心とした「豪農民権」、東京を主な拠点とする「知識人民権」があり、嚶鳴社は最後のもの。天皇制容認では知識人民権がいちばんで、比較的遠かった（すなわち共和の考えに近かった）のが豪農民権だったといえる。

一方、母系は世界各地に小島《こじま》のように残っており、インドネシアのミナンカバウ、カンボジアのナンビクワラなどが知られています。中国の奥地の少数民族にもいくつかの事例が見出せます。しかしかつては、母系社会の広大な世界地図があったようです。ミクロネシアからエジプト、カメルーンへと至《いた》る母系ベルト地帯、カンボジアから北上《ほくじょう》し、日本からアイヌ・モシリをも包む東アジア母系地域（筆者の用語）。エジプトからクレタ島、トルコ（シャタルユユク遺跡《いせき》は女帝の国だった）をかすめ、北欧《ほくおう》からアイルランドへと回り込むケルト母系地域（筆者用語）。

こういう社会では女性を統治者《とうちしゃ》とする支配機構が成り立ちます。女王の時代もいっぱいあったはずです。中国の歴史書である『魏志《ぎし》』倭人伝《わじんでん》に出てくる邪馬台《やまたい》国《こく》（日本）の女王・卑弥呼《ひみこ》もそうした一人であることは間違いありません。ただし、この時代、この地域で母・娘継承が行われたのかどうかは疑問です。母系社会では女から女へと家産などが継承されていきますが、必ずしも母から娘へというような世襲が成り立っているとはいいがたい（卑弥呼と台与《とよ》の関係も世襲継承ではない）からです。「系」という意識の確立にはその保存・伝承手段《でんしょうしゅだん》（記録）が必要です。世界でも最も早く父系制を確立した中国には「姓《せい》」（漢字）という伝承手段《でんしょうしゅだん》がありました。しかし、この漢字が女偏《おんなへん》であることからもわかるように、中国でも漢字発生の太古、姓はそもそも母系で継承されるもので、父系ではなかったと考えられています（『中国姓氏考』王泉根）。

もっとも母系による継承は母から一族の有能な次世代の女性に継承されるもの

卑弥呼と台与

魏志倭人伝にはこうある。「卑弥呼以って死す。……さらに男王を立てしも国中服せず。……卑弥呼の宗女壹与《いよ》（＝台与《とよ》）年一三なるを立てて王となし、国中ついに定まる」いちど男王に戻したが混乱したため、台与を王にした、というのだ。これが女系継承でないのは明らかだが、二人の関係は母娘でもない。「宗女」であるという。おそらく、卑弥呼の一族の娘ということだろう。

で、父系が父子継承（父から息子へ）を原則としているのとは大きなちがいがあるようです。一世代一世代、バトンを渡すように継承されるので「万世一系《ばんせいいっけい》」といった意識を生み出すことはないように思われるのです。沖縄の島々に残るシャーマンである「ユタ」の制度もこのような形（男性継承でもチベットのダライラマも血縁継承ではありません）で継承されています。

「一系による継承」とは、父系、男系の継承が確立されてから、大切なもの、価値あるものと認識されるようになったのです。この男性社会の意識から、母系が議論され、双系が語られるようになったのです。

女性天皇の容認とはどこまでか

ところで、天皇家には系の継承記録である「姓」がありません。それがなぜなのか、後ほど考えてみようと思いますが、「姓」がないために女性天皇と女系天皇の区別がわかりにくくなっています。仮に、天皇家の姓を「源平《げんぺい》」としてみましょう。父系制社会では「姓」はふつう男性が継承します。女子は結婚すると夫の姓となり、男子は結婚しても生家《せいか》の姓を変えません。生家の「家名《かめい》」を継ぎ、子孫に残すと考えられているのです。

ところで、家を継ぐ男子がいない場合、ふつうは女子があとを継ぎます。源平さんの一人娘が家を継いでも「源平」家は安泰《あんたい》です。女性天皇の容認《ようにん》とはここまでのことを言います。「佐藤」さんと結婚しても「源平」の家名を維持することは可

ダライラマ

チベットの国王であり、ラマ教の教主であるダライラマは代々男性で継承される。が、血縁継承ではなく、先代が死ぬと、その聖性を受け継ぐ子がどこかで生まれているはず、として国中の子どもたちの中から優れた兆候を見出し、王位に就けることになっている。

能です。夫に家名を捨ててもらえばいいことです。しかし、厳密《げんみつ》にいえばこうした結婚は父系社会の例外です。また、民間人である「佐藤」さんが「源平」を名乗るのにも抵抗感《ていこうかん》があるでしょう。

問題はその次で、この二人に子どもができた場合、その子は「源平」さんです。しかし、この姓は男系で伝えられたものではなく、女系で伝えられたものです。この子が天皇になった場合、それが男子であれ女子であれ、女系天皇なのだということです。女系天皇の容認とは、ここまでのことを認めることを意味します。「源平」を名乗っているけれど、本当は「佐藤」家の人間だろ、「佐藤」が天皇家を乗っ取った。父系制社会では、そうした批判が生まれてきます。

明治時代というのは父系制・家父長制《かふちょうせい》の形成期《けいせいき》でもありました。天皇家では父系制が早くから確立していたため、天皇家の伝統の中に女系は存在しませんでした。明治の「皇室典範」を起草した井上毅は、この伝統を踏襲《とうしゅう》するとともに、女系天皇のみならず女性天皇をも否定しました。それは、天皇を軍の最高司令官としたため、女帝よりも男帝のほうがふさわしかったことともに、父系制を当然とする批判や抵抗、それによる混乱を避けようとしたためでしょう。父系によって国をまとめていこうとしているときに、女性天皇を容認するのは都合が悪かったのです。

第二次大戦後、新たに「皇室典範」が制定されます。この件はQ18で説明しますが、結論を言えば、天皇の継承権についてはかつての「皇室典範」を継承します。すなわち、女性天皇の容認は行なわれなかった、ということです。

民間の継承・墓

日本の民間の継承法は江戸時代まで父系の代表的な継承方である嫡子（長男）継承ばかりではなかった。男女に関わらず最年長が継ぐものを姉家督（姉家督）、最年少の男子が継ぐものを末子相続《ばっしそうぞく》と呼び、前者は北関東から東北に多く見られ、後者は漁民の間に広く分布していた。新選組・沖田総司の家は奥州白川藩士の家だが、武士でも姉家督で、唯一の男子なのに総司は家を出され、試衛館に住み込んでいる（藩士を継いだのは姉の夫）。葬制は個人墓が基本。「先祖代々」などは存在せず、宗派が違えば夫婦でも寺を異にした。姓も別姓（ただし屋号は共通）で、統一されたのは明治になってからだ。これらの慣習を破壊するに当たって明治政府は「庶民の慣習は慣習にあらず」と豪語した。

Q3 女性天皇容認論が浮上した背景

女性天皇を認めようという声が最近、高まっているようです。今頃なぜ、とも思いますが、声が高まった理由を教えてください。

にわかにはじまった女性天皇論議

後ほど詳しく説明しますが、女性が天皇になってもいいではないか、という議論は戦後の「皇室典範《こうしつてんぱん》」制定時《せいていじ》を含め、その後も何度か顔を出しています。新憲法下では女性天皇が認められにくい原因であった家父長制《かふちょうせい》が否定され、タテマエにすぎないとはいっても、いちおう父系制《ふけいせい》は双系制《そうけいせい》に変わりました。

また天皇の職責《しょくせき》のひとつであった軍の最高指揮官（大元帥《だいげんすい》）という側面も、軍が解体されて無用となり、男性天皇のほうがふさわしい仕事（地位）でもなくなりました。だとすれば、女性天皇を認めたほうが男女の平等を定めた新憲法の精神にも合致《がっち》しているのではないか、という主張です。これは革新政党《かくしんせいとう》ばかりではなく保守政党の中にもあった考え方です。しかし、いずれも問題提起の域を出るものではなく、現実の皇室典範改正に結びつくものではありませんでした。

近年にわかに女性天皇の論議が活発になってきたのは、こうした、新憲法の元

婚姻・国籍法の改正

戦前の明治民法は家父長制だったため、結婚は父系によって、つまり夫の氏《うじ》（父方の家の氏）を継承することで成り立っていた。両性の平等を謳った新憲法下では夫婦いずれかの氏を名乗ると改正され、形の上では平等になっている。しかし氏が家名であるため、家父長的な「家」意識を引きずってしまった。また、国籍法は明らかに父系制で、日本国籍は父が日本人である場合しか与えらなかった。これが改正されたのは女

での天皇制度・皇室制度はどうあるべきか、という、いわゆる「べき」論ではなく、実際に天皇を継承《けいしょう》する男子が途絶《とだ》えてしまいそうだという現実に追い立てられたものだといえます。男性天皇にこだわれば、天皇制の存続が危《あや》うくなる。このまま放っておくわけにはいかない、という「現実」論です。

そしてまた、国連の女性差別撤廃条約が成立し、国際的な圧力も強まっています。憲法改正が論議されるなか、天皇のあり方を見直そうとする動きも出て、憲法調査会の場でも皇室典範の改正が検討対象になりました。こうしたことも、女性天皇を容認《ようにん》する法改正の動きを加速させる要因になっています。

では次に、悠仁親王が誕生するまで次の次の天皇を継承する男子がいなかった、という状況について振り返っておきましょう。

皇室に男子がいない

天皇が亡くなった場合、その地位は皇族の男子が継ぐことになっています。この、後を継ぐ資格のことを「皇位継承権《こういけいしょうけん》」と呼んでいます。また、だれが継ぐべきかは皇室典範によって厳格《げんかく》に定められていて、それが「皇位継承順位《こういけいしょうじゅんい》」です。悠仁が生まれる前、皇位継承権を持つ皇族は六人で、第一順位者が皇太子（徳仁《なるひと》）、第二順位者が弟の秋篠宮《あきしののみや》（文仁《ふみひと》）でした。ここまでの順位は悠仁が誕生しても変わりません。

以下、若い人たちにはなじみが薄いかもしれませんが、第三順位が常陸宮《ひたちのみや》（正《まさ》

性差別撤廃条約批准後の一九八五年のことである。

アメリカの要求

女性天皇を認めないのは憲法違反、という声が、憲法成立に関与したシロタ・ゴードン・ベアテ（GHQ民政局スタッフ）からも挙がるなど「アメリカも女帝を要求している」という噂がマスコミ関係者の間に流れたことがある。根拠はアメリカのアフガン攻撃である。アメリカはイスラムを民主主義・女性差別の観点から叩こうとしたが、アメリカ支援国家のほとんどが王制で、女帝を認めない国もある。これではアメリカの論理そのものが成り立たない、というわけである。ブッシュ大統領の忠犬ポチ・小泉が突然女帝容認で突っ走ったのを見ると、根拠なき噂ではなかったのかもしれない。

仁《ひと》）、第四順位が三笠宮《みかさのみや》（崇仁《たかひと》）、第五順位が三笠宮（寛仁《ともひと》）、第六順位が桂宮《かつらのみや》（宜仁《よしひと》）となっていました。悠仁は父・秋篠宮に次ぐ第三順位となるので、常陸宮以下はそれぞれひとつ繰り下がることになります。各自の関係は、次ページ下欄の家系図《かけいず》をご覧ください。

　私たちにもなじみのある父子直系相続《ふしちょっけいそうぞく》という習慣からみると、皇太子や秋篠宮の天皇家相続はなんとなく理解できますが、その他の宮さまが天皇家を継ぐ、というのはなにかピンときません。なじめないのです。もっとも、そのことはあまり問題にはならないでしょう。というのも、他の継承権者のうち最も若い桂宮でも五六歳なので、四四歳の皇太子、三八歳の秋篠宮の死後も存命で、天皇家を相続する、などということはまず考えられないことだからです。

　現天皇（存命中《ぞんめいちゅう》は平成天皇とは呼ばず、今上《きんじょう》天皇と呼びます）の次は、とりあえず皇太子か秋篠宮に決まりです。他の四人が天皇になる可能性はまずないでしょう。だから問題なのは、次の天皇ではなくて、次の次の天皇なのです。早くても三〇年、ことによったら五〇年先のことを問題にしているのです。

　そのとき、皇族に男の子がいない。皇位継承権者がいない。天皇になる者がいなくなり、天皇制度が途絶えてしまう。これが悠仁誕生以前の大問題だったのです。

　皇太子には女の子が一人、秋篠宮には女の子が二人。しかし天皇の孫にあたる男の子（悠仁）は生まれていなかったのです。傍系の皇族《こうぞく》（傍系の宮家は現在、常

二段階の長官発言

　湯浅長官の発言は二段階で構成され、第一段は二〇〇三年六月「東宮家（皇太子一家）にも第二子を」との希望を表明。第二段が一二月の会見で、「秋篠宮さまのお考えはあるかと思うが、皇室の繁栄を考えると、三人目を強く希望したい。姉妹（眞子、佳子）との年齢差を考えるとできるだけ早い時期にと思う」と語ったことである。これを繋げてさまざまな憶測を加えて報道したのは週刊誌である。

陸宮、三笠宮、桂宮、高円宮《たかまどのみや》の四宮家です）を見ても、皇位継承権者を除けば、男の子は皆無で、女の子は民間人と結婚すると皇族身分を失います。だからこのままでは直系の天皇家ばかりか宮家もすべて消滅する運命にあったのです（宮家が消滅する運命にあることは悠仁誕生後も同様です）。

　皇族の中で最も若い男子は秋篠宮で、一九六五年一一月三〇日生まれ。以来、皇族には一人も男の子が産まれていなかったのです。そのため、宮内庁をはじめとする天皇制維持論者は、男子出産を雅子さんに期待し、それがままならないと見るや、紀子さんに期待する、という声になったのです。

皇太子妃の出産と、お世継ぎ問題

　天皇制を大切に思う人たちは、現在の皇太子である徳仁（親王）が結婚したときから、皇太子妃となった雅子さんに男の子の出産を期待していました。皇太子妃にもさまざまな仕事がありますが、最大の職務は世継ぎを生むことだからです。世継ぎとは、将来、天皇の地位を継ぐと期待される者。すなわち皇太子が天皇になった後、皇太子（次の天皇）になるはずの子どもです。そのため、皇太子妃の懐妊をめぐってマスコミのスクープ合戦が過熱し、宮内庁が報道の自粛を求めたほどでした。しかし、最初の懐妊は、流産に終わりました。

　二度目の懐妊の発表は二〇〇一年四月にありました。このときは、男子出産への期待がさらにエスカレート（雅子さんの健康を考えれば、そうたくさんの子は産めな

家系図

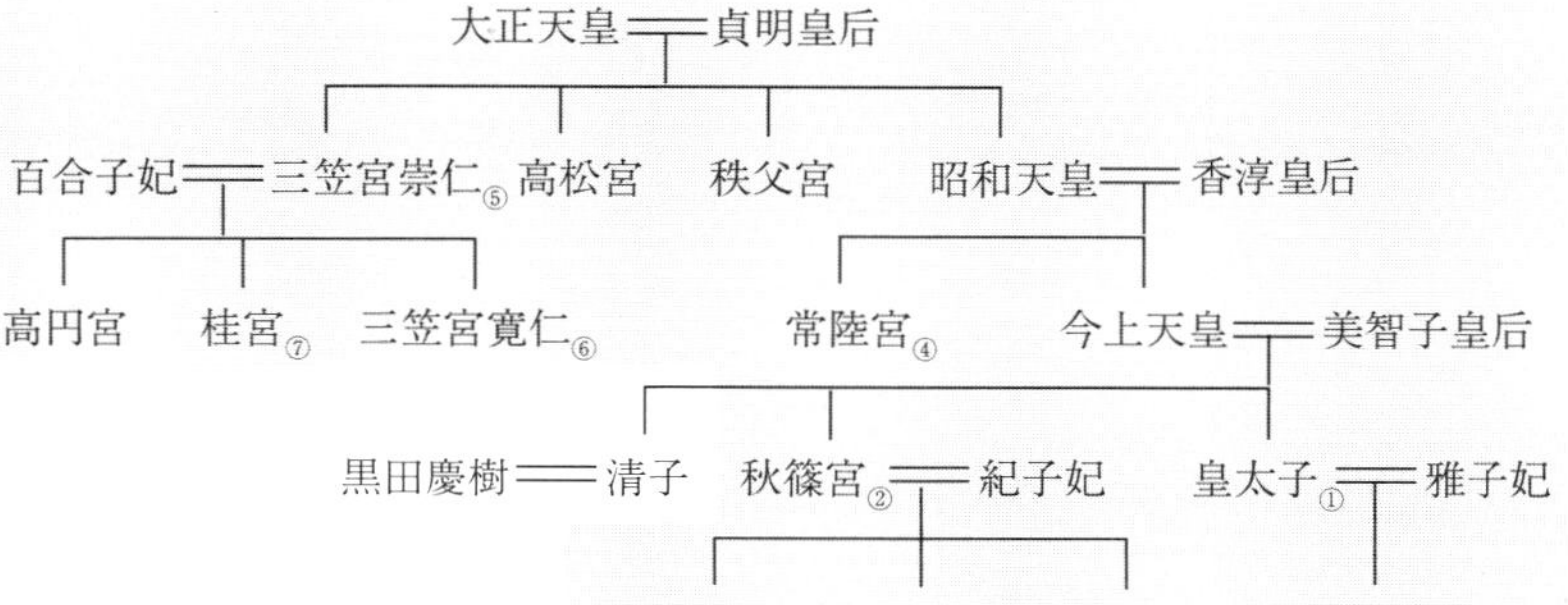

※数字は皇位継承順位

いだろう、という推測が働いたからです）して、「人工授精だろう」「男女産み分け法を実践しているのだろう」といった噂も広がり、巷間《ちまた》では「男の子にちがいない」という噂《うわさ》に溢れていたのです。

けれど、実際に誕生したのは女の子でした。二〇〇一年一二月一日のことです。数日後、「愛子」と命名されたと発表されました。もちろん、ひとの誕生は男の子であれ女の子であれ、おめでたいものです。天皇崇敬民族派も、けっして「期待はずれだった」などとは公言しません。でも、宮内庁の一部には、そうした思いがくすぶっていたようです。雅子さんには、次の出産を期待するプレッシャーが掛けられました。

その決定打が二〇〇三年一二月の湯浅利夫宮内庁長官発言だったように見えます。雅子さんに第二子の出産が望めないのなら、皇太子の弟・秋篠宮妃の紀子さんに眞子、佳子に次ぐ、第三子（当然、男子出産を意味する）の出産を期待する、という発言です。今にして思えば、ですが、宮内庁担当記者たちはこの発言を契機に二つのプロジェクトが走り始めたのだと口をそろえます。宮内庁長官のこの発言は、相当に計算されたものだったわけです。当時は、なんとしても男の子の誕生を期待するがゆえの勇み足、不用意な発言と見られていたのです。

宮内庁と法制局

天皇制の危機《きき》、それは雅子さんの流産あたりから現実的なテーマとなってきま

宮内庁

出典：フリー百科事典『ウィキペディア（Wikipedia）』

した。天皇制の存続にもっとも大きな利害関係《りがいかんけい》を持つ宮内庁（なにしろ天皇制度がなくなれば庁がつぶれてしまうわけですから）は、男子を期待しながらも空振りに終わった愛子誕生直後から、雅子さんの男子出産に期待を寄せながらも、次善《じぜん》の策を用意しようとしていたのです。

そこで練りに練った長官発言が飛び出したようなのです。次善の策、そのひとつが①皇室典範（天皇の継承権者や継承順位を定めた法律）の改正による、女性天皇の容認です。そしてもう一つが②秋篠宮夫妻に第三子（男子）の懐妊を促すことです。この矛盾するプロジェクトが長官発言を巡る宮内庁のマスコミ操作（発言は私的なもので、週刊誌がすっぱ抜いて憶測を加える、という展開を重ねた）で、現実に動きはじめたのです。

この間に雅子妃の失意と、公務離脱、第二子出産断念、病状の進行、皇太子の「雅子に対する人格否定があった」とする記者会見（後述）、秋篠宮による会見批判（会見前に家族に相談すべきだった、とする）などが出され、マスコミが「人格を否定したのはだれか」の犯人捜しをしている間に、二つのプロジェクトがそれぞれに進んでいくことを当然、あるいはやむなし、と考える環境が整備されていったのです。

①に関して追記すれば、女性が天皇になってもかまわない、ということにすれば、紀子さんの娘（眞子・佳子）もいれば、まだ結婚が決まっていなかった皇太子の妹・紀宮《のりのみや》（清子《さやこ》）もいました（二〇〇五年一二月、黒田慶樹《よしき》との結婚により皇籍離脱）。皇室典範を改正して女性天皇を容認すれば天皇制存続のためのカードが一気に広が

法制局と宮内庁

法制局とは法律を上程する場合に、他の法律と矛盾することがないよう、法文を具体的に検討する機関です。つまり、皇室典範の改正がそれだけ現実化した、ということになります。この間の動きを最初にレポートしたジャーナリスト・森暢平《ようへい》（元『毎日新聞』宮内庁担当記者）によれば、この改正プロジェクトを依頼したのは宮内庁（九四年に宮内庁入りした鎌倉節が、秘書課に改正案の調査を命じた）と自民党サイド（山崎拓自民党幹事長は雅子さん懐妊直後に、女性天皇容認論を提起した）だろうと言っています（『文藝春秋』二〇〇二年三月号）。

る（宮家の消滅を救うチャンスも生まれる）と考えたのです。そこで「女性天皇でいいじゃないか。雅子さんを男子出産の重圧から解放してあげよう」という世論が醸成されるのを期待しました。女性天皇の容認、皇室典範の改正はこれまで以上に緊急のテーマとなったのです。法改正に向けて、宮内庁や内閣法制局《ないかくほうせいきょく》が動いたのは当然です。

②に関しては個人的な側面が大きいので、証明はできませんが、秋篠宮夫妻は皇太子夫妻を立てる必要から第三子をもうけることを控えていた、というのです。長官発言は、これに青信号を与えるメッセージであるとともに、公務をこなせない雅子さんに対する「わがまま」バッシングにも助けられて、紀子さんの懐妊を期待するムードの盛り上げに成功します。

両方の流れを操った宮内庁のお手並みは鮮やかというほかはありませんが、その結果浮上してしまったのが「お家騒動」です。実際には騒動などないのかもしれませんが、世間には皇太子派、秋篠宮派がうまれ、それが悠仁誕生後も尾を引いています。それが「愛子天皇待望論」と「悠仁天皇待望論」です。この対立は多分に感情的なものなので、今後の皇室典範改正論議にいっそう複雑な要素が加わった、といえそうです。

雅子さんは救われるのか

マスコミや世論がいっせいに女性天皇容認に傾いたのは、宮内庁長官の男子出産を期待する声明の後、雅子さんの精神状態が悪化し、公務を休まざるを得なくなってからです。病気の原因を男子出産のプレッシャーから、と考えたからです。

この因果関係を、くっきりと見せてくれたのが、二〇〇四年五月一〇日、ヨーロッパ訪問を前にしての、皇太子の異例の記者会見でした。

「雅子にはこの一〇年、自分を一生懸命、皇室の環境に適用させようと思いつつ努力してきましたが（中略）……それまでの雅子のキャリアや、そのことに基づいた雅子の人格を否定するような動きがあったことも事実です」という発言です。

そもそも、皇室外交などということが許されるのか、つまりは元外務省のキャリアだった雅子さんの経験や、外交官として抱いた夢や希望が、皇太子妃となってもなお生かせるのか、という本質的な疑問はそっちのけ。マスコミや世論は「雅子さんがかわいそう」「皇太子の記者会見はよかった」として、「人格を否定したのは誰か」という犯人探しに走りました。

この「雅子さんがかわいそう」の声がそのまま、雅子さんを男子出産のプレッシャーから解放してあげよう、という方向に流れました。女の子（愛子）を産んだんだから、もうそれでいいじゃないか。じゅうぶんに役目を果たしたよ、という声です。ここに見えるのは女性天皇容認論というよりも、愛子天皇待望論に近いものです。深い考えというものではなく、マスコミに頻繁に取り上げられている「あの愛子ちゃんが、なんで天皇になっちゃいけないの」という、ファン心理に近いものです。

もちろん、皇室典範が現在のままである限り、愛子天皇の実現はありえません。皇室典範改正論、女性天皇容認論はこうして燃え上がってきたのです。

しかし、ちょっと待ってください。典範が改正され、女性天皇が認められても愛子天皇が実現するとは限りません。改正の中身（男子優先女性容認の場合など）によっては、たとえば皇太子が天皇になった後、次の天皇が秋篠宮になる場合もあるわけです。そうなればその次の天皇候補は愛子ではなく眞子または悠仁になります。つまり、ファン心理だけでこの問題を片付けてはならない、ということです。

そしてもうひとつ、「雅子さんがかわいそう」という、その見方は正しいのでしょうか。「愛子天皇待望論」はいいとしても、はたして雅子さんはわが娘が天皇になることを本当に望んでいるのでしょうか。この問いが完全に欠落しているのです。愛子ちゃんが天皇になる可能性を持つとしたら、彼女にはどんな恋愛チャンスがあるのでしょうか。結婚できる可能性はあるのでしょうか。

皇太子との結婚に二の足を踏んでいた雅子さん。当然、娘の立場の難しさにも思いが及ぶことでしょう。皇太子の妻として、自分が幸せにはなり切れなかった、ということは、天皇になるかもしれないわが子が幸せになれる、とは信じられないにちがいありません。つまり、愛子天皇待望論、女性天皇容認論は雅子さんを救うことにはつながらないのです。ここを無理やりつなげたマスコミ、女性天皇容認論はあまりにも乱暴というほかはありません。

女性天皇を認めた場合の皇位継承順位

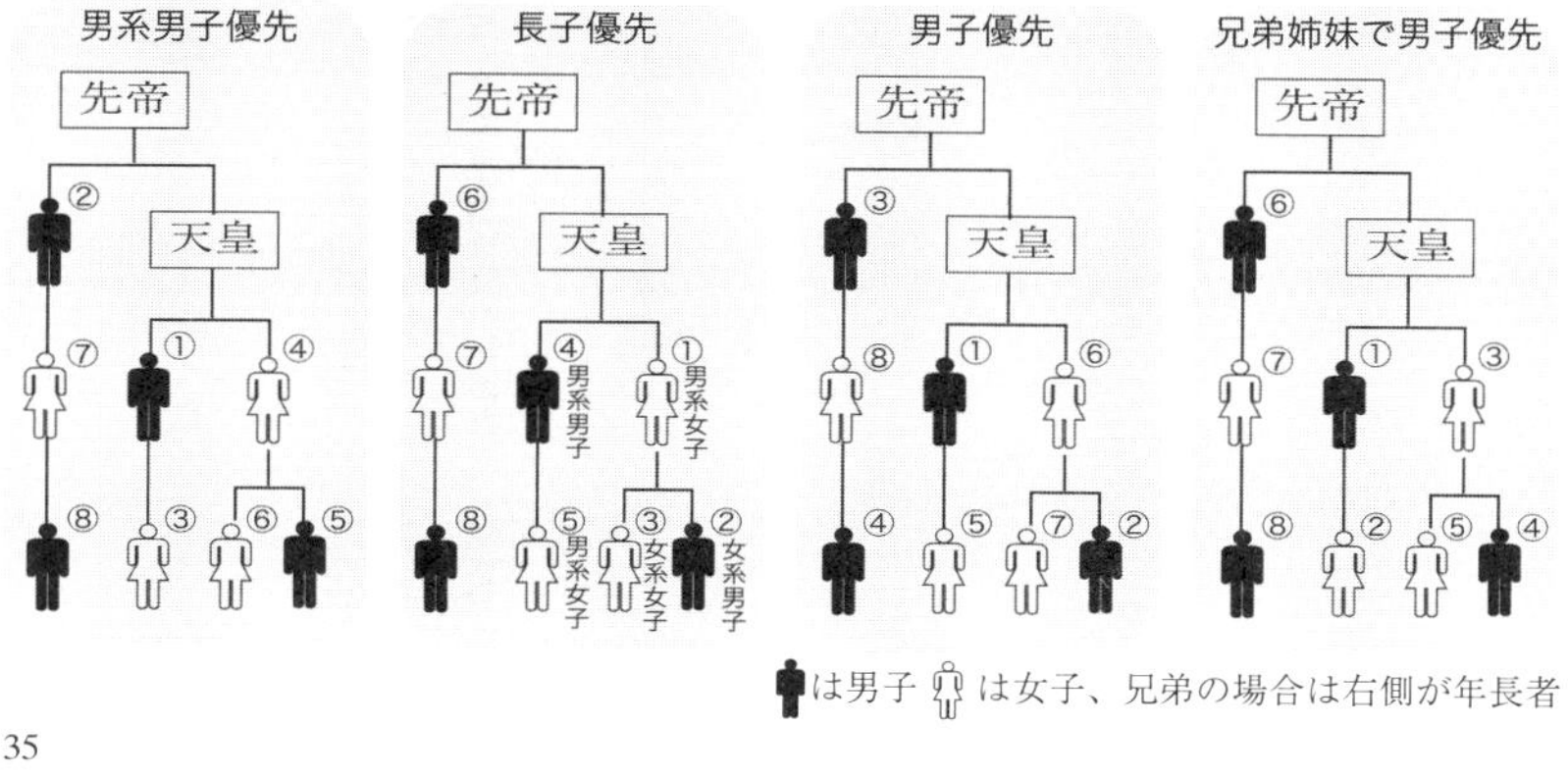

は男子　は女子、兄弟の場合は右側が年長者

Q4 期待と反発・入り組む賛成と反対

女性天皇賛成派、反対派。革新も保守もいろいろと割れているそうですが、なぜそんなに入り組んでしまっているのでしょうか。

入り組む賛成と反対

女性天皇を認めるかどうかについて、一般には革新的な人は賛成、保守的な人は反対であると信じられています。けれど、革新と保守とがあいまいになっている昨今《さっこん》（いちおうこれを衆議院の小選挙区制移行後、としておきます）、こんな単純な割り切りはできません。世論や国会議員の多数は明らかに天皇制容認の立場をとっていますが、革新は賛成、保守は反対などとはいえません。これまで革新的な立場をとってきた人の中にも反対者がいるし、保守的な立場をとってきた人の中にも賛成者がいるからです。

この複雑な状況を強引にまとめれば、革新的とされる人の中にも、①絶対反対、②戦術的賛成、③積極的賛成があり、保守的とされる人の中にも④絶対反対、⑤戦術的賛成、⑥積極的賛成があります。

革新勢力の多くはかつて、天皇制そのものに反対か、懐疑的《かいぎてき》でした。この流れ

共同通信社「女性天皇に関する世論調査」

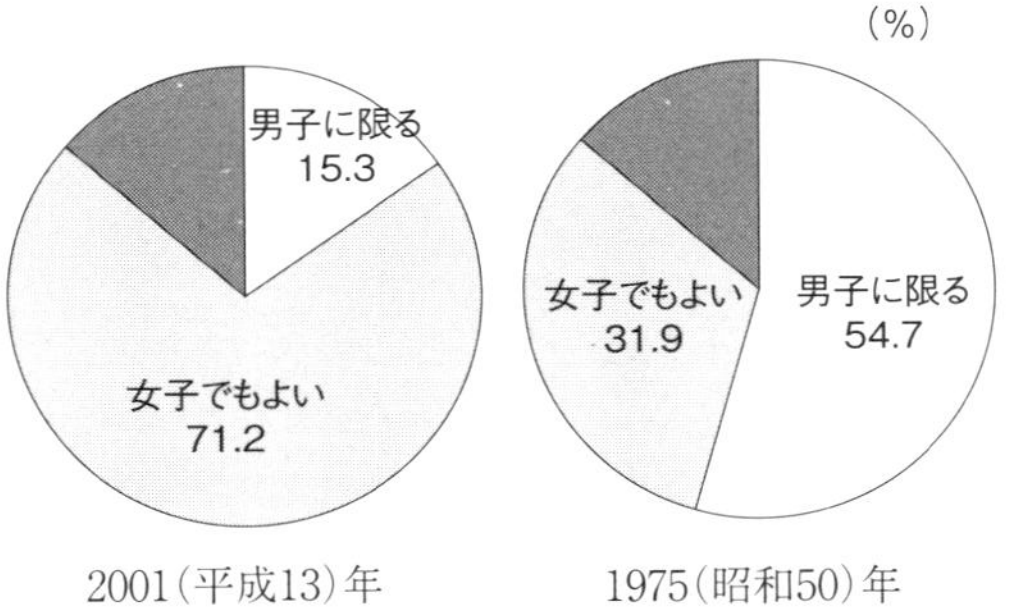

2001（平成13）年　　1975（昭和50）年

を汲《く》むものとして、①の絶対反対があります。ここで女性天皇を認めるということは、天皇制を認めることにつながるので、皇室典範の改正にも反対する、という立場です。これに対して②は、天皇制には反対だが、廃止する手立てがないので、女性天皇の容認が廃止への手がかりになるかもしれない、というもの。③は、女性天皇の擁立により、旧来の天皇を中心としたこの国の家父長制《かふちょうせい》が改められ、男女が平等になるなら、それはすばらしいことだ、というものです。

保守勢力はかつて、天皇制に代表される家父長制をも支持。女性が集団のリーダーになることに反対してきました。この〝日本の伝統〟をなんとしても守ろう、というのが④の立場です。これに対して、そうはいっても現実に皇位継承権者である男子がいない以上、女性天皇容認はやむをえない。天皇制存続のためには典範改正が必要だ、というのが⑤の立場です。⑥は新しい天皇制（象徴《しょうちょう》天皇制）をこの国に根付かせるには、女性天皇を認めることが望ましい。日本が家父長制国家だというイメージは、国際的にもマイナスだ、といった視点です。

③と⑥とは極めて近く、革新でも保守でもない、いわゆる中道、あるいは無党派層（①の支持者も多い）や無関心派は③や⑥に近いものと思われます。

男女平等の原理

日本の家族制度が男系の血統主義《けっとうしゅぎ》を採っているため、男女が不平等になっている、その最大のものが国籍制度《こくせきせいど》と天皇を含む皇室制度《こうしつせいど》でした。かつて、日本の国籍

国籍法改正と社会党

当時の国籍法には二つの欠陥があり、その改正が急務だった。両性差別と、無国籍（主に沖縄のアメリカ人を父とするケース）の発生である

法は父親が日本人である場合に限って、子どもに日本国籍を与えてきました。これが「両性《りょうせい》の平等に反する」ということで問題にされ、一九八四年に改正（父系主義国籍法から両系主義国籍法への転換、実施は八五年）され、父母どちらかが日本人であれば、日本国籍が与えられることになったのです。この改正を勝ち取ったのは当時の社会党・土井孝子《どいたかこ》グループといわれる女性たち（まとめ役は故・生方直吉《うぶかたなおきち》）でした。

この血統主義に基づく国籍法の改正に、筆者は「生地主義の原理も取り入れよ」と主張しています。その筆者にも、国籍法改正を祝うパーティーへの誘いがありました。土井さん自身がマイクを握って歌うなど、盛り上がっていたのを覚えています。そのお開きのとき、誰が言ったのか「次は皇室典範ね」という声が上り、多くの参会者が呼応して、会場はどよめきました（血統主義、世襲や血縁主義に疑問を感じている筆者はこのとき、「えっ、この人たち、女性差別には反対だけど天皇制には反対じゃないのだな」と思いました）。

天皇制を維持したままで、男女平等が実現するのかどうか。このテーマには後に触れるとして、皇室典範改正論の第一波はこうして始まりました。改正国籍法が施行された八五年（一月一日施行）の三月二十七日、参議院予算委員会で社会党の久保田真苗《くぼたまなえ》がこう質問しています。「（皇室典範第一条は）婦人に対する排除《はいじょ》が行なわれているのですが、この点、外務省としては条約（女性差別撤廃条約）との関係でどうお考えですか」と。典範の規定は差別だから改正が必要なのでは、という質問です。

る。これに取り組んだ土井グループであったが、「日本は血統主義」とする法務省のサジェスチョンに目くらまされて、前者の改正にとどまる法案を策定。提出直前、筆者に意見が求められた。「血統主義原則の例外として、生地主義を取り入れないと後者は解決されない」と指摘した筆者（筆者は二重国籍排除にも反対だった）に、グループの多くが共鳴。社会党政審は「土井グループの顔を立て、自民党とすり合わせ提出させたのに反対されても困る」と抵抗したが、両性差別の解消だけの法改正はおかしいとして、国会採決では社会党全体が改正法案反対に回った。日本・韓国以外の国は、父系主義国籍法の改正に当たって、生地主義の原理を一部取り入れ、ドイツは血統主義を放棄している。

この質問（②、③の立場か）以降、フェミニズムを議員活動の柱に掲げる三石久江《みついしひさえ》などが同様の国会質問（九二年、参議院内閣委員会）を繰り返します。そのためか、フェミニズムは女性天皇の容認を求める政治勢力なのだ、という考えが独り歩きを始めます。ただし、実際のフェミニズムは女性天皇待望論ばかりではなく、天皇制そのものに反対する人たち（①の立場）も少なくありませんでした。

原理に呼応した自民党

自民党（その核となったかつての自由党や民主党も）は基本的に父権主義政党で、男女の垣根を取り払うジェンダーフリーに反対し続けている政党です。とはいえ、さすがに男性優位を主張することは困難と見え、近年、役割分担論に主張を転換しました。女性は女性で、その役割をきちんと果たしている限り、男性が男性の役割を支えているのと同様で「男女は平等だ」というものです。

こうした考え方の源流《げんりゅう》は古く、たとえば自由党（民主党と合併し、自由民主党となる前の保守政党）は一九五四年、「日本国憲法改正案要綱案」を発表。女性天皇を容認する皇室典範の改正を謳っています。これを受けて、「自主憲法」の制定と称し、憲法改正を狙う自由党の中曽根康弘《なかそねやすひろ》は「改正要綱私案」を発表（⑥の立場）。この中で、皇室法の改正を謳います。内容はどちらも「女子の天皇を認めるものとし、その場合、その配偶者は一代限り皇族待遇《こくぞくたいぐう》とする（ただし、摂政にはなりえない）」というものでした（一代に限るということは、女系の否定）。

ヴィーナスはぁと

男権主義・小泉前首相が主宰していた人気ウェブマガジン「ライオン・ハート」の向こうを張り、国会議員・岡崎トミ子を中心に運営されている超党派女性議員のウェブマガジンが「ヴィーナスはぁと」だ。ここでは精力的に女性天皇容認論を展開してきている。メンバーとおぼしきひとは民主党＝岡崎トミ子、円より子、千葉景子、川橋幸子、共産党＝吉川春子、八田ひろ子、吉岡吉典、社民党＝大脇雅子、福島瑞穂、国連＝島袋宗康、高橋紀世子　無所属＝田嶋洋子、黒岩宇洋。この人たちを自称フェミニストと考えてもいいだろう。でも、その主張をフェミニズムの代表意見とするのは間違いだ。

注目に値するのはこのグループに対する民族派の批判のレベルの低さだろう。「バカ」や「ブタ」を繰り中曽根は翌五六年、自由民主党憲法調査会第三回総会において、女性天皇容認をこう説明しています。「天皇といいますか、皇族というものは国民大衆の生活の中にしみ込むような〔中略〕人間天皇というものを確保しなくちゃいけないと思うのです。そういう点から、〔中略〕私は女帝を認めてもいいと思うのです」。

一九九五年、自由民主党総裁選挙公開討論会で、候補者の一人だった小泉純一郎は「私は女子が天皇になられるのも悪くないと思う。男子直系にはこだわらない」と発言（⑥の立場）。選挙に勝利した橋本竜太郎は「国民が認めるなら直してはいけないという問題ではない。ただし男子がいる中で急いで改正する必要もないと思う」と発言（⑤の立場）しています。

危うくなった継承

一九九四年十二月二十九日、紀子さんに第二子（佳子）が誕生、再び女子だったため、天皇家に男子は生まれないのではないか、との風聞《ふうぶん》が流れます。そんななか、一月五日『朝日新聞』夕刊が女性天皇容認によって、継承問題を解決しよう、という主張が現われます。『読売新聞』も同月十五日、宮内庁が皇室典範改正に動き出したことを報じ、女性天皇の可能性を間接的に肯定します（⑤の立場）。

二〇〇一年十二月二日の朝刊（愛子誕生の翌日で、誕生のニュースに溢れていた）で『産経新聞』は作家・三浦朱門《みうらしゅもん》の「再考必要な〈男子の皇位継承〉」と題する論考を掲載。女性天皇容認の口火を切ります。最保守を自認する日刊紙が、女性天皇容認

返す以上に、貴重な論調がなにもない。日本の将来が思いやられる。

憲法二四条改悪

自由民主党は自由党時代から何度も憲法改正を試みている。その核は憲法九条（戦争の放棄）だが、セットとして必ず登場してきているのが二四条（結婚における両性の平等）の改正である点は注目すべきである。当事者に「家（家族）」を支える義務を課す、ということで、狙いは戦前の「家」制度への回帰である。両性の平等は否定しないが、夫としての役割、妻としての役割を求めようというのである。こうした考えを抱く者が、女性天皇を容認するということはどういうことなのか。それを推測するのはむずかしくない。女性性を強調し、妻役割の手本となるような天皇である。

にハンドルを切ったことは、男子が生まれなかったことに対する天皇制擁護派の危機感がいかに大きかったかをよく示しています。

二〇〇一年四月、世論の支持を背景に小泉純一郎が首相になると、それまでくすぶっていた右傾化《うけいか》の流れが一気に先鋭化《せんえいか》します。そのひとつが自衛隊の海外派遣に伴う憲法改正（第九条を改正し、自衛隊を軍として、海外に派兵することを可能にするもの）の具体化です。戦渦《せんか》のイラクで派遣自衛官の戦死が現実的になるなか、戦死者の追悼《ついとう》が重要問題として浮上します。靖国神社の国家護持《こっかごじ》（靖国神社法案）を断念した天皇崇敬民族派は、靖国神社公式参拝に期待し、小泉首相もこれに応える姿勢を明確にします。

とはいえ、靖国参拝を支持する声は年々低下し、憲法改正も国民レベルには浸透せず、国会レベルでの空中戦（政界再編の行方を睨《にら》み、浮き足立った議員たちの右往左往）にとどまっています。憲法改正の論議を国民的なものにしたかったのでしょう。二〇〇三年十二月、衆議院憲法調査会・中山太郎会長は「最終報告で女帝を認める方向だ」と表明しています。女性天皇論議のほうが九条よりも国民受けする、と踏んだのです。

ちなみに、二〇〇四年六月に発表された自由民主党憲法調査会憲法改正プロジェクトチーム「論点整理」と、公明党憲法調査会「論点整理」はいずれも女性天皇容認を憲法に明記するよう主張しています。このほか女性天皇容認論はＹＫＫ（山崎拓・小泉純一郎《こいずみじゅんいちろう》・加藤紘一《かとうこういち》）、中曽根康弘《なかそねやすひろ》、野中広務《のなかひろむ》、神崎武法《かんざきたけのり》、野田毅《のだたけし》、菅直人《かんなおと》、

靖国神社国家護持

靖国神社は他の神社と違い、明治天皇が戊辰《ぼしん》戦争の死者を弔うために建立を命じて作られた（当初は東京招魂社）戦死者追悼施設（事実上の皇軍賛美施設）だ。そのため、他の神社が文部省神祇官《じんぎかん》の指揮下にあったのと違い、神祇官のほか、陸海軍の管理下に置かれた。この特殊性は戦後も維持され（神祇庁の管理を受け継いだ民間団体・神社本庁には参加せず、単独の宗教法人となった）、これが靖国神社は特別なので国が維持すべきだ（追悼施設で宗教法人とはいえない、との主張を含む）、という主張となり、戦死傷者家族の団体「日本遺族会」を中心に、一九七〇年に提出されたのが「靖国神社国家護持法案」である。これは七五年まで、五回提出されたが、「政教分離を定めた新憲法に反する」との反

小沢一郎《おざわいちろう》、鳩山由紀夫《はとやまゆきお》といった与野党の大物政治家の主張ともなっています（山崎、鳩山は改正私案発表。鳩山私案は女性天皇容認を明記、山崎私案にはなし）。

憲法と皇室典範

日本国憲法第一条は「天皇は、日本国の象徴であり日本国民統合の象徴であって、この地位は、主権の存する日本国民の総意《そうい》に基く」と定め、第二条には「皇位は、世襲のものであって、国会の議決した皇室典範の定めるところにより、これを継承する」となっています。これを受け、皇室典範第一条が「皇位は、皇統に属する男系の男子が、これを継承する」と定めていて、これが女性天皇を禁じているわけです。

つまり、女性天皇を認めるためには皇室典範を改正すれば済み、憲法改正を必要としない、というのがふつうの解釈です（かつて、日本政府は「世襲」という言葉の背景には伝統があり、男系の伝統が暗に含意されている、との説明を行なっていますが）。だから、憲法改正と皇室典範改正は別個の事柄だ、と考えたほうがいいでしょう。それをあえて繋げた自民党「論点整理」は、憲法に天皇を元首と明記する改正案（公明党案には元首規定なし）を、口当たりをよくして受け入れやすいものにするためのトリックだったように思われます。

自民党の「論点整理」は、翌二〇〇五年には正式な憲法改正案としてまとめられる、といわれていました。ところがこの論点整理（改正試案）の起草に現職の自衛

対に会って成立に至らず、遺族会は運動の焦点を首相の公式参拝に変更している。

官がかかわっていたことが明らかになり、武官が憲法論議に介入することを許さない現行憲法（文民統制）に反することから、この「論点整理」は撤回《てっかい》されます。女性天皇を認める皇室制度の改革も、棚上げにされたかに見えました。

ところが、二〇〇五年一月、突如《とつじょ》、小泉首相の私的諮問機関として、皇室典範改正のための「有識者会議」が結成され、女性天皇容認を前提とするプロジェクトチームが立ち上がったのです。憲法改正に関しては、さまざまなハードルが予想され、簡単に結論が出るとは思えません。しかし、憲法改正とは切り離され、皇室典範の改正だけだとすれば、実現の可能性は遥かに早まります。

この事態に危機を感じて、左右の反対派は従来の主張をいっそう強めます。とりわけ、憲法九条の改正を望む傾向が強い④の立場の人たちは、女性天皇論議が憲法論議と切り離されたことで、にわかに勢いづきます。自民党の中にも強い影響力を持つ男系男性天皇を一歩も譲らない伝統的な天皇擁護派は、有識者会議を悩ませる最大の政治勢力でもありました。

有識者会議メンバー（一〇人）

座長・吉川　弘之（産業技術総合研究所理事長、元東京大学総長）
座長代理・園部　逸夫（元最高裁判所判事）
岩男　壽美子（武蔵工業大学教授、慶應義塾大学名誉教授）
緒方　貞子（国際協力機構理事長）
奥田　碩（日本経済団体連合会会長）
久保　正彰（東京大学名誉教授）
佐々木　毅（前東京大学総長）
笹山　晴生（東京大学名誉教授）
佐藤　幸治（近畿大学法科大学院長、京都大学名誉教授）
古川　貞二郎（前内閣官房副長官）

Q5 「皇室典範に関する有識者会議」

小泉前総理の諮問機関が、女性天皇容認で結論を出したと聞いています。それに沿って法改正が行われるのではないのですか。

「皇室典範」は「皇室法」

二〇〇五年の十一月二十四日、小泉首相の私的諮問機関《してきしもんきかん》「皇室典範《こうしつてんぱん》に関する有識者会議《ゆうしきしゃかいぎ》」が、女性天皇・女系天皇の容認《ようにん》を柱とする皇室典範の改正を求める最終報告書を提出。これを受け、十二月一日には皇室典範改正のための内閣官房《ないかくかんぼう》準備室が開設され、正式な改正案をまとめて、〇六年の通常国会に上程《じょうてい》して成立を目指す、というスケジュールが打ち出されました。政府が改正案を策定する時間は二カ月もない、というのですから、驚くべき早業《はやわざ》です。

有識者会議と銘打《めいう》ってはいるものの、この会議は単に小泉首相の個人的な知恵《ちえ》袋《ぶくろ》に過ぎず、公式機関ではありません。そこがまとめた報告書に対して、政府はなんの検討も加えずに、そのまま丸呑《まるの》みして法案化《ほうあんか》する。二カ月とは、それしかできないタイムスケジュールなのです。いかにこの法案が、国民人気に支えられた小泉純一郎の首相退陣《しゅしょうたいじん》の花道《はなみち》を飾《かざ》るもの、と位置づけられていようとも、首相の独断《どくだん》

私的諮問機関

重要な法改正に当たっては法務省組織令第五七条に基づき、法務大臣が法制審議会に諮問することになっている。が、審議会委員の構成が大臣や首相の自由にならないため、法に基づかない諮問機関を利用することが増えてきた。しかも、私的ならだれにも邪魔されず、メンバーの選任も思いのまま。だから個人の知恵袋にほかならず、公的な権威は持ち得ないのだが、今回の場合、政府が内閣官房に設置した「皇室典範改正準備室」は、この諮問をそのまま法

専行《せんこう》であるとの非難は免《まぬが》れられません。

　戦後に制定された現在の「皇室典範」は、典範と名づけられてはいるものの通常の法律とちがいはなく、改廃《かいはい》は国会で決めれば済むものです。したがって、典範と呼ばず「皇室法《こうしつほう》」と呼ぶ人もいます。しかし、これが天皇制の維持を望む者にとっても望まない者にとっても、日本の将来の姿を決する重要な法律の改正であることは間違いなく、広く国民的な論議が尽《つ》くされることが必要なことはいうまでもありません。

　それにもかかわらず、個人の知恵袋に他ならない有識者会議が会議結成からわずか一カ月、たった一七回（うち二回は専門家と称する計八人の意見聴取《ちょうしゅ》）の会議を開いただけで、個々の識者《しきしゃ》の議論展開《ぎろんてんかい》を公表することもなく、「報告書」をまとめてしまったのだから驚きです。そしてこれが、本当に法案になろうとしていたのです。

　もっとも、マスコミ関係には〇五年十二月の半ばには、法案成立は困難であるという見通しが、流れていました。法案成立を見越しての特集記事や記念出版の動きも皆無《かいむ》でした。

　というのも、郵政民営化《ゆうせいみんえいか》で辣腕《らつわん》を振るい、反対者の口を封《ふう》じて見せた小泉首相でしたが、この問題では閣内《かくない》統一は難しく、強引にやれば自民党が分裂《ぶんれつ》する可能性が生まれていたからです。具体的にいえば、政治生命をかけても女性天皇に反対する勢力が自由民主党には少なくない、ということです。


案化すると宣言して、立法作業に入っている。小泉独裁政権の本性見たりである。

参考人八人
　第六回会議
大原康夫、高橋　紘、八木秀次、横田耕一
　第七回会議
鈴木正幸、高森明勅、所　功、山折哲雄

有識者会議の議論はなぜ拙速だったのか

報告の中身に立ち入る前に、この会議の流れを振り返ってみましょう。これまで見てきたように、皇族に男子が生まれる可能性がほとんどなくなった時点（皇太子妃・雅子の疾病《しっぺい》時点か?）で、Xデーがやってくるのは明らかなことでした。とはいえ、その日はまだ三十〜五十年先の話。男子が生まれる可能性がゼロでない間に、Xデーに備えて法的措置《そち》を講《こう》じる、というのは、天皇主義者にとってある種、「不敬《ふけい》」（天皇・皇族に対して失礼）であることはたしかです。

だから、小泉がこれに手をつけるというのは意表《いひょう》をつくことだった（思えばこれが小泉の手法であったのだが）のです。たしかに小泉純一郎はかねてからの女性天皇容認論者です。けれど、靖国参拝《やすくにさんぱい》に固執《こしつ》するなど、天皇崇敬者と近い路線を歩んでおり、彼らを刺激する皇室典範改正には手を染めないと考えられていたのです。

ところが、はじめに女性天皇容認ありきの「有識者会議」が招集《しょうしゅう》されたのは二〇〇五年の一月でした。それも、年内に諮問《しもん》を受け、翌年には改正案の成立を目指す、という驚くべきスピードの作業日程が発表されたのです。そこには小泉首相特有の計算が働いていただろうし、小泉人気の継続中になんとか改正を取り付けてしまおうという宮内庁《くないちょう》周辺の読みがあったものとみられます。

これを裏読みすれば、自民党内部の混乱を避けて、「国民の声」を背景に、改正案を実現するには小泉首相の任期中《にんきちゅう》がいい、ということです。いや、小泉在任中に

靖国神社

なんとかしないと混乱は避けられない、ということです。いうまでもなく、ここでいう混乱とは、女性天皇に反対する天皇崇敬民族派による揺り戻しであって、天皇制を批判する側の突き上げではありません。

だからこそ、有識者会議の議論は拙速《せっそく》であることを余儀《よぎ》なくされたのです。国民に開かれた議論を避け、皇族や宮内庁関係者の意見（皇族に対する意見聴取は憲法に違反する可能性が高いが）も聴取《ちょうしゅ》することなく、天皇制度に関してはシロウトに近い「有識者」どうしの議論に押しとどめたものです。

議論の経過を見てみると、当初は女性天皇容認ありきの議論ではあったけれど、天皇制護持論者（④の立場）が関心の高いテーマにも言及されていました。女性天皇を認めるけれど、男女平等を認めたわけではなく、男子優先を貫《つらぬ》くとか、元皇族（戦後、皇族身分を失い臣籍《しんせき》に降下《こうか》した一一宮家）の復帰を検討するなどもその表われです。裾野《すその》の広い議論に見せかけていた（検討の中に天皇制廃止の可能性は含まれてはいない）のです。が、これも天皇崇敬民族派に足元をすくわれないためのアリバイ作りに他ならず、結論ははじめから見えていたのです。というよりも、有識者会議そのものがはじめから、天皇崇敬民族派対策用のアリバイ作りに過ぎなかったように思われます。おそらく、皇室典範の改正案は先に用意されていたはずです。すでに宮内庁案、内閣法制局案が練《ね》られていたことは知られています。それらのすりあわせが、どこかでまとめられたのでしょう。だから、小泉在任中に法改正を取りつけようなどという猛《もう》スピードのスケジュールが立てられたのです。

小泉首相は宮内庁や内閣法制局から火中《かちゅう》の栗《くり》を拾わされ、また自ら拾ったのです。女性天皇容認という従来の持論を自分の手で実現する、日本の将来のあり方を自分の力で決定するという小泉流の政治美学《びがく》です。

有識者会議に与えられた使命

小泉流の政治美学にとって、皇室典範の改正はある種の理想の実現でなければなりません。天皇を継承する男子がいないから、やむを得ず、臨時特例法《りんじとくれいほう》を作ってその場をしのぐ、といったものではありえないのです。女性天皇反対派が、歴史上存在した女性天皇は「つなぎ」の天皇だった、と主張。あくまでも臨時であることを強調しますが、そうした立場から典範改正を考えたわけではありません。

永遠ではないにしても、ある程度、時代の流れに耐えうる制度改正を目指したのはまちがいありません。有識者会議の結成を、マスコミは先走りして「男女平等の視点からの改正」の検討と報じましたが、会議の座長・吉川弘之（元東京大学総長）はすぐにこれを否定しています。男女平等を掲げたのでは伝統的天皇主義者・民族派を説得する材料にはならないからです。彼らをどう説得するか、これが有識者会議に与えられた使命《しめい》だったのです。

つまり、有識者会議の報告書の焦点は、女性天皇を容認する（愛子を次の次の天皇にする）という点にあったのではありません。伝統的天皇主義者は女性天皇を批判しながらも、つなぎの女帝《じょてい》（歴史上の先例がたくさんある）はやむをえない、という流れにありました（それもだめだとする中川八洋《なかがわやつひろ》の意見は後述）。問題はその次、つまり愛子の夫が民間人《みんかんじん》だとした場合、その子が天皇になると、天皇の継承は女系となり、民間男子の子が新天皇になる。これが許せない、という点なのです。

有識者会議は当初、女性天皇を容認するにしても、男女平等にするか男子優先にするかを議論したようです。男女平等とは、性別に関係なく長子《ちょうし》に継承《けいしょう》の優先権を与える、というもの。第二次世界大戦以後に王室制度を変更した国々が採用した継承方式です。これに対して男子優先とは、男子に継承の優先権を与え、女性が皇太子や王になるのは男子がいない場合に限る、というもの。イギリスなど、古くから女王を認めていた国の王室制度がこの方式です。

次の次の天皇に愛子が就くのはやむをえないと考える天皇制護持《ごじ》論者は、有識者会議に後者の結論を期待しました。男子優先なら、愛子天皇に皇配《こうはい》として元皇族の男子を迎えてもらえば、その次の代には男系男子の天皇が回復すると踏んでいました（Y染色体が元皇族男子から補填《ほてん》される）。でも、男女平等だと、愛子の次の代もその次の代も、女性天皇出現の可能性が高く、そのたびに元皇族男子を皇配に迎えてもらうのは絶望的（そうなればY染色体の継承は途絶える）なことだからです。

会議の中間報告ではなお、このような天皇主義者の主張に配慮《はいりょ》するふりを見せ、両論を併記《へいき》していましたが、最終報告ではすっぱりと切り捨てています。男女平等を原則とする国際社会のなかで、新たに皇室法を改正する日本が男子優先を原則と

皇配
天皇の配偶者は后妃《こうひ》と呼ぶが、女性天皇の配偶者に対しては適切な呼び名がない。そこで「皇配」と呼ぶらしいのだが、こんな用語がいつから存在したのか、筆者には確認できない。

する継承方式を打ち出せるはずがありません。典範の改正を検討していた宮内庁や内閣法制局の案も、男女平等原則への改正を考えていたはずだし、小泉に招集された有識者会議もこうした原則を承知で論議を始めたものと思われます。

しかし、会議では結局そのことには触れず、最終報告で男子優先を排除し、長子優先だけに絞った理由を「国民意識」と「皇位継承の安定性」から正当化しようとしています。国民が長子である愛子天皇の出現に期待している、ということと、もし男子優先なら、まだ男子が生まれる可能性がある限り、愛子皇太子の道が約束されない（継承の可能性が不安定）ため、将来、天皇になるために必要な「帝王学《ていおうがく》」を教えるタイミングがつかめない、といった問題が生じる、ということです。

皇位継承の安定性とは、生まれた段階で継承の優先権が確定しているほうが、帝王学を含めてトラブルが少なく、新天皇を迎える国民意識もスムーズで、ギクシャクが生まれにくい、ということを意味します。長子優先は男女平等原則によって選ばれたものではなく、皇位継承の安定性から選ばれたものである。有識者会議はこう主張して、男女平等そのものに反対する天皇制護持論者に肩透《かたす》かしを食わせたのです。

天皇主義者の反発

有識者会議の最終報告に対する天皇主義者の批判については項を改めて説明しますが、会議の流れが女性天皇容認・女系天皇容認の色を強めるにしたがって、反

帝王学

中国で帝王が身につけておくべき学問やたしなみをいい、儒教はその一部とされる。日本では昭和天皇が幼少期、学習院初等科院長の乃木希典《まれすけ》大将から受けたのが最初とされ、今上天皇も米児童文学者・バイニング夫人から英語や国際性、民主的な態度などを学んだとされる。新憲法下、帝王は存在しないはずだが、世継ぎ候補には帝王学が必要、との宮内庁見解が一人歩き。「広義の帝王学は幼少期の早い段階から始められた方がいい」（宮内庁関係者）とのことから、愛子の成長を見つめつつ、典範改正を促した面がある。親王誕生でこの問題は決着したように見えるが、典範改正の帰趨《きすう》によっては帝王教育の対象者が変わってしまう。この不安定さはなお、ぬぐわれていない。

対の動きは熾烈《しれつ》になっていきました。①有識者会議のメンバーはシロウトだし、偏《かたよ》っている。②国民的論議がないままの改正手続きは拙速《せっそく》である。③国民意識がなんなのかはあいまいすぎる。④伝統（天皇制）を守るため、と称して伝統にはない安定性を持ち出すのは論理のすり替えである。といった一般的な批判を柱としながら、代案《だいあん》を提示します。

一般的、とは言うものの①の指摘はそれ自体がかなり偏ったものです。というのも、天皇崇敬民族派の多くは有識者会議を男女平等・共同参画《きょうどうさんかく》社会を目指す「フェミニズムの陰謀《いんぼう》」だとしているからです。フェミニズムというには首を傾げてしまうような人もいるのですが、天皇主義者にとって、旧社会党や共産党、クリスチャン団体、女性雇用に前向きな企業などのすべてがフェミニズムであるらしいのです。そして、小泉純一郎もその仲間と考えている節《ふし》があります。

皇室典範改正反対の中心的な論者（有識者会議でも意見を求められた）である高崎経済大学の八木秀次《やぎひでつぐ》は、『反「人権」宣言』で、フランス革命を疑い、わずかな例を挙げて西洋の「人権」思想が「無軌道《むきどう》な子どもを作り出す」「女性を不幸にする」と主張します。これに学ぶべきものもあるのですが、この論法を拡張すると、ヨーロッパの近代思想はすべて否定されてしまいます。原理主義研究会のホームページでは思想の継承関係が図になっていて、人権を基調として成立してきた思想は共産主義であれ実存《じつぞん》主義であれ、フェミニズムであれ、みんな敵なのです。

こうした発想であれば、靖国参拝にこだわる小泉首相でも、フェミニズムに加担する者と見なされても不思議はありません。男系男子天皇を一歩も譲《ゆず》らない絶対伝統派の中川八洋から見れば、この八木でさえ「伝統破壊主義者《でんとうはかいしゅぎしゃ》」とされ、「共産党が主導した（でたらめ）『有識者会議』との間には、伝統破壊において、なんらの差異《さい》もない」と批判されています（『皇室消滅』二〇〇六・ビジネス社）。彼らにしてみれば、民族主義と外れた考えはみな、共産主義かフェミニズムなのです。

では、男系男子を譲らない彼らが提示する代案とはどんなものでしょうか。それは一九四七年に皇族身分を失った天皇家の遠い親戚、元皇族一一宮家の皇族復帰（皇位継承権の再確立）です。元皇族とはいっても皇族を離れて半世紀。皇族離脱（臣籍降下《しんせきこうか》）直後の暮らしは厳しいものがあり、闇市《やみいち》で屋台を出すなど、生活は困《こん》窮《きゅう》し、皇族の権威《けんい》を失った者が少なくありません。いまさら、こういう人たちが皇族でございといわれても、天皇であるといわれても「なに、それ」と思うだけで、違和感《いわかん》ばかりが募《つの》るのではないでしょうか。有識者会議はこれを「国民感情が許さない」として退《しりぞ》けたのです。

憲法からも許されない

元皇族を皇族に戻したり、天皇に就けるということは、国民感情から見て許されないばかりでなく、憲法からみても許されない。元皇族は皇籍を離脱した瞬間から一般国民であり、法の下の平等原則が適用されている。元皇族などという特別な人間であってはならないのである。したがって、皇族に復帰するには憲法改正が必要である。同様に、現在認められている皇族の妻が皇族になる規定も、限りなく憲法違反に近い。これを当然とする考えや典範の規定は家父長制「家」意識、もしくは夫婦一体神話に取り込まれたものである。

Q6 激烈な男子男系派の巻き返し

女性天皇に反対するグループが、自民党の中で巻き返し、小泉諮問機関の結論に反対したそうですが、その論理はどんなものですか。

男子男系の巻き返しの中心は神社本庁

女性天皇容認《ようにん》の動きに対して、早くから反対の論陣《ろんじん》を張っていたのが全国の神社の過半数をまとめる全国組織・神社本庁《じんじゃほんちょう》でした。神道《しんとう》が明治になって国家神道に脱皮《だっぴ》して、天皇制を支える強力な宗教になったことは、後に触れますが、戦後、新憲法が政教分離《せいきょうぶんり》を定めたため、戦前、神道界をまとめていた神祇官制《じんぎかんせい》が廃止されます。そこで、民間の組織であった神宮奉斎会《じんぐうほうさいかい》と皇典講究所《こうてんこうきゅうじょ》、大日本神祇会《じんぎかい》が組織した民間団体、これが神社本庁です。

神社本庁は、明治政府の大教宣布《たいきょうせんぷ》（国家神道の理念の普及《ふきゅう》）を当麻奉戴《たいまほうたい》（皇大神宮《こうたいじんぐう》のお札を家々の守護《しゅご》として神棚《かみだな》に祀《まつ》る）という宗教的な儀式を通じて、代々、父系ルールで継承していくことで実現していこうとしています。それは天皇の男系継承と軌を一にしていて、権威は男系で受け継がれる、という考え方をベースにしています。大教宣布《たいきょうせんぷ》とちがうのは、それが民間団体で進められている、という点です。

神社本庁

ＧＨＱが一九四五年に発した神道指令（国家と神道の分離）を受け、四六年二月に設立された伊勢神宮を本宗とする八万神社を包括する宗教法人。ただし、靖国神社は単独社（本庁に帰属していない。→四一頁注）。武蔵御岳神社や東照宮も単独社。みそぎ教系神社や稲荷系神社も本庁には不参加。二〇〇六年、明治神宮が脱退している。

この神社本庁の機関紙『神社新報』は〇五年、小泉首相のブレーン・有識者会議が女性天皇容認ありきの議論を進めているとき、女性天皇容認に対する一一回にも及ぶ反論を連載《れんさい》していました。これを一口でいえば、有職故実《ゆうそくこじつ》（伝統を守ることを前提に、昔のありようを探り、そこに戻ることを価値とする）です。天皇制とはこうであった。過去にも危機はあったが、こう乗り越えてきた。だから、今日の危機も同様に乗り越えていくべきだ、という論法《ろんぽう》です。

神社本庁は政治勢力としては少数派です。しかし、保守政権とは複雑なつながりがあり、政治力としては大きな力を持っています。ただ、その主張が有職故実にとどまっている限り、日々社会は進歩していくものだと考える現代人の心には届きません。有識者会議に証人として招聘《しょうへい》された高崎経済大学の八木秀次教授の主張もそうですが、女性天皇に反対する理論家の論点は、多くがジェンダー・フリー反対論とダブっています。「女性天皇擁立《ようりつ》はジェンダー・フリー論者の陰謀だ」というもので、女性天皇が実現すれば、男女の性差《せいさ》が否定される、と主張するのです。しかし、この論点すりかえも若者には不評で、「カルトではないか」との声が強まっています。

「フェミニズム陰謀論」

男性天皇護持派の主張にも幅があり、ひとつにまとめるわけにはいきません。が、ここでは元東京女子大学教授の林道義が『正論』（二〇〇六年二月号）誌上で展

大教宣布

一八六八年、平田神道を事実上の国教とし、祭政一致による天皇の神格化と国民強化を目指した布達。神祇官の下に宣教師を置き、仏教諸宗派に派遣。神道を各宗教を超越する道であると説き、すべての宗教の上に君臨した。仏教（なかでも真宗の抵抗は激しかった）の抵抗などで、明治期には効果が上らず、宣教師は廃止されたが、天皇を神とする考えは昭和に入って定着し、宗教弾圧に猛威をふるうことになる。

『神社新報』の連載は「皇位の正統な継承の堅持を求める会」のホームページで読むことができます。

開した有識者会議「報告書」批判（「『皇室典範有識者会議』とフェミニズムの共振波動《きょうしんはどう》が日本を揺るがす」）を簡単に紹介しておきましょう。この論文でもまずはじめに「何のために急いでいるのか」「一年や二年で対策を考えなければならないような差し迫った問題ではない」として、有識者会議の拙速ぶりを批判します。

そして、その裏に〝フェミニズムの陰謀〟を見るのです。ジェンダー・フリー・バッシング（叩き）や家族制度改革に対するバックラッシュ（揺り戻し）などで危機にあるフェミニズムが、巻き返しの絶好の機会として典範改正《てんぱんかいせい》を狙っている、というのです。もっとも、ここでいうフェミニズムとは『日本経済新聞』を「フェミニズム機関紙とも言える新聞」と評するところからもわかるように、一般的な認識とはかなり開きがあります。

女性天皇の容認はフェミニズムによるクーデターで、これが成功すれば「女性支配の完全な正統性の獲得」「長期独裁政権《どくさいせいけん》に等しいフェミニズム支配が定着」してしまう、と強調します。家族においても国家においても統合の象徴は「父」でなければならない、とする論者にとって、日本を母性が優越《ゆうえつ》する国家にすることは許しがたいことなのです。ここにはずいぶん論理の飛躍《ひやく》が認められますが、ともかく「天皇とは国父であり、父性の象徴であり、したがって絶対に男子男系でなければならないのである」と結論しています。

有識者会議の「報告書」について、改正の理由としている部分はすべてこじつけである、としています。「男系の継承者がいなくなる」としても、「側室制度が現実

神社本庁作成のリーフレット

「旧皇族およびその子孫の方々の皇籍を復帰する、あるいは現在の宮家へ養子として迎え入れるなどの方法により男系継承の原則を守ることができます」（右リーフより）

的でないというのは理解できるが、元皇族の皇籍復帰《こうせきふっき》が現実的でないというのはまちがいである」。途中からでも次第に親しみも沸くし、民間人であるとはいえ「生活感覚や習慣、意識は皇室の伝統を受け継ぎ、元皇族としての誇りも、いざというときの覚悟もお持ちであろう」として、元皇族の皇族復帰に期待を寄せているのです。

「長子優先《ちょうしゆうせん》」は安定的でわかりやすく、男女平等の国民意識にも見合う、とする「報告書」に対して、そうした軽薄《けいはく》な理由は二〇〇〇年の伝統を覆《くつがえ》す根拠にはならない、国民意識にあわせて伝統的な文化や制度を簡単に変えていい、とする主張は「犯罪的な思い上がり」である、とします。「男子男系という原則」も「明治の旧典《きゅうてん》範《ぱん》」が定めたもので「永遠不変《ふへん》のものではなく」「時代に合わせて柔軟《じゅうなん》に変化させてもよい」というのもまちがいで、原則は突然できたものなどではなく「歴史的に成立してきたという必然性が重要」なのだ、とします。つまり「報告書」は歴史と伝統の無視であるわけです。

また、女性天皇が登場した場合のマイナス点を四つ挙げています。①宮中祭祀《きゅうちゅうさいし》の執行《しっこう》に支障《ししょう》が出る。②女性天皇を利用しようとする者が群がる。③配偶者選びが困難《こんなん》になる。④父親を中心とした家族像《かぞくぞう》が崩れる。この四点です。大嘗祭《だいじょうさい》を除き、宮中祭祀は男子が行なってきた。この伝統が崩れてしまう、というのです。②はフェミニストが利用する、というのですが、これはどうでしょう（女性を男性に置き換えてみても成り立ちそうです）。皇太子妃の選定《せんてい》でも難航《なんこう》する。ましてや、女性皇太

宮中祭祀

宮中三殿（賢所《かしこどころ》・皇霊殿《こうれいでん》・神殿《しんでん》）で天皇が行う神道形式の伝統的な年中行事。江戸時代には最も重要な公務だったが、新憲法下では政教分離の原則から、神道行事は公務とは見なされず、天皇家の私事とされている。主要な祭祀だけでも二三あり、最も重要とされているのが新嘗祭《にいなめさい》（一一月二三日）。天皇が代わった年だけ行われるのが大嘗祭だ（この一部を政府が仕切るため、執行形式に関して政教分離が問われている）。近年、宮内庁のホームページが宮中祭祀を「ご公務など」として紹介しており、政教分離をあいまいにしようとする動きがあるようだ。

子の夫となるという主張はたしかに成り立ちそうです（上昇婚と逆玉《じょうしょうこんぎゃくたま》）。

④については、そのまま論文を引用させていただきます。「現在、皇室は日本の家族像の模範として、国民から敬愛《けいあい》されている。父親を中心にまとまり、互いに愛し合う家族の姿は、日本の家族が世界の中で珍しいほど健全《けんぜん》な姿を持っていることの一つの重要な基盤ともいえる。しかし、それは『平等な家族像』ではなく、明らかに父系制に基く、父を中心にした家族像である」、と。この主張をどう考えるか、です。

「天皇と民主主義は相反する」との主張

林論文はこのほか、誌面《しめん》の制約上、じゅうぶんな論理展開をしてはいませんが、とても重要な指摘をしています。それが「天皇とは、原理的に民主主義とは相反《あいはん》する存在である」という問題です。続けますと「国家の最高権威であり国民統合の象徴と定められた存在が、世襲《せしゅう》であり、血統を重んずる原理で決められるということは、国民の意思（投票や選挙）で物事を決する民主主義の原理とはまったく別の原理によって存在していることを意味している」となります。

これまでも、天皇の憲法上の地位は特殊《とくしゅ》で、「天皇に人権（たとえば職業選択の自由、皇室会議の承認を受けずに結婚する権利など）はあるのか」といった場合、「ない」というほかはありません。つまり、憲法の天皇条項や皇室典範は憲法（男女平等を含む人権条項）が及《およ》ばぬ領域《りょういき》になっている、とされ、これを「飛《と》び地論《ちろん》」と呼んでいます。これとおなじ問題が天皇の継承原理にも当てはまる、というのが林論文の指摘です。

とすれば「皇族や政府や国民のその時々の意思によっては左右されず、かつ民主主義的な手続きからは超然《ちょうぜん》としている存在が天皇であり、皇室なのである」ということになります。「したがって、この制度を民主主義的な手続きの対象にすること自体が間違い」で、「有識者会議などというものを作ること自体、天皇と皇室の原理を否定するものである」わけです。「女系容認に移行することが危機であるという以前に、男系に限るか女系を容認すべきかを国民が論議の対象にすること自体が、皇室の危機」なのです。

しかし、ここまでくると、天皇を象徴《しょうちょう》と定めた憲法第一条の、「この地位は、主権の存する日本国民の総意《そうい》に基《もと》づく」という、新憲法下の天皇制度の大前提と衝突《しょうとつ》してしまいます。民主主義社会においては、天皇の地位や継承についてもまた、国民がおおいに論ずべきものだからです。したがって、この矛盾は「飛び地論」などと称して、放置できるものではありません。放置すれば憲法や民主主義、基本的人権のほうが、天皇制の歴史や伝統、日本の特殊性によって歪《ゆが》められ、組み替えられる可能性を持つからです。

林論文は天皇制のこの危機はアメリカによって仕組まれた、といいます。「天皇と皇室を民主憲法の枠の中に入れて、国民の支持によって成り立つ」存在に変えてしまった、というのです。この先に見据《みす》えられているのは憲法改正です。それも、

皇居

出典：フリー百科事典『ウィキペディア（Wikipedia）』

自主憲法の制定というより、旧帝国憲法、旧皇室典範への回帰《かいき》、といった色彩が濃厚なのです。新憲法と飛び地論については、また、項を改めて展開します。

護持派最右翼の主張

ちまたでは男性天皇護持派の急先鋒《きゅうせんぽう》のように考えられている高崎経済大学教授・八木秀次ですが、伝統を絶対に曲げてはならない、とする天皇崇敬民族派の最右翼《うよく》・筑波大学教授の中川八洋から見たら、八木もまた裏切り者、ということになるようです。というのも、八木は「はじめに女性天皇ありきではない」と断りながらも「私は女性天皇の誕生と女系への移行に絶対反対というわけではない。どうしても他に方法がないならば、皇統の断絶《だんぜつ》よりは容認論を受け入れる」（『SAPIO』二〇〇四年六月二十三日）といっているからです。これに対して中川が『皇室消滅』（ビジネス社・二〇〇六年）で指摘しているのは、女性天皇を受け入れたら女系天皇を受け入れたもおなじだ、ということです。次の代の天皇（女性天皇の子）は天皇家の世継ぎではなくなる。

天皇制の伝統は男系で、歴代の女性天皇は男系を維持するための「つなぎ」役だった。だから、女性天皇は原則として独身（したがって子がいない）で、その子（いれば女系の）が天皇になることはない。ところが、女性天皇容認論が浮上した当時の皇族には、つなぎの女帝を立てても、その次を引き受ける「本命」の男子が見当たらなかったわけです。そのため、女性天皇（愛子を想定）に結婚してもらい、子

上空から見た皇居

出典：「国土画像情報（カラー空中写真）国土交通省」

どもを生んでもらう。ただし、その場合、皇配が民間人だと男系の天皇家は途絶え、女系で継がれることになる。それを天皇家の世継ぎと呼べるのか、という問題に突き当たってしまう。

そこで、皇室典範第九条を改正し、皇族には禁止されている養子縁組《ようしえんぐみ》を認めさせ、旧皇族男子を現在、消滅の危機にさらされている宮家（三笠宮、桂宮、高円宮）の養子とし、宮家を継がせて、彼を女性天皇の皇配《こうはい》にする。こうすれば、その子は男系で辿《たど》っても女系で辿っても天皇家の世継ぎになる。八木を含む、女性天皇やむなしとする民族派の主張はこれなのです。第一希望は旧皇族の皇籍復帰、第二希望は九条改正による旧皇族養子、というわけです。

しかし、女性天皇に結婚を許すという、そのことが天皇制の伝統を覆《くつがえ》すことになる。養子など問題外だ、というのが中川の主張なのです。皇配を認めれば民間人が選ばれる可能性も高く、旧皇族（養子であれば新皇族）を選んでも、子どもが生まれるかどうかは未知数である。それならば第一希望一本で行くべきだ、というのです。そして八木秀次を含む女性天皇やむなしとする民族派を伝統破壊主義者《でんとうはかい》と名指《なざ》しし、「彼らと、共産党が主導した『有識者会議』との間には、伝統破壊においてなんらの差異《さい》もないのです」と、言い切ります。

有識者会議を共産党主導と決めつけるなど、『皇室消滅』の論調には問題が多く、天皇崇敬民族派の声をどれだけ代表しているのかどうかはわかりません。しかし、民族派が拠《よ》って立つ天皇制度の伝統、なんとしても維持すべき伝統の中身がどこに

養子縁組と世界の潮流

養子縁組はもともと子どもの健全な養育環境を確保する手段として登場。安上がりな家内奴隷や親の世話係としての縁組を禁止してきました。「親のための養子制度から子のための養子制度へ」というのが世界の大きな潮流で、先進国のなかで成年養子を認めている国は日本ぐらいしかありません。日本の養子制度は「家」存続のためのもの。子どもの人権を無視した不可解な制度で、改正が求められているシロモノなのです。男性天皇を確保するために養子縁組を利用する。この発想は、男系継承を維持するために側室制度を復活するのと同様、子どもや女性の尊厳を傷つけるもの。誤った考え方であることを知らなければなりません。本人の頭越しに養子縁組を語る論客の異様さ。世界はこれを人身売買と

あるのかに関してはズレがあるのもたしかです。

Ｙ染色体護持主義者

護《まも》るべき天皇制の伝統、この国の歴史と文化。ふつう、並列的《へいれつてき》に語られるこの言葉の中身とはなんでしょう。八木秀次と中川八洋のズレ、これをどう考えるべきなのでしょう。ちょっと複雑になりますので、混乱しないでください。八木と中川、二人の主張は、実はある一点で、まったくズレていません。二人が必死に護ろうとしているもの、それは天皇家を通して連綿《れんめん》と維持・継承されてきたとする「Ｙ染色体《せんしょくたい》」なのです。二人とも、この継承こそが重要なのだと繰り返しています。

　染色体とは細胞内に存在する遺伝子情報を蓄えたたんぱく質のメモリーですが、人間の場合、二組セットになった染色体が四一対あります。これらは男女共通です。そして、残りの一組。この形が男か女かを決めるもので、これを性染色体、と呼んでいます。対になっているのが女性、対になっていないのが男性で、女性の性染色体はＸＸ，男性の性染色体はＸＹで示されます。そして、この二人が次世代を生む場合、染色体はその組み合わせになります。

　その場合、三つあるＸ染色体の流れを追うのは難しいのですが、たった一個のＹ染色体は男（父）から男（息子）へ、と確実に継承されていきます。これは染色体内部の変異《へんい》を無視すれば、正しいのです。Ｙ染色体は男系で継承される。そうで

見るかもしれません。

あるけれども、天皇制の伝統の核心がY染色体にあり、その継承こそが肝心《かんじん》なのだ、という二人の主張にはどこか違和感があります。

これまで、天皇制の伝統は日本社会の根底に流れる文化であるとか、宮中固有の祭祀《さいし》であるとか、「天の真名井《まない》」と称する天空《てんくう》の玉座《ぎょくざ》であるとか、あるいはすべてを包摂《ほうせつ》する空《くう》であるとか、雲をつかむようなものが多くて、理解するには難しいものがありました。どこか哲学的であり神秘的だったのです。ところが、それらの虚飾《きょしょく》を剥《は》ぎ取ったところにあるものがY染色体である、という。これには男性天皇護持の民族派にもついてはいけないものがあるのではないでしょうか。自分たちが必死で護ろうとしている御神体が、生物学・遺伝学で見出されたY染色体だったとしたら、やはり拍子抜けなのではないでしょうか。

ところが、そうした心配をよそに、中川は前掲書で「古来からの一二五代の皇統は、完全に科学でした」とまで言っています。科学であるとすれば、歴史や伝統も一気に崩れる恐れがあります。古代天皇のＤＮＡ鑑定が出てきたとき、皇統が本当にそれを継承してきたといえるのか、という問題です。あるいはまた天皇家と元皇族（元宮家）のY染色体がおなじものだといえるのか、という問題です。天皇の継承に科学を導入する。この発想が民族派に支持されるとは思えません。

愛子ちゃんの染色体

皇統を「完全な科学」と豪語する中川だが『皇室消滅』で大変な誤りを犯している。愛子の性染色体を問われて「正田X染色体と、小和田X染色体の二本です」と答えているのだが、そもそも、X染色体に男系の家名をつけるのが妙である。が、問題は、一本が小和田夫妻に由来するのは事実だが、もう一本を正田由来であると断定していることだ。正田由来の可能性が五〇パーセント。残り五〇パーセントは今上天皇由来のものである。

Q7 男児誕生で一息ついた民族派

秋篠宮妃が男児を生んだため、天皇制も今世紀は安泰だ、といいます。とすると、女性天皇を巡る論議は終わったのでしょうか。

三笠宮寛仁のコラム

「皇室典範《こうしつてんぱん》に関する有識者会議《ゆうしきしゃかいぎ》」が発表しようとしている「報告書」に危機意識を強め、全面対決の姿勢を鮮明《せんめい》にした民族派ですが、首相の改正実現への強い思い入れもあって、当初は圧倒的な劣勢《れっせい》でした。この情勢が大きく変わったのは報告書発表の直前、〇五年十一月三日、三笠宮寛仁《みかさのみやともひと》（第五順位皇位継承権者）が、自分が会長を勤める福祉団体（柏朋会《はくほうかい》）の会報《かいほう》に男系維持（女性天皇の子に皇位を継承させることに反対）を主張するコラムを掲載していたことが明らかになってからのことです。

このコラムは女系天皇を避ける方策のひとつとして昭和二十二年に皇籍離脱《こうせきりだつ》した元皇族の皇籍復帰のほか、側室《そくしつ》制度（男子を得るため、正妻以外に多くの女性をあてがう制度）の復活を示唆《しさ》。市民社会の失笑《しっしょう》を買いますが、皇族が失笑を覚悟で男系の維持を表明したことは、女性天皇容認に反対する人たちを大いに力づけることになります。しかし憲法上、天皇および皇族が、政治課題に関して意見を表明し、世論をリードすることが許されるとは思えません。寛仁殿下《でんか》は明らかにルール違反を犯したのです。

　このルール違反が呼び水になって、元皇族の竹田恒泰《たけだつねやす》が『語られなかった皇族たちの真実』（小学館・二〇〇五年十二月十四日）を発表します。元皇族一一宮家は民間人になったとはいえ、おなじ境遇《きょうぐう》から、連携を維持しています。その集まり（菊栄《きくえい》親睦会《しんぼくかい》）が「皇室典範問題では一切意見を述べない」と意思一致し、マスコミ取材にも応じないと決めたため、この本の出版は困難が予想されました。しかし、現皇族が意見表明したのです。民間人である元皇族が意見を述べてなにが悪い、という考えが生まれても不思議はありません。

「男系継承の可能性がある現状において女系天皇を議論するというのは、余りに時期尚早《じきしょうそう》であり、万世一系を冒瀆《ぼうとく》する考え方である。今は男系継承の可能性を模索する時期であり、女系天皇を誕生させるための制度の改革に着手してはいけないと私は考える」と、竹田恒泰の主張は明快です。小泉首相と、首相の諮問機関（有識者会議）は間違っている、というものです。民族派はこの主張を歓迎。元皇族が皇籍復帰に意欲を示したものと受けとめます。

　こうして元皇族（旧宮家の男子）の皇籍復帰（現宮家の後継養子を含む）の声が、女系天皇容認に反対する男系天皇護持・民族派の一致した主張になってきます。ただし、皇籍復帰を望む元皇族は竹田恒泰だけだ、というのが皇族周辺を取材したノンフィクションライター・保阪正康《ほさかまさやす》の印象です（『月刊現代』二〇〇六年二月）。彼の印

菊栄親睦会

　戦前の懇談会が一九四七年秋、一一宮家の皇籍離脱（臣籍降下）を機に「菊栄親睦会」に改組された。皇族および元皇公族によって組織され、年一度の食事会（当初は月一回）を開いている。元公族とは韓国・李（王公）家のことで、一一宮家と同時に王公身分を失っている。会員は当主（約四〇名）で、家族も出席するので、総勢二五〇名ほどのメンバーを持つ。

「菊栄」の名称は昭和天皇の命名。

象によれば「旧宮家の復活というのは、アナクロもいいところ」「旧宮家の復活は現実に即していない」ということです。

伝統から逸脱《いつだつ》したシステム（女系天皇）はもう天皇制度ではない（竹田もそう主張）。そこで誕生する国民の象徴ももはや「天皇」ではない。だから、というのでしょう。皇室典範が改正されても、三十～五十年先のXデー（女性天皇擁立の日）には、「保守伝統派の中から、『男系の正統派の天皇』を新たに、別個に打ち樹てようとする要請が澎湃《ほうはい》として沸き起こってくるであろうこともまた想像に難くない」（西尾幹二『正論』二〇〇六年二月）と、クーデターを促《うなが》す脅迫めいた発言もあります。

秋篠宮妃の懐妊発表

二〇〇六年初頭、自民党内に高まる女性天皇に反対する民族派を尻目《しりめ》に、小泉首相はスケジュールどおり、有識者会議の最終報告（↓巻末資料）を法案化する作業に着手。同年春の通常国会に上程する動きを見せました。反対派は小泉内閣にも複数存在（外相、法相など）し、上程《じょうてい》の手続きである閣議決定を取りつける（全会一致が原則）ことも危ぶまれていた（反対派には麻生太郎外相＝留任もいた）にもかかわらず、です。

この年の初め、小泉内閣は姉歯《あねは》建築士の耐震構造偽装事件《たいしんこうぞうぎそうじけん》など三点セットで苦境《くきょう》に陥《おちい》っていました。同年秋には任期満了・退陣を表明していたこともあって、小泉マジックは一気に色あせ、首相のリーダーシップは低下を続けます。そうした

旧宮家の皇族復帰は国家的サギ

旧宮家の皇族復帰は、憲法論とは別な問題を抱えている。旧宮家は臣籍降下に際して、本来、国民の資産であるべき多くの財産を分与されている。元皇族としてはずかしくない暮らしを支える源資である、というのが分与の理由だった。しかし、旧宮家はまたたく間に、この資産を食いつぶし（不動産の多くは西武グループに売却・換金している）、元皇族の誇りを自ら放棄したのである。筆者はそれを批判しない（西武グループの国民資産の買い漁りには深い疑念を抱いている）。一般国民である以上、許される。だが、皇族に復帰するとなれば話は違う。分与された資産はすべて返却されなければならない。そうではなければ臣籍降下↓皇族復帰は国家的サギである。その間で肥った西武（とりわけ国土計

なかでの皇室典範改正案の上程は自民党の分裂を引き起こす可能性さえありました。首相は追いつめられていたのです。

皇室典範改正案がまとまると考えられていた直前の二月七日、宮内庁が突然記者会見。秋篠宮妃《あきしののみやひ》の紀子《きこ》さんに「懐妊《かいにん》の兆候《ちょうこう》がある」と発表します。宮内庁関係者に拠れば妊娠約六週間とのことでした。改正論議の中でも懐妊を予想する声はまったくなく、寝耳に水のできごとでした。もちろん男子誕生ということになれば、その子は秋篠宮に次ぐ第三順位の皇位継承権者。次の次の世代まで、男性天皇の擁立が可能となります。男性天皇護持派はもうお祭り騒ぎでした。

新たに子どもが生まれると皇位継承者が変わってしまう。これでは安定的な継承（天皇になるにあたっての特別な教育を含む）ができない。有識者会議も首相も、典範の改正をこう説明してきました。したがって男子が誕生して男性天皇の擁立が可能になろうとなるまいと、皇室典範の改正作業が影響を受けるはずはないのです。首相も当初「有識者会議ではこうした事態も想定していた」として、改正の方針に変わりがないことを表明していました。でも、やがて、「時期にはこだわらない」として国会上程を急ぐつもりがないことを明らかにしました。

首相のじりじりとした後退は、紀子懐妊発表に接して以来の予定の行動でした。おそらくこれは首相にとっても渡りに船。郵政民営化でみせた豪腕《ごうわん》を典範改正でもふるって見せ、永く歴史に名を残す首相となる。これが小泉純一郎が描いた退陣の花道だったはずです。しかし、この図式が崩れ、改正案の不成立という汚名《おめい》を残す

画の代表であった堤義明）も、それなりの責任をとる必要が出てくるだろう。西武グループの一角プリンスホテルに用地（芝・高輪）を売った竹田家の実態解明が必要だ。

可能性と党分裂の危機に直面した小泉にとって、紀子の懐妊は願ってもない助け舟だったのです。

遅ればせながら、〇六年二月二十七日、中川秀直《ひでなお》・自民党政調会長（当時・現在は党幹事長）が自民党内閣部会の中に皇室典範改正に関する勉強会を発足《ほっそく》させます。男系維持をも含めて議論する、というスタンスで、はじめに女性天皇容認ありきの有識者会議とは異なっています。というよりむしろ、有識者会議の報告書で分裂しかけている党の体制建て直しを目的としたものです。

同年六月十三日、自民党は「男系維持」と「女性・女系容認」の両論を併記《へいき》した内閣部会の「中間報告」を了承していますが、両論併記については「党内で意見が分かれている今の段階で方向性を示すのは難しい」から、と説明しています。つまりは、党分裂を避けるための玉虫色《たまむしいろ》報告なのです。

混迷する左派の議論

有識者会議の結論が拙速で、じゅうぶんな論議が尽くされていないという観点から、ノンフィクション作家の保阪正康と明治学院大学教授の原武史が『現代』（二〇〇六年二月号）誌上で対談（天皇と民主主義）をしています。そこにこんな議論がありました。

原　今回は全体として右派ばかりが議論している印象があるんですよ。左派はなにやってるんだ、なんでこんなに鈍いんだって。

声明　天皇制安泰のための
法改「正」に反対します
に賛同を！
女性と天皇制研究会

女性と天皇制研究会発行のリーフレット

「国会が目指すべきことは、天皇制安泰のための皇室典範改（正）などではなく、現憲法が保障する主権在民、平和主義、基本的人権、平等主義の実現のはずです……。戦争と天皇制のない社会を求めつづけます」（同リーフより）

保阪　左派にとってみれば、天皇の問題を論じること自体が全面的な皇位継承の連続性を容認することになるという面があるからではないでしょうか。

保阪の印象はおおむね当たっているように思いますが、もう少し細かく見ていく必要があります。天皇制に反対する左派《さは》が何もしなかったわけではないからです。いうまでもなく左派の中にも分裂があり、天皇制を廃止する筋書《すじが》きが見えない以上、しばらく女性天皇の実現に賭《か》けてみようという部分と、女性天皇の実現は天皇制を延命《えんめい》させ（皇室典範の改正は天皇制の再選択だ、という主張もあります）、廃止への道筋を遠ざけると考える部分があります。

前者の多くは模様見《もようみ》で、かつて期待感を表明していた女性たちの発言も遥《はる》かに小さくなっています。法改正が現実化してくると、この期待感はむしろフェミニストを自称する男たちの間に強くなっているような印象があります。一方、後者の多くは皇室典範改正反対の声を挙げているのですが、右派の主張とのちがいを鮮明にするために苦心しています。

天皇制に反対する左派の改正反対の主張は、皇室典範を現状のまま維持しようとするものではなく、皇位継承規定を含め、皇室典範そのものを無用にしたい、というもの。しかし、天皇制を廃止するには憲法改正が必要で、政権与党の自由民主党が憲法改悪を狙っている現状では、すっきり憲法改正を打ち出すことができない、というジレンマです。

活発だった天皇制反対運動
昭和天皇在位五〇年、在位六〇年記念式典に反対を表明するステッカー

それでも、有識者会議に天皇制廃止を含めた議論をするよう申し入れたり、天皇制廃止に向けた署名活動に取り組むなどで、根強い支持を集めています。こうした動きが見えなくなっている最大の原因は、マスコミが天皇制の存続を前提にして、今回の皇室典範改正劇を扱おうとしているからです。そのため、もっと掘り下げる必要のある議論が、有識者会議の議論と同様、拙速で、半端なものにとどまってしまっているのです。

問い直すべき天皇制

二〇〇五年一月、小泉首相のツルの一声で突然に始まった女性天皇容認を前提とする皇室典範改正劇。その意気込みがなにに根ざしたものなのか、今ひとつ分かりにくい部分がありますが、それから一年一カ月後の秋篠宮妃の懐妊によって、すべてが振り出しに戻りました。「大山鳴動《たいざんめいどう》、ねずみ一匹」といったところでしょうか。しかし、この騒動で見えてきたものはたくさんあります。とても「ねずみ一匹」では済まない問題だといえます。

たとえば国の将来を左右する重要なテーマであるにもかかわらず、強権的《きょうけんてき》な首相の決意があれば、国民的な議論を経ることなく、私的諮問機関→内閣官房《かんぼう》の密室議論だけで改正案を作り上げることができる、ということ。そして郵政民営化法案のように、強権によって反対者をつぶすことができれば法案は成立する、という事実です。皇室典範の改正は、この力学の応用でした。

男子誕生に関する女天研「声明」

「やっぱり男系男子」？　差別のお手本・天皇制はいらない！

秋篠宮妃紀子が男の子を産んだことで、「これで皇室安泰」の声が相次いでいます。「お世継ぎ」「女性・女系天皇」容認をめぐってさんざん騒いだあげく、「やっぱり男系男子」で落ち着く、それがあたかも喜ばしいこととして、社会全体が奉祝に湧いているかのようなムードがつくり出されています。

「長男の嫁が産めないなら、次男の嫁」というふうに、女性たちが総力をあげて子づくりに励まねばならない――この気持ちの悪いシステムがこれからも続いていくことを、私たちは決して「容認」できません。産まれる前からお腹の子の「性別」ばかりが取りざたされ、「男子」を希望する声もおおっぴらに飛び交っ

これに危機を感じ、反撃に出た男系天皇護持・民族派の主張は基本的に、新憲法（戦後憲法）にはない「万世一系《ばんせいいつけい》の天皇、これを統治す」を根拠に、「万世一系」を護れ、というもの。意識はもうすっかり帝国憲法時代に戻っていて、現行の皇室典範改正に反対してはいるものの、意識は旧皇室典範時代のもので、本音は典範改正なのだ、ということです。

また、皇族が政治的なテーマに対して影響を与えるような発言（会報へのエッセー）をし、宮内庁が憲法との関係で気にかけた程度。これを憲法違反だとする厳しい国会論議もなく、実際に国会議員の典範改正案に対する姿勢を大きく変えたこと。

これはまた、元皇族の発言（出版）に対しても言えることでした。国民の税金から支度金をもらって臣籍降下《しんせきこうか》した人たち（民間人）が、いまだにグループをつくって結束していることも、ふつうの民間人では手に入れにくい肩書きを持って活動している人が少なくないことも見えてきました。

そしてなによりも、たった一人の子どもが生まれるかどうか、その子が男の子なのか、女の子なのかというだけで、この国の未来のイメージが大きく変わってしまいかねない、ということです。

日本の男女平等の皇室典範改正の動きはすでに各国で報道されています。男子誕生によって、この改正も見送られるという報道も出されています。民主主義の国とは思えない、奇妙な国の奇妙な慣習《かんしゆう》。世界の目は日本をそう見ています。

た今回の出産は、「女ではダメ、やっぱり男！」という意識を広め、男子を産むかどうかで女性の評価も大きく左右されることを、はっきりと見せつけました。そのありようは、まさにリプロダクティブ・ライツ——子どもを産むか産まないか、いつ産むかを選ぶ自由——の否定であり、まるごと女性の「人格を否定する」ものです。

私たちは、女性を食い物にして生きのびる天皇制を、「女性を天皇にすえる」ことによって延命させ、皇室をさらに拡大させる「女性・女系天皇」容認に反対してきました。そして言うまでもなく、「男系男子」によってこの性差別制度が続いていくことにも、強く反対します（以下略）。

二〇〇六年九月二二日

女性と天皇制研究会

天皇制度、終わりの始まり

秋篠宮妃に男子誕生、このことは本当に日本にとって慶事《けいじ》だったのでしょうか。卑近《ひきん》な問題でいえば、「直系・女子」敬宮愛子と「傍系・男子」秋篠宮悠仁のどちらを優先するか、天皇制を維持したい人々のあいだでは、早くも論争が始まっています。天皇制を支えている力が伝統や文化の問題であるよりも、マスコミへの表出度と共時（同時代）体験に移った以上、世継ぎといえども劇場社会の魅力、スター性に取り込まれざるを得ないからです。

そんななか、先行してスター性を獲得している「直系・女子」愛子を「傍系・男子」悠仁が凌ぐのは至難の業です。スター性において凌ぐことのないままに、悠仁ちゃんが無理やり帝王学を植え込まれたり、皇太子になったりすれば、人心が離れるのは明白です。それでは天皇たる要件である「国民統合の象徴」とはなりえないのです。同様に、スター性はあるものの、男権主義・民族派によって羽根をむしりとられた愛子ちゃんが「国民統合の象徴」として羽ばたくのはもはや不可能になりました。

劇場社会の演出に長けた小泉前首相と、それを解さぬ民族派の激突は、天皇制延命の可能性を危うくしたように思われます。誕生したのが女子であったなら、皇室典範を巡る激論が巻き起こり、天皇制度がスポットライトを浴びたはずです。が、そのチャンスは遠のきました。天皇制度は二度とスポットライトを浴びること

ドイツのクランチチョコレート

留学中のわが娘が「思い切りかじってください」と添え書きつきで送ってくれたチョコレート。パッケージだけで、中身はもうない。娘の意図がわからず戸惑ったが、ハタと気づいたのは天皇ならぬ『TENNO』の商品名。クランチ（砕ける歯触りを楽しむ菓子）であるところがミソで、筆者は思いのままにかじりつくした。皮肉っぽい扱いだが、天皇には妙に興味はあるようだ、というのがドイツ人に対する娘の印象だった。

がないかもしれません。次の議論が五〇年先ならばその可能性が大きいでしょう。

皇室典範をどうするのかは国の将来のイメージを決める重要な問題です。国民に開かれた議論、深く掘り下げた議論が不可欠です。女性・女系天皇容認、男子・男系天皇維持の論議はもちろん、天皇制の存在そのものを問い直してみる必要もあるでしょう。となればこれは憲法の問題でもあります。こうした重要な論議がすべて先送りされ、国民との間で距離だけが開いていきます。

皇室典範の問題は、悠仁の誕生によって解決したわけではありません。皇室典範改正の議論はいずれ必要になります。男の子だったからしばらく延期できるというだけだからです。が、次にこの論議が必要になったとき、国民が関心を示すかどうかは疑わしい。男子誕生は天皇制度の終わりの始まりかもしれないのです。

プロブレムQ&A

Ⅱ

日本の源流と女性の役割

Q8 万世一系の神話はどこまで真実か

万世一系の天皇制を誇る人たちと、そんなものはなかったという人たち。どちらが本当なのか、定義を含めて教えてください。

異様に長寿な古代の王

戦前の、大日本帝国憲法《だいにほんていこくけんぽう》第二条は「万世一系《ばんせいいっけい》の天皇これを統治《とうち》す」と謳《うた》っていました。主権者《しゆけんしや》は天皇である、という宣言です。と同時に、その統治権の源泉《げんせん》は「万世一系」で地位を継承《けいしょう》してきたから、ということになります。戦後の新憲法に「万世一系」という言葉はなく、天皇が存在し、日本国民の統合の象徴《しょうちょう》としての地位が継承されるのは、主権者である国民の総意に基《もと》づく、とされています。したがって、天皇の地位の継承（世襲《せしゅう》）はなにも万世一系の原理に依拠《いきょ》する必要はないのです。

女性・女系天皇の容認は、憲法解釈上《かいしゃくじょう》からも正当で、その考えを実現するには皇室典範の改正をすればいいことになります。だから、男性天皇護持派《ごじは》は伝統を強調し、万世一系が日本の国体であることを、しきりに強調し、帝国憲法の考え方に限りなく擦《す》り寄っていくことになります。

しかも、彼らの「万世一系」は、まさしく戦前のイデオロギーそのもので、学術

国体《こくたい》（國體）

万世一系の天皇を中心とした日本国家の基本的なあり方を国体と呼び、誇るとともに、戦前の国家イデオロギーとして機能した。神国思想や家族国家観を含むもので、現在の国体護持論者は「国柄《くにがら》」とも呼んでいる。

憲法国会での国体論議

戦後の第一回国会（一九四六年）で家族国家観は次のように語られた。「コノ憲法ニハ、私ハ国体破壊ノ二大橋頭堡ガ建設サレテ居ルト思フ

的には完全に否定されている神話時代の天皇制度を、丸ごと日本の伝統として押しつけるものとなっています。たとえば、三笠宮寛仁《みかさのみやともひと》の柏朋会《はくほうかい》レポートでも「二六六五年の世界に類を見ないわが国固有の歴史と伝統」を守るべきだとしていますし、竹田恒泰《つねやす》の書籍やインタビューでも「二〇〇〇年以上続いた伝統」ということが繰り返し語られ、万世一系の天皇制度が二〇〇〇年以上続いてきたかのような主張になっています。

これは男性天皇護持を掲げる民族派の主張に共通で、この間、名を挙げてきた八木秀次《やぎひでつぐ》、林道義《はやしみちよし》、中川八洋《なかがわやつひろ》なども同様です。この主張は日本の古代の歴史を描いた『日本書紀』の「神話」にあたる部分の記述をそのまま日本の歴史と伝統として受け入れ、国民に押しつけようとする姿勢にほかなりません。神話を歴史（すなわち真実の出来事として）と見なす考えは「皇国史観《こうこくしかん》」と呼ばれ、戦後は修正・放棄《ほうき》された考え方です。男性天皇護持派の皇族関係者《こうぞくかんけいしゃ》も学者も、そのことはわきまえているると思われます。にもかかわらず、なぜ、あえて「皇国史観」に執着《しゅうちゃく》するのか、問題はここにあります。

日本神話（古事記・日本書紀）によれば、最初の天皇・神武が紀元前六六〇年、日本を創建《そうけん》した。その末裔《まつえい》が現在の天皇（第一二五代）である、ということになっています。しかし、大和政権の成立は四世紀か五世紀、目いっぱい長くとっても三世紀で、紀元前一世紀などということはありえません。そのころ、小さな国（一地方をまとめた政権）はあったようですが、日本建国を意味する大和政権の樹立とは無

……、公ノ方面ニ於イテハ、天皇制ト云フモノガ日本ノ国体デアリ……民間ノオ互ヒ同志ノ生活ニ於テハ、家族制度ガ矢張リ日本ノ国体デアルト思フノデアリマス（沢田牛麿・貴族院）」

『古事記』『日本書紀』

近年、異説もあるが、従来の節では『古事記』は天武天皇の命により太安万侶《おおのやすまろ》がまとめた神代から推古までの説話集的な歴史書で、七一二年に完成している。『日本書紀』は舎人《とねり》親王・太安万侶が編纂した神代から持統までの漢文・編年体の官撰正史で、七二〇年に完成している。

両者は大筋で似ているが、違った部分も多く、正史では抹殺された事象が『古事記』には残っている点を重視する学者が少なくない（本居宣長もそのひとり）。

関係なのです。

そのため、現在の学説では五世紀中葉に大和《やまと》の王となった崇神《すじん》天皇以前の九代の天皇は実在の人物ではなく、創作上《そうさくじょう》の人物だとされています。理由は、①考古学《こうこがく》上で紀元前一世紀に大和（奈良盆地）に中央政権ができた痕跡《こんせき》がないことのほか、②神武《じんむ》を除く八代の王について、『古事記《こじき》』『日本書紀《にほんしょき》』には事跡《じせき》の記録が何もない（これを称して、欠史八代《けつしはちだい》と呼びます）こと。③神武だけではなく崇神もハツクニシラス（最初の国家統治者）と呼ばれていること。④神武を含む九代の王の寿命が異様に長いこと、などが挙げられています。

筆者はこれに、⑤この間一〇回の継承がすべて父子継承《ふしけいしょう》（男系継承）で、できすぎている点を挙げます。父子継承はいったん出来上がると崩れにくい考え方（イデオロギー）です。しかし、このあとの継承の原則は父子継承であるよりも、兄弟継承を原則としています。兄弟継承は男系継承よりも女系継承社会に現れやすい継承原則で、父子継承（男系継承）が確立した後に出現することはめったにありません（というより、世界の文化人類学上そうした社会は発見されていない）。したがって九代の継承は父子継承を理想の姿と考えるようになった、後の社会が創作したものと考えられます。

万世一系とは女系か男系社会（ここでは男系）が途絶《とだ》えることなく続いていることを誇る言葉です。したがって、それを紀元前一世紀の神武にまでさかのぼって主張するのは完全なまちがいです。神話を実話であるかのように語る皇族・元皇族の

皇国史観

日本を天皇を中心とする神の国と考える歴史観で、一九四〇年には、記紀の神代期や初期天皇の実在性を否定した津田左右吉の『神代史の研究』が、発禁処分になっている。戦後は津田の学説が一気に広まった。

九代の死亡年齢

初代神武から九代開花まで、九人の没年齢、いわゆる寿命を示す。『古事記』と『日本書紀』には相当の食い違いがあるので ここでは『神皇正統記』に依っておく。一二七歳、八四歳、五七歳、七七歳、一一四歳、一二〇歳、一一〇歳、一一七歳、一一五歳。

もっとも、その後の天皇も日本建国に合わせるため、寿命が引き伸ばされているので、異様な長寿は一六代の仁徳まで続く。一〇代・一二〇

主張は歴史をゆがめるもので、歴史と伝統を大切なものとして掲げる者としてはいかがなものかと思わざるを得ません。

王朝変転の可能性

実在の王を一〇代・崇神と考える人、一五代・応神と考える人、学説はさまざまです。いずれにせよこの間の王はまだ天皇と呼ばれているわけではなく、崇神とか応神《おうじん》という名も後世の歴史家が与えたもの。本来の和名は崇神がミマキイリヒコイニエ、応神《おうじん》がホムタです。実在していたとすればミマキイリヒコのミコト（王）とか、ホムタのミコト（王）と呼ばれていたものと思われます。

このあたりの日本の姿は断片的《だんぺんてき》ですが中国の歴史書に残されていて、最初の記録が『後漢書《ごかんしょ》』の東夷伝《とういでん》に出てくる、光武帝《こうぶてい》（前六〜後五七）が西暦《せいれき》五七年、奴国《なのくに》の王に金印《きんいん》を授《さず》けたというものです。この金印は福岡市の志賀島《しかのしま》で発見されており、奴《な》の国が福岡にあったことは確実視されています。が、先にも触れたように、こうした国（地方政権）は大和の中央政権と直接の関係を持っているとは思えません。

同様に西暦二三九年、『魏志《ぎし》』倭人伝《わじんでん》に記載されている明帝《めいてい》（二〇五？〜二三九）が「新魏倭王《しんぎわおう》」の称号《しょうごう》と金印を授けた邪馬台国《やまたいこく》の女王・卑弥呼《ひみこ》も、地方政権の王であると考えられます。ただ、この国がどこにあったのかを巡って、邪馬台国論争が起きており（主要な対立は大和説と北九州説）、大和政権の成立を早い時期に主張した

歳、一一代・一四〇歳、一二代・一四〇歳、一三代・一〇七歳、一五代・一一一歳、一六代・一一〇歳。仁徳以降はようやく落ち着いて、南北朝までの最高齢天皇は、二九代・欽明の八一歳である。

兄弟継承

母方の一族の影響力を長くとどめるため、同母兄弟がいる限り、順に兄弟で継承していき、いなくなって始めて次の世代の子に継承権が移る継承方式をいう。

[次頁図] 父子継承が確立している場合、王権は原則として、♂01→♂X11→♂a21と継承される。これに対して，兄弟継承を原則とする場合、王♂01の権限は皇后♀Xの血（出身一族の母系的な権威）を受け継ぐ♂X11→♂X12→♂X13と受

いと考える人たちは大和説《やまとせつ》を採っています。『日本書紀』『古事記』も大和説を採ろうとしており、卑弥呼の時代に第一四代・仲哀《ちゅうあい》を当てはめ、その后《きさき》として神功皇后《じんぐうこうごう》を設定しています。王の死後（生存中も王をリードしている）大活躍する皇后を、卑弥呼と思い込むように仕向けているのです。

しかし、両者の間には時間差が一〇〇年以上あり、事跡《じせき》にもちがいがあります（卑弥呼は国内での活躍、神功皇后《じんぐうこうごう》は朝鮮での活躍）。それに、かたや女王、かたや皇后《こうごう》、この差は古代社会においては雲泥《うんでい》のごとくなのです。女王という身分が成立し、国をまとめる力を持っているということは、その社会がまだ父子継承を確立していないことの証です（卑弥呼を父子継承社会のつなぎの女帝と考えることはできますが、卑弥呼の死後、男帝《だんてい》を立てたが国がまとまらず、卑弥呼の宗女・台与《とよ》を建てたら治まった、という記述は、当時の邪馬台国が女系に従う心を持っていたことを示します）。万世一系の天皇制度は仲哀《ちゅうあい》の時代にはまだ出来上がっていないことがわかります。

四世紀の末、倭国《わこく》は朝鮮半島に進出し、百済《くだら》・新羅《しらぎ》を征服しましたが、高句麗《こうくり》に敗れています。この記録が「好太王碑《こうたいおうひ》」に刻《きざ》まれています。おそらくこのころに倭国は統一され、大和政権が成立したのです。これに続く時代が応神、仁徳《にんとく》の時代で、実際の古墳《こふん》と一致しているかどうかはわかりませんが、両王朝が巨大な古墳を残した、ということは推定できます。

五世紀になると中国では晋王朝《しんおうちょう》が東西に分裂し、やがて南北朝《なんぼくちょう》時代（南の代表が宋《そう》）に突入します。この東晋《とうしん》と宋に大和政権は次々に使者《ししゃ》を送ります。中国の記録

け継がれ、X系の継承者が途絶えて初めて次世代に移行する。この場合、♂a21に継承されてもいいのだが、現役に近い皇太后♀cの血を受け継ぐ♂c23のほうが優位である。すんなり移行できない場合、a族とc族との抗争になることもあり，b族が絡む可能性もある。

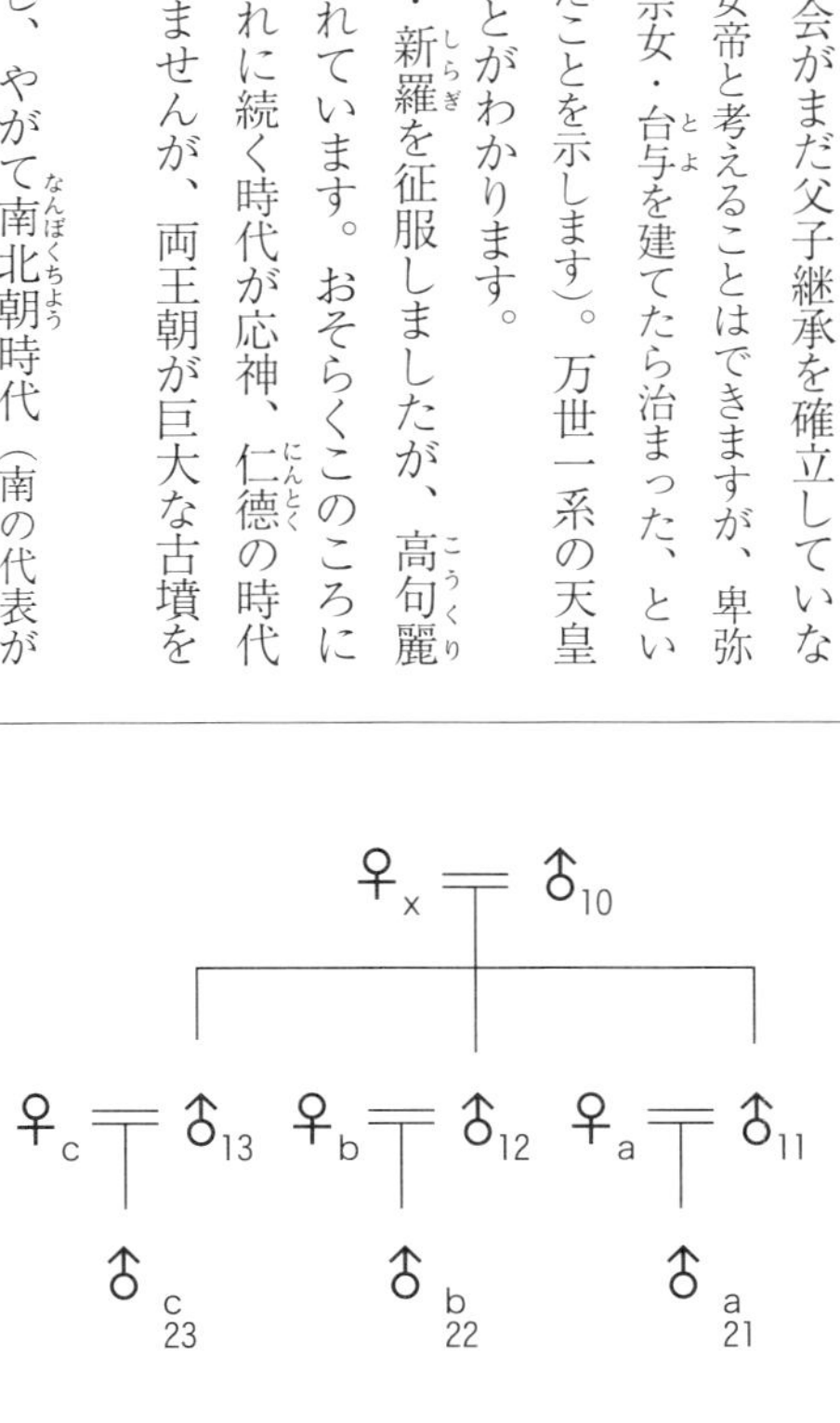

x,a～cは母方の一族名称

（『宋書《そうしょ》』倭国伝《わこくでん》）にある大王《おおきみ》の名は五人。これを「倭の五王」と呼んでいます。五人の名は讃《さん》、珍《ちん》、済《さい》、興《こう》、武《ぶ》。異説はありますが、この五人はいちおう仁徳《にんとく》、反《はん》正《ぜい》、允恭《いんぎょう》、安康《あんこう》、雄略《ゆうりゃく》の五王《ごおう》とされています。

ところが倭国伝は讃と珍を兄弟、済と興を父子、興と武を兄弟としていますが、珍と済との血縁関係を記していません。『宋書』は倭国に限らず、すべての周辺国の王位継承を血縁関係とともに記していますので、この例外には意味があるはずです。①珍と済との間に王朝の交代があった（この場合、済は権力を奪ったことになる）と見るか、②当時の倭国はまだ男系の王朝が成立していなかった（成立過程にあった）と見るか意見の分かれるところです。

筆者はこれにもう一つの仮説を加えます。③珍と済の間は女系血縁によってつながっていた（五王すべてが完全な母系継承であった、と考えることも可能）、という見方です。その場合、男系継承を確立して久しい中国では、女系血縁を記すことに関心がなかったと考えられます。いずれにせよ、この時代の王権をも含めて「万世一系」と考えることはできません。それどころか、激しく王朝が変転《へんてん》したと考えることもできるのです。

継体は征服王朝か

古代からの万世一系を主張する皇国史観にとって、最大の難関が第二六代とされる継体《けいたい》天皇です。二五代・武烈《ぶれつ》に子がなかったため、一五代・応神の五世孫《いつせのみこ》とさ

邪馬台国論争

戦後、皇国史観から解放されると、人々の関心は神話上の天照大神ではなく、実在の邪馬台国の女王・卑弥呼に移った。『魏志』倭人伝には邪馬台国の場所が書かれているのだが、素直になぞると南西諸島の海中に没してしまう。そこでさまざまな解釈が生まれ、学術論争に発展した。所在地を九州のどこかとするもの（九州説）と、大和盆地の周辺とするもの（畿内説）に分けられる。解釈は我田引水的で、私見だが大和政権の樹立をより古いものにしたい者が畿内説、新興政権と考える者が九州説という感じがある。邪馬台がヤマトと読めることも混乱の元で、正しくは邪馬壱国だ、との説もある。

最近、市井の研究者・大川誠市が出雲説を発表（『卑弥呼の列島地図』）、筆者も注目している。当否は

れる越前《えちぜん》の男王迹《おほど》王を迎えます。謎の大王・継体です。先代・武烈《ぶれつ》から数えれば一一親等。もう、赤の他人も同様です。が、応神五世孫《いつせのみこ》というのが本当ならば、とりあえず民族派が主張するY染色体はつながっていることになります。

しかし当時の五世といえば現在の五親等《しんとう》。公的な記録のない時代にこれを証明することは不可能で、したがってでっち上げの可能性は否定できません。そのため、ここに王朝断絶《おうちょうだんぜつ》があった、と考える学者が多いのです。一時評判になった江上《えがみ》波夫《なみお》の「騎馬民族征服王朝説」が、この断絶論《だんぜつろん》と結合し、継体が征服王朝の樹立者と考えられたりします。しかしこの時代（即位は五〇七年）、激しい戦闘による王権簒奪《さんだつ》の形跡はありません。とはいえ、静かなる王権転換の形跡はたくさん見つかります。

継体の父は近江の彦主人《ひこうし》王、母は振姫《ふりひめ》で振姫《ふりひめ》の父方は近江《おうみ》、母方が越前だとされています。彦主人は越前の振姫を妻に迎えたとされているので、振姫は母方《ははかた》居住だったようです。また、彦主人が幼い男王迹《おほど》（継体）を残して死ぬと、振姫は「親族がいない地で、子を育てるのは難しい」と、男王迹を抱いて越前に帰ってしまいます。近江には彦主人王の親族も、振姫の父方の親族もいたのに、です。ここには母方の系を大事にする考え方があったと思われます。

豪族《ごうぞく》の葬制《そうせい》などの研究から、日本では五世紀の半ばに母系（あるいは双系）から父系への転換があったとされますが、地域的にはばらつきもあったはずです。伝統的な継承を重視せざるを得ない王統の転換は遅れる可能性もあるし、伝統を踏み越

別として、古代、大和より古い時代に、出雲を中心に石見から越中までを治める海人族の大政治勢力があったことがわかってきている。

『宋書』倭国伝に記された五王を系図にしてみると

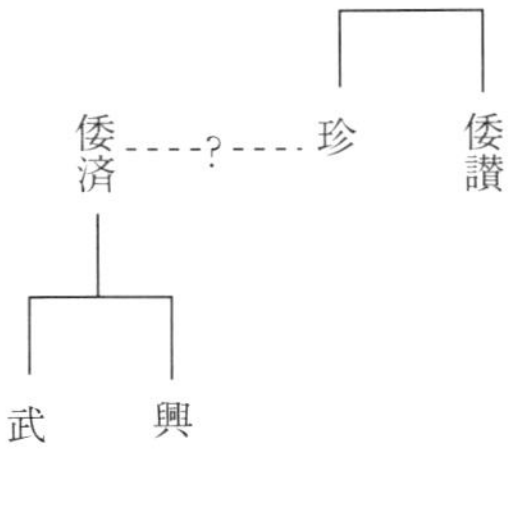

五世孫の系譜

現在残っている継体の系譜は、応神→隼総別皇子→男大迹王→私斐王→彦主人王→継体とされているが、証拠はない。この系譜は『記紀』になく、江戸時代、本居宣長は『古事記伝』で、系譜をいぶかっている。

歴代天皇一覧

	初代 神武《じんむ》	2代 綏靖《すいぜい》	3代 安寧《あんねい》	4代 懿徳《いとく》	5代 孝昭《こうしょう》	6代 孝安《こうあん》	7代 孝霊《こうれい》	8代 孝元《こうげん》	9代 開化《かいか》
10代 崇神《すじん》	11代 垂仁《すいにん》	12代 景行《けいこう》	13代 成務《せいむ》	14代 仲哀《ちゅうあい》	15代 應神《おうじん》	16代 仁德《にんとく》	17代 履中《りちゅう》	18代 反正《はんぜい》	19代 允恭《いんぎょう》
20代 安康《あんこう》	21代 雄略《ゆうりゃく》	22代 清寧《せいねい》	23代 顯宗《けんぞう》	24代 仁賢《にんけん》	25代 武烈《ぶれつ》	26代 繼體《けいたい》	27代 安閑《あんかん》	28代 宣化《せんか》	29代 欽明《きんめい》
30代 敏達《びだつ》	31代 用明《ようめい》	32代 崇峻《すしゅん》	33代 推古《すいこ》	34代 舒明《じょめい》	35代 皇極《こうぎょく》	36代 孝德《こうとく》	37代 齊明《さいめい》	38代 天智《てんぢ》	39代 弘文《こうぶん》
40代 天武《てんむ》	41代 持統《じとう》	42代 文武《もんむ》	43代 元明《げんめい》	44代 元正《げんしょう》	45代 聖武《しょうむ》	46代 孝謙《こうけん》	47代 淳仁《じゅんにん》	48代 稱德《しょうとく》	49代 光仁《こうにん》
50代 桓武《かんむ》	51代 平城《へいぜい》	52代 嵯峨《さが》	53代 淳和《じゅんな》	54代 仁明《にんみょう》	55代 文德《もんとく》	56代 清和《せいわ》	57代 陽成《ようぜい》	58代 光孝《こうこう》	59代 宇多《うだ》
60代 醍醐《だいご》	61代 朱雀《すざく》	62代 村上《むらかみ》	63代 冷泉《れいぜい》	64代 圓融《えんゆう》	65代 花山《かざん》	66代 一條《いちじょう》	67代 三條《さんじょう》	68代 後一條《ごいちじょう》	69代 後朱雀《ごすざく》
70代 後冷泉《ごれいぜい》	71代 後三條《ごさんじょう》	72代 白河《しらかわ》	73代 堀河《ほりかわ》	74代 鳥羽《とば》	75代 崇德《すとく》	76代 近衞《このえ》	77代 後白河《ごしらかわ》	78代 二條《にじょう》	79代 六條《ろくじょう》
80代 高倉《たかくら》	81代 安德《あんとく》	82代 後鳥羽《ごとば》	83代 土御門《つちみかど》	84代 順德《じゅんとく》	85代 仲恭《ちゅうきょう》	86代 後堀河《ごほりかわ》	87代 四條《しじょう》	88代 後嵯峨《ごさが》	89代 後深草《ごふかくさ》
90代 龜山《かめやま》	91代 後宇多《ごうだ》	92代 伏見《ふしみ》	93代 後伏見《ごふしみ》	94代 後二條《ごにじょう》	95代 花園《はなぞの》	96代 後醍醐《ごだいご》	97代 後村上《ごむらかみ》	98代 長慶《ちょうけい》	99代 後龜山《ごかめやま》
北朝	北朝1代 光嚴《こうげん》	北朝2代 光明《こうみょう》	北朝3代 崇光《すこう》	北朝4代 後光嚴《ごこうげん》	北朝5代 後圓融《ごえんゆう》	北朝6代 後小松《ごこまつ》			
100代 後小松《ごこまつ》	101代 稱光《しょうこう》	102代 後花園《ごはなぞの》	103代 後土御門《ごつちみかど》	104代 後柏原《ごかしわばら》	105代 後奈良《ごなら》	106代 正親町《おおぎまち》	107代 後陽成《ごようぜい》	108代 後水尾《ごみずのお》	109代 明正《めいしょう》
110代 後光明《ごこうみょう》	111代 後西《ごさい》	112代 靈元《れいげん》	113代 東山《ひがしやま》	114代 中御門《なかみかど》	115代 櫻町《さくらまち》	116代 桃園《はなぞの》	117代 後櫻町《ごさくらまち》	118代 後桃園《ごももぞの》	119代 光格《こうかく》
120代 仁孝《にんこう》	121代 孝明《こうめい》	122代 明治《めいじ》	123代 大正《たいしょう》	124代 昭和《しょうわ》	125代 今上《きんじょう》				

（網掛け）は女性天皇

出所）ウィキペディアフリー百科事典

騎馬民族征服王朝説

江上波夫の説は、万世一系の皇国史観に嫌気を感じている戦後の思想家に歓迎されて、一時、おおいにもてはやされた。朝鮮渡来の北方文化の影響を再確認するうえでは貴重な論考であるが、騎馬民族による征服王朝というには疑問が残る。騎馬民族といえば朝鮮でも北方、高句麗以北の民族で、それが南朝鮮を越えて大量に入ってくる、という構図は考えにくく、征服の痕跡もないからである。

騎馬民族は母系を経過していない民族であると考えられ、征服王朝を建てていれば、王権はもちろん、国家官僚や臣下の多くも父系だったはず。しかし、そのような激変はうかがえず、多くの時間、事件を経て母系は父系に転換していったのである。

える力を持っているために、早まる可能性もあるのです。それともこうした転換とは無縁に、王家だけは有史以前から例外的に万世一系の男系継承を確立していたのでしょうか。民族派には申しわけありませんが、最後の仮説は絶対にありえないと思われます。

ところで問題は、継体の父はなぜ、母系家族の色濃い越前（近江もそうであった可能性が大きい）から妻を娶《めと》った（これは父系的な結婚形式です）のでしょうか。彦主人王は息長《おきなが》氏の一族だとされますが、息長氏が父系への転換を終えた地方豪族だったからでしょうか。あるいはまた、彦主人王の出自が父系継承を当然とする一族だったからでしょうか。この一族が騎馬《きば》民族である場合は、後者に当たります。

継体は樟葉《くずは》宮（枚方市）で、后妃《こうひ》に第二四代・仁賢《にんけん》の娘である手白香《たしらか》姫を迎えて五十七歳で即位しますが、政治の中心地である奈良盆地《ならぼんち》に入るためにはそれから二十年の歳月を要しています。継体の王としての権威は応神五世孫《いつせのみこ》であるという出自からではなく、仁賢《にんけん》の娘を后妃にしたことから来ているのではないでしょうか。王家にも、王家を盛り立てる有力豪族の中にもなお、母系の継承意識が色濃く残っていたのではないでしょうか。

継体はこの母系の名残《なごり》をテコに、王位につくことに成功したのです。しかし、継体自身は強い父系への憧れを持っていた可能性があります。振姫によって越前で育てられた自分だが、近江にいたらもっと早く、権力の座に登ることができたのではないか。もっと若いうちに奈良盆地を支配できていたのではないか。そんな考え

新羅

新羅は従来「しらぎ」と読んできたが、古代に実際はどう発声されていたのかわかってはいない。つまり、読み方は不明だ、ということである。最近「しんら」と読む人が増えていて、学術書にもそのような送りがされている。同様のことは白村江（はくそんこう・はくすきのえ）にも言え、読みは可変的なものだと考えるしかないだろう。本書では以下「しらぎ」で統一するが、それを正当だと主張するものではない。

異母兄の安閑・宣化

継体は地方の豪族として、尾張連《おわりのむらじ》の娘である目子姫を妻とし、安閑と宣化をもうけた。大和王権を継ぐ決意をして、目子姫に代わって手白香皇女（仁賢の娘）を妻にした。この間に生まれたのが欽明である。つま

が去来《きょらい》していたように思います。「世は彦主人王の子である」ということでしょう。彦主人王の墓といわれている（疑わしいのだが）鴨稲荷山古墳《かもいなりやまこふん》には伽耶《かや》・新羅《しらぎ》系の影響が強い埋葬物《まいそうぶつ》が多く見つかっています。継体は念願《ねんがん》の奈良入り（磐余玉穂宮《いわれのたまほのみや》）を果たして後、五から七年後に亡くなりました。

　筆者は継体王朝が断絶《だんぜつ》王朝、新王朝であると断定はしません。しかし、その可能性はきわめて強いと思われます。というのも、継体王朝の出現前後で大和政権の中に大きな変化が生まれているからです。まずはそれまで大和政権の中軸であった葛城《かつらぎ》氏が没落し、かわって蘇我《そが》氏が台頭《たいとう》してきます。継体の三人の男子による

り安閑・宣化と欽明とは異母兄弟なのである。母方が不利な安閑・宣化に対して、継体はそれぞれ仁賢の皇女とめあわせた。そして安閑に異例の生前譲位をしたとされるのである。しかし譲位は失敗。継体の死と同時に安閑は殺され、宣化の即位が確認できない（宣化を天皇と数えない学者もいる）うちに欽明が大動乱を治めて天下を取った。大和はなお母系の権威を重視する発想を持っていたので、王権が地方豪族である尾張連に奪われてしまう、と恐れたのだ。尾張氏は出雲系の海人族の末裔であるらしく、地方というより出雲に対する脅威だったのかもしれない。

継体安閑等の関係系図

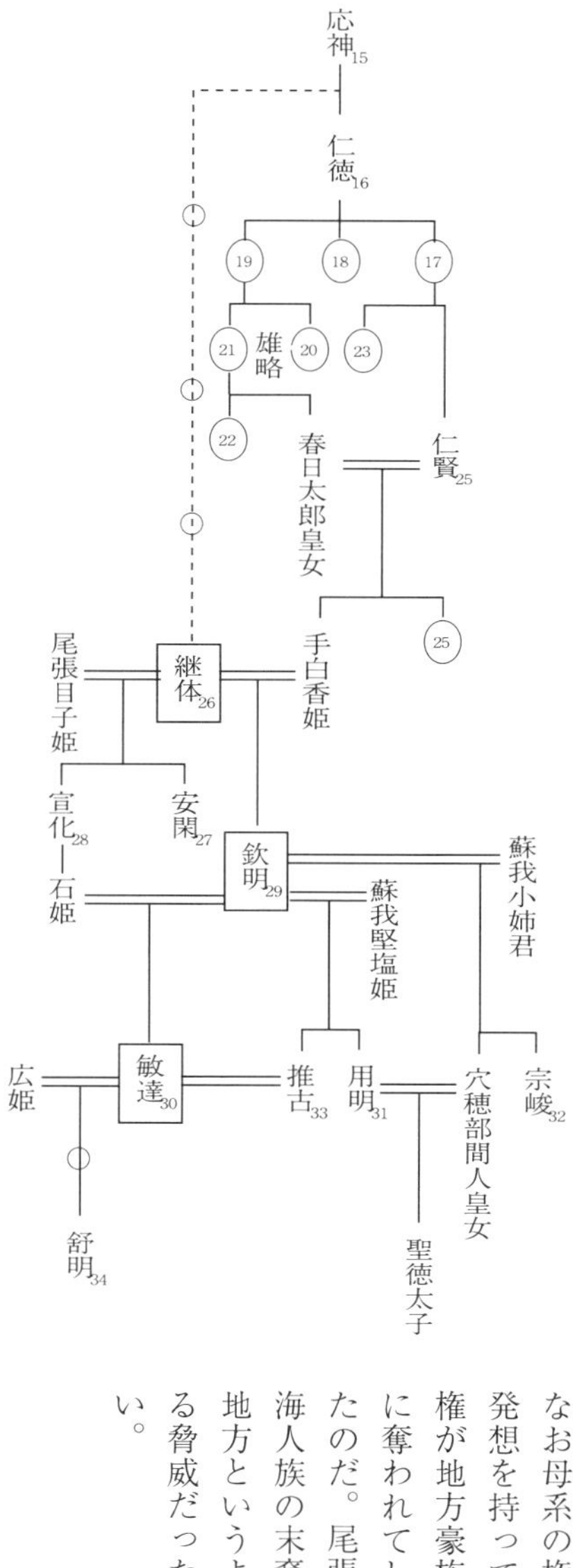

激しい後継者争いを通して、男系継承への執着《しゆうちやく》が明瞭《めいりよう》になります。安閑《あんかん》（二七代）・宣化《せんか》（二八代）を支持した大伴氏《おおとも》が、欽明《きんめい》（二九代）の即位によって没落。欽明を支持した蘇我氏が、物部氏《もののべ》と並ぶ二大氏族になります。

継体没後の内乱で、安閑・宣化の即位が事実であったのかどうかもわかりません。が、この内乱を制した欽明は后妃の一族の力で王家が支えられ、政治が左右される（内乱にまで至る）実態を打破すべきだと考えたように思われます。父・継体からなにを受け継いだのか、今では知ることもできませんが、欽明は長子・敏達《びだつ》（三〇代）に妹の推古《すいこ》（三三代）を后妃にするよう遺言して世を去ります。これが大和政権初の女王・推古登場の伏線《ふくせん》になります。

矛盾するように思う読者もいるかとは思いますが、女王の擁立《ようりつ》こそ、后妃の一族による政治介入を遮断《しやだん》する最良の方法であり、権力の源泉である父系と権威の継承である母系とを一致させて、王家に権限を集中させるウルトラC、秘策中の秘策だったのです。異母兄弟である敏達と推古、二人が結婚できたのは母系社会の原理（母が異なれば別な一族であるという観念）です。父系社会では父を同じくする兄・妹の結婚は許されません（おなじ一族同士である以上、近親相姦《きんしんそうかん》になる）。母系原理を利用して、母系原理を追放する。これはもう秘策というより奇策でしょう。

だから筆者は、推古のあと、女王が次々に即位しますが、これを女系とは考えません。男系の確立過程、男系への転換途中の変則的な出来事だと考えます。そして、この転換が成功して、女王の即位が必要とされなくなったころ、大和政権は完成を見ます。この間に、日本という国名が誕生し、天皇という称号が登場します。その完成を祝うように、『古事記《こじき》』『日本書紀』が編纂《へんさん》され、男系継承が歴史開闢《かいびゃく》以来、ずっと続いてきたかのように記述されます。男系原理を失いたくないという強い思いがこもっているかのようです。

もちろん、すり替えとか、もぐりこみとか、誰も知らない不正が働いた余地はあります。でも、その可能性を排除して考えれば、筆者は継体以後の王権は男系で継承されていると考えています。そして天皇制度の確立は継体以後の出来事です。だから天皇制度の伝統は男系である、という主張は正当だと考えます。ただし、天皇制度確立以前の王権が男系だ、などという証拠はどこにもありません。万世一系は紀元前一世紀以来の伝統などではなく、継体以後、すなわち六世紀以降の伝統である、ということです。

Q9 日本もまた母系制から始まった

日本は昔、母系社会だったと、なにかで読んだことがあります。でもこの間の論議で、母系を巡る議論がないのはなぜなのでしょうか。

天皇は女子に限る

わたしには、自分一人のひそかな〝提案〟がある。それは皇室典範の「改正」である。「天皇となることのできるのは、女子だけである」、この一文だ。男性は「アウト」なのである。「そんな馬鹿な」「次の子供が男子ばかりだったら、どうする」、そんな声が殺到しそうだ。――百も、承知。なら、「やむをえぬ場合は、男子をこれに当てることができる」、この補足項目を付け加えれば、いい。簡単な妥協案《だきょうあん》である。

『デイリータイムズ』（二〇〇四年七月号）に「将来の卑弥呼（第二回）」にこう書いたのは、歴史学者の古田武彦《ふるたたけひこ》です。

古田は北九州独立王朝説で注目を浴びた学者で、ここでの女性天皇優先論《じょせいてんのうゆうせんろん》もこの国の歴史を踏まえたもののようで、けっして冗談半分で書かれた提案ではありません。

『雅子の「反乱」――大衆天皇制の〈政治学〉』
桜井大子編、社会評論社

筆者が知る限りでは、女性天皇優先を唱えたものは、この古田提案以外にはありません。がどうして古田だけなのか不思議でなりません。とりわけ、女性の復権を目指そうとする人たちの中から、こんな提案が出てきても不思議ではないように思うのです。

フェミニズムの学問領域が広がって、古代天皇制に言及するフェミニスト研究者も現れています。しかし、飛鳥《あすか》の女性天皇の事跡《じせき》を再評価し、男性に劣らぬ統治能力を持っていた、したがって、「つなぎの女帝」と呼ぶのは失礼だ、程度の主張にとどまっています。しかし、もともと「つなぎの女帝」という概念は、女性天皇の能力や功績《こうせき》に着目して生まれたものではなく、万世一系の男性王朝との関係に着目して生まれた概念なので、女性天皇だってがんばっていたという主張をいくらしても、男性天皇護持派へのアンチ・テーゼとはならないのです。

おなじ『デイリータイムズ』で、古田はこう続けます。

わたしはけっしてフェミニストではない。……しかし「男性中心社会」のアンチ・テーゼとして、「日本の天皇は女子に限る」、そういうユニークな一文を、わたしはひそかに夢見ているのである。

邪馬台国と卑弥呼

中国の『魏志《ぎし》』には、邪馬台国《やまたいこく》の女王・卑弥呼《ひみこ》は弟に補佐されながら国を治めていた、とあります。また、卑弥呼が死んだため男帝を立てるが、国中が納得せず、

戦乱になったため、卑弥呼の宗女・台与《とよ》を立て、ようやく治まった、とあります。これはよく知られた日本の古代史のひとつです。

Q2でも触れたように、国王などの地位や権威《けんい》、不動産や家財《かざい》が母から娘へと伝えられることを「母系制《ぼけいせい》」と呼びます。反対に、父から息子へと伝えられるのが「父系制《ふけいせい》」です。また、権威ばかりではなく権力が継承される場合をそれぞれ「母権制《ぼけんせい》」、「父権制《ふけんせい》」と呼んでいます。古代バビロニアやエジプトには母権制があった、という人もありますが、母系と権力（武力を伴う）とは結びつきにくく、母権制の存在を否定する文化人類学者・民族学者も少なくありません。

反対に、父系継承には利益権力を伴うものが多く、父系制と父権制はほとんどイコールです。「日本には母系制は存在したが母権制はなかった」というのが定説で、現在の天皇制は父権の色をなんとか薄めようとしながらも、消えるまでには至っていない父系制、すなわち父権制の一種であるというのも、当たらずとも遠からずなのではないでしょうか。

ところで邪馬台国ですが、卑弥呼には弟がいたようです。女王は主に宗教的なまつりごとを司り、弟が武力を伴う政治支配を分担していたのでしょう。今でいう軍司令官《ぐんしれいかん》といったところです。このように女王を男兄弟が補佐する政治の仕組みを「ひめ・ひこ制」といったりします。弥生《やよい》時代の日本はもう、女王の権威だけでは治めきれない、武装社会《ぶそうしゃかい》へと足を踏み出していたのです。

だから、卑弥呼の死後、男の王が立ちました。母から娘へと、権威が継承され

沖縄で最高の聖地とされる「セーファー御嶽《うたき》」
巨岩がもたれあってトンネルを作っている。

る母系制は国家の中枢において崩壊しつつありました。しかし、国の周辺ではなお、権威は母系であるべきだという思いが強く、男帝の権威では国中の暴動《ぼうどう》を抑え切れませんでした。母系制的な権威（女シャーマンが継承する宗教的な力）はなお、健在であった。『魏志』はそのことを今に伝えています。

　沖縄の島々には今でも、女シャーマンの伝統が残されています。これを「ユタ」といい、地域社会に厳然たる影響力を維持しています。沖縄本島の東に浮かぶ小さな島・久高《くだか》にユタがいて（現在欠員）、島の信仰生活の中心をなしていました。この島の女性はすべてがイザイホーと呼ぶ成人儀礼を経ると神となり、兄弟たちを守護します。土地・土・石・砂・立木など、島を構成するものはすべてが彼女ら神のもの。したがって、砂の一粒でさえも島から持ち出すことは許されません。

　ユタは世襲制《せしゅうせい》ではなく、先代のユタがなくなるなどすると、同一地域社会の中から、霊力の強い女性が次のユタに選ばれます。これは自然に運ぶもので、誰もが早い時期から「次はあの人だな」という思いを抱き、合意されます。場合によっては欠員も生じるわけです。

　琉球王朝はこの信仰体系が持つ地域政治力を、国をまとめる上で邪魔だと考え、中央に「聞こえのオオキミ」という祭祀長官を置き、王の妹をこれにあてます。そして、オオキミの下に「ノロ」を置き、村の祭祀をつかさどる女性を「ノロ」として任命します。ユタがノロに選ばれたケースも多いようですが、ノロは世襲で、シャーマンとしての資質とは関係なしにその家の母から娘へと継承されます。こうし

トンネルの奥から臨む神の島「久高」
御嶽の東方海上に浮かんでいる。

ユタ
土着的な権威（政治力を含む）を有するシャーマン（巫女）。継承は世襲ではなくシャーマンとしての能力による。

てユタが持つ地域支配力を解体したのです。

　そのため、この信仰体系も今では、離島に姿を残すのみとなり、現在でも「迷信」呼ばわりされて、解体が続いているそうです。が、こうした古い信仰体系はかつては沖縄ばかりではなく、日本沿岸にも数多く存在していたと思われます。沖縄の研究者はユタの源流を日本の海人《あま》民族の信仰体系に求めています。実際、『記紀《きき》』神話の中には女王を戴《いただ》く海人《あま》民族がつぎつぎと大和王権に服属する様子が書かれています。日本にも女性の宗教的な権威によって地域社会をまとめていた時代があったのは確実です。

東アジアの母系

　共産主義の理論家であったエンゲルスが『私有財産・家族・国家の起源』を書いて、世界の民族は母系から父系へと転換した、とし、これを「女性の世界史的敗北」と断言したことから、共産主義に反対する学者たちは、これと異なる歴史の発掘に力を注ぎました（フィールドワークに資金を掛けられるイギリス・アメリカが中心）。その結果、すべての社会が母系制を経過したわけではないことが確かめられました。しかし、存在した母系社会の多くがその後、父系に転換し、女性の敗北があったことも明らかになっています。

　さらに重要なことは、農耕社会の多くが母系を経過しており、日本を含む東アジアは基本的に母系であったことも明らかになっています。具体的にいえば、日本

琉球の祖神「アマミキヨ」の降臨地とされる久高島の聖地。
　女性が神になる神事「イザイホー」もすぐ近くで行われる。

ノロ
　土着の権威を政治的に利用するため、中央が任命した地域の儀式的な巫女。ユタを任命したケースも多いが、世襲なので、シャーマンとしての能力も次代には失われた。

の隣国、新羅《しらぎ》や百済《くだら》も母系制社会であったし、アイヌや琉球もそうであったと推定できます。中国は東アジアの歴史が開かれる以前から、れっきとした父系社会でしたが、殷《いん》よりも前の神話的王国・夏《か》の時代は母系であったと考えられています。

中国が発明した「姓」も、もともとは一族のシンボル、一族をあらわす指標で、民族学上の「トーテム」と同様のものでした。すなわち自分たちの所属を犬だの熊だのになぞらえ、犬や熊を一族のシンボルにしている（そのことをトーテムという）人たちです。中国はこのトーテムを「姓」という文字に置き換えたのです。

「熊は鷹《たか》の助けを借り、犬と戦った」といった記述が殷、夏の時代にはたくさん残されているのです。そしてこれらの姓は、女から女へと受け継がれた、といわれます（アイヌ民族にも一族を表わすシンボル、星とか月とかがあって、女系で継承されていたようです）。その姓（名字、氏）が今では父から息子へと継承されるものと考えられています。ここにも「女性の世界史的敗北」の一端《いったん》を見ることができます。

中国でのこの敗北は、やがて日本にも影響を与え、朝鮮や琉球にも波及《はきゅう》します。日本や朝鮮、琉球が中国風の「姓」を受け入れたとき、その姓を継承する制度的な受け皿は男系でした。しかし、「倭の五王」のところで見たように、大和王権はまだ男系継承を確立していませんでした。これは当時の外交官（使節《しせつ》）にとって、わが国の後進性《こうしんせい》（負《お》い目《め》）と映ったのではないでしょうか。男系継承が未確立だということは「姓」を持たない、持てないということを意味します。古代の大和政権を継承している天皇家に「姓（氏）」がないのはそのためです（姓を持っていたら継体の

夏の女帝と姓

夏の時代は不明な点が多いが、神話はいまも語り継がれている。女帝・女咼《じょか》がいた、ともされるが、人頭蛇体の伝説上の女神である。しかし、彼女が漢民族を泥から生んだ（土生神話）とされるので、一種の大地母神である。中国の最高神が女性であるということは、かつて中国が母系社会であったことを示唆する。転換が起きたのは殷の末期との説が有力。「姓」は殷でも女系で伝えられ、生活の小場面で使う男性指標として「氏」が生まれたようだ。

トーテムに由来する姓は現在でも馬、兎、虎、熊、竹、楊、林など。女系を示す姓には姫、妃、姜、好、妊などがあり、母系優位の名残がうかがえる。（参考・王泉根『中国姓氏考』一九九五年、第一書房）

大和進出はなかったかも）。

母系から父系へ

母系制は農耕社会に多く見られる、といいました。母系制で知られる東南アジア小部族のミナンカバウやナンビクワラの主要生産穀物は芋ですが、芋は再生のシンボルで、子を産める女だけがこのシンボルと同調《どうちょう》できます（満ち欠けする月も同様）。稲作農耕になっても、生産力は出産力と同一視されていました。したがって「産む」と「育て」の文化は女たちが継承するもの。その基本となる家や土地、今日の不動産は女たちが継承するものだったのです。

その中にあっても、男から男へと継承したほうが都合がいいもの、それが狩猟《しゅりょう》のための道具です。弓矢《ゆみや》や合図の太鼓《たいこ》、漁労《ぎょろう》のための舟から戦闘《せんとう》用具に至るまで。それらを手に入れる貨幣（財宝）を含む動産です。これを継承したものが次の王になる。マリノフスキーはミクロネシアのトロブリアンド島で起きつつあった母系から父系への転換を記録しました。

小さな島ではやせた畑よりも、足の速い舟のほうが大事になっていきます。母系社会でも舟は男から男へと継承されるものですが、父から子へと相続されるわけではありません。動産も母系で継承されるのです。母系社会では父と子はトーテムが異なる別の集団です。だから男の財産はおなじ集団に属する姉妹の男子（甥《おい》）に譲られる。姓の論理に従うのです。A姓の男は、B姓の妻との間に授かった息子

皇室になぜ氏がないのか

王宮は連合氏族の妥協地点に設けられた婚姻連合の基礎である軍事長官の生殖と世継ぎ確保機関である。したがってこの機関には独自のトーテム（氏）もなく、氏神もない。氏も氏神も、それぞれの氏族（恐らくは母系）が別々に継承しているだけ。だから、軍事長官の男系継承には氏という母系指標は役立たず、別の継承原理が必要とされた。船のような動産（これが三種の神器である）を相続した者、彼こそが次の軍事長官。大和政権はこの段階で固着したため王統に氏がなく、ないことが王統継承の正統性になったのである。

マリノフスキー（ブロニスロウ・マリノウスキ、一八八四〜一九四二）

イギリスの社会人類学者（ポーランド生まれ）。機能主義民俗学の祖。

（B姓）とは一族を異にする。だから一族である姉妹（A姓）の子（A姓）に譲るのです（↓一二三頁注図）。

しかし、これはかなり苦しい。自分の技量を含め、自分の道具類を息子に伝えることができない。マリノフスキーはこの仕組みは男たちにストレスとなっている、と考えます。そのため族長など、力の強い男性はなんとかこのルールを食い破って、父子相続を実行しようとする。そんな例をたくさん発見しています。この掟破りが、やがて母系社会を父系制に転換させる原動力となった（こう解説したのはW・ライヒです）。この転換を招いた最大の継承物は舟などの動産ではなく、地位です。男に割り振られた魔術師や族長の地位や軍司令官としての地位です。

大和王権が男から男へと伝えられてきたことをもって男系継承・父系継承と断じる人がいますが、これはまちがいです。軍司令官の地位というものは強靭《きょうじん》な弓や足の速い船と同様、男性に操られるほうが有効である場合が多いため、女系・母系、あるいは無形（双系）社会にあっても男から男へと伝えられるのです。ただし、系の移動をできるだけ避けるので叔父・甥継承になることが多く、別な指標を発見した社会（三種の神器を男系で継承するなど）でも、出身一族が別である（系が異なる）父・子継承よりも、系も出身一族も同一である兄弟継承（同母兄弟）を優先することになります（↓一二二頁注図）。

継体以前の大和王権はこのようなものであった可能性が高いと思われます。

主著『西太平洋の遠洋航海者』は母系制の色濃いトロブリアンド島（ソロモン諸島）において、クラ交易という交換社会を克明に記録。フィールドワークの学問的価値を決定的なものにした。彼自身は母系を評価したのではなく、母系も父系も社会に果たす機能に違いはないことを示そうとした。

ライヒ（ヴィルヘルム・ライヒ、一八九七～一九五七）

オーストリア生れの精神分析学者。抑圧こそ文化の基礎だとするフロイトに師事しながらも、抑圧のない社会を追求した。トロブリアンドの記録を精神分析的に読み替え、母系と父系とでは抑圧の大きさが違い、神経症などの症例がないことに注目。『性道徳の出現』を著した。トロブリアンドを母系ではなく、父系への

日本の基底文化

日本は弥生《やよい》時代、大陸から稲作《いなさく》文化が伝わると共に、多くの渡来人《とらいじん》がやってきて、民族の相が大きく変化します。縄文《じょうもん》人と弥生人との間には、骨格《こっかく》的にもちがいがあることはよく知られています。そしてまた、縄文人の骨格は東南アジアやミクロネシアに近い南方系のもので、芋耕作《いもこうさく》文化（ヤムイモ、タロイモ）と切っても切れない関係にあった（ただし、芋耕作文化は薩摩《さつま》以北には入っていない）ことがわかっています。日本語の文法はアルタイ語族と呼ばれる北方系のものですが、発音は東南アジアやミクロネシアなどを含むオーストロ・ネシア語系のもので、日本には芋のほか畑作（陸稲）を持ち込んだ人たちであったようです。

この南方系の文化（縄文文化）は日本の基底文化であり、縄文人《じょうもんじん》がそうであるように、弥生文化に取って代わられたわけではありません。弥生文化はその上に乗り、縄文文化を変容《へんよう》させていったのです。したがって、いまなお日本には縄文の香りをたたえる文化や、それらしき骨格の人が数多く見られるのです。縄文文化の流入は沖縄・南西諸島ルートではなく、小笠原・伊豆諸島ルートであった可能性があります。また、稲作文化を伝えた弥生人の流入《りゅうにゅう》ルートは中国沿岸であった可能性が強まっています。

かつて北九州にあった倭国はなぜ「倭《わ》」国と呼ばれたのか。「わが国は……」と言おうとしたら、倭国と書き留めてしまった、という説があります。が、これは中国の役人の博識《はくしき》を知らないとんでもない話です。倭という民族は古くから中国文化

過渡にある、と気づいたことで、フィールドワークのデータを、歴史的に位置づけ直した、ともいえる。

伊豆諸島ルート

伊豆諸島に古代社会の痕跡が見出せないことから、注目されてこなかったルート。このルートを南に辿るとマリアナからパラオ、ニューギニア、トロブリアンドへと至る。日本人の源流を訪ねる上で（たとえば、本書にしばしば登場する「海人」とは何者なのか、など）、このルートの解明はこれからである。

（DNA研究は端緒に着いたばかりだが、縄文人のDNA配列タイプ

圏の周辺民族として記録されており、これと無関係な人たちに「倭」という文字が使われるはずはないのです。

「倭人《わじん》」とはかつて長江《ちょうこう》（揚子江《ようすこう》）の上流域に多くの国を建国していた民族で、水《すい》稲《とう》栽培と高床式建造物《たかゆかしきけんぞうぶつ》を発明。刺青《いれずみ》をし、門柱《もんちゅう》に鳥を載せて聖域《せいいき》をつくる信仰形式（鳥居の源流）を持つ人たちで、七〇〇〇年前に一部が河口に出てから北上。山東《さんとう》半島に国を建国し、その一部が朝鮮半島南端に移住。『後漢書《ごかんしょ》』はこれを韓族《かんぞく》とは区別し倭族《わぞく》と記しているのです。奴国《なこく》の王に「漢委奴国王《かんのわのなのこくおう》」の金印を送った漢の光武帝《こうぶてい》は、北九州に入って稲作などの文化を伝えた弥生人を朝鮮からさらに南下した倭人であると周知していたのです（倭人の北九州上陸は紀元前四〇〇年ごろ）。

日本の基底《きてい》文化が南方系のものであるということは、縄文時代・弥生時代の初期、日本は母系制であったと推定できます（倭人も元来は母系、大陸を北上中に変質した可能性あり）。この基底文化は、社会の重要な要素であるので、その後の渡来《とらい》文化（古墳時代に流入した父系文化で、朝鮮半島北方のものと思われる）によってそう簡単に覆《くつがえ》される性質のものではありません。侵略などによって、旧来の文化が根こそぎ破壊されたなら、転換は一気に起こりますが、日本の文化にそうした痕跡はありません。

は、南太平洋、ニューギニアとの関係は薄そう。だが、下太田#1という配列タイプはそれよりもさらに遠いポリネシアとだけ共有している。両者を繋ぐものはハワイ経由か伊豆諸島ルートにちがいない）

北方騎馬民族の影響

日本社会は北方の影響も受けている。日本語の文法（発音や音節、畳《じょう》語《ご》の多さは南方）はアルタイ語族に分類され、北方のツングース族によってもたらされたと考えられるのだ。

Q10 記紀神話を正しく読むために

『古事記』『日本書紀』は、読みにくく、とてもむずかしい。解説書から始めますが、正しく理解するためにはどんな点に注意すればいいのでしょうか。

記紀神話と向き合う

日本には『古事記《こじき》』『日本書紀』という建国神話《けんこくしんわ》をまとめた古い書物が残されています。これら『記紀《きき》（古事記、日本書紀をあわせて記紀と呼ぶ）』は大和《やまと》政権による支配の正統性を国の内外に示すために編纂《へんせん》されたものなので、そのために都合のよい記述がなされているのは当然です。ところが戦前は、この物語（神話）を絶対的な歴史として教え込み、批判を許さない状況がありました。戦後、こうした歴史認識は「皇国史観《こうこくしかん》」として批判され、学問的にも否定されています。ところが近年になって、物語にも意味はある、としてその一部が『国語』の教科書などに復活。天皇制を絶対視しようとする人たちに利用されようとしています。

そのため『記紀』とどう向き合い、どう読むか、ということがまずもって問われてくることになります。天皇制度をどう考えるかによって『記紀』への評価も変わってきますが、筆者は大和における王制（大和王権）が天皇制度として確立するのは七世紀後半（推古天皇や聖徳太子《しょうとくたいし》の登場、大化改新、壬申《じんしん》の乱よりも後）だと考えています。そして天武《てんむ》（四〇代）によって編纂が命じられた『古事記』も『日本書紀』も、天皇制度を確立するため、天武へと至る歴史の正当性を主張したものだと考えています。したがって歴史書を装った物語、作り話の一種です。

それでも七一二年に完成した『古事記』は、語《かた》り部《べ》（稗田阿礼《ひえだのあれ》）の伝承をベースにしていて、大和政権が隠したい事実にも溢れている、という説があります。一方、七二〇年に完成した『日本書紀』は大和政権の正史なので、脚色《きゃくしょく》が激しいとされ、従来は編纂を命じた天武《てんむ》に都合のよい記述になっている、との説が一般的でした。が、最近になって編纂者である藤原不比等《ふじわらのふひと》と、その政治的協力者である持統《じとう》（四一代、天智《てんち》の娘・天武の妻）に都合のよい記述になっているのだという説（関裕二『日本書紀―塗り替えられた古代史の謎』実業の日本・二〇〇五）が現れ、筆者もこの新説を支持しています。

しかしだからといって、筆者は『記紀』の記述のすべてがでっち上げだといっているわけではありません。大きな世界観を持った物語というものをゼロからでっち上げることは困難です。すでにあるもの（語り部の伝承や『帝紀《ていき》』『旧辞《きゅうじ》』、海外の記録などの検証）を組みなおし、都合よく編集したものだと考えるべきでしょう。とすれば、その物語から、改竄《かいざん》以前の真実を読み取ることも不可能ではない。筆者は「記紀神話」を、それなりに貴重な物語だ、と考えています。

が、「記紀神話」から真実を読み取る力のある人が、学校の先生を含めてどれだ

稗田阿礼

歴史の口承を仕事とする語り部だが、『帝紀』『旧辞』の解説に当たっただけ、との説もある。継体以降は記述資料も豊富だと思うが、それ以前については口承に負ったと考える。『古事記』と『日本書紀』とは改竄、隠蔽とは無関係な部分にも差異があるが、これは口承を元に文章化した結果だと思われる。

『帝紀』『旧辞』

『帝紀』は王の系譜や事跡記録、『旧辞』は神話・伝承集で、継体・欽明あたりから王室によって書き継がれてきた、とされているが、現存していない。『記紀』の資料として吸収され、廃棄されたものと思われるが、参照されると困るような記述もあったのではないだろうか。

けいるのかわかりません。たとえば『神皇正統記《じんのうしょうとうき》』を著した北畠親房《きたばたけちかふさ》は、当時の優れた博学《はくがく》の徒《と》で、海外の事情にも明るい賢人《けんじん》です。儒教《じゅきょう》的な身分社会を正しいものとし、その論理を南朝擁護《ようご》に振り向けたわけですが、『記紀』の記述を無批判に受け入れています。新井白石《あらいはくせき》や本居宣長《もとおりのりなが》でさえも、『記紀』の記述そのものに切り込むことはできませんでした。現存する書物を批判的に読み込むという作業は、昔も今も、なかなか難しいことなのかもしれません。

日本の歴史や伝統を絶対視する皇国史観は、『記紀』と、『神皇正統記《じんのうしょうとうき》』、それらの書物を無批判に、誇るべき歴史的事実として受け入れた国学者の中から登場しました。「記紀神話」には、人々をトリコにするクスグリのポイントがあるのです。知性を捨ててでも受け入れてしまいたくなるような宗教性。これを宇宙観とか美学といってもいいでしょう。人を惑わす何かです。それを考えると、書物に対する批判力が育っていない初等、中等教育の教材として適切なものだとは思えません。

記紀神話の構造

『記紀』は伝承されていた国生《くにう》み、建国神話を組立てなおした「神代《しんだい》」部分と、実在の王権の事跡《じせき》を記した「歴代《れきだい》」部分、それに建国の歴史を古いことのように見せかけるために挟み込んだ「欠史八代《けっしはちだい》」と呼ばれる完全なでっち上げ部分から成り立っています。また「歴代」も、記憶に遠い、したがって記述も怪しい崇神《すじん》（一〇代）から武烈《ぶれつ》（二五代）までの一六代と、正史に近い、したがって血で血を洗う権

弟橘媛《おとたちばなひめ》と美智子

神話を史実のように教えることを「皇国史観」として廃した戦後教育だが、逆流の中、貴重な物語として教えようという動きが激化している。物語なら、現代のものからでも拾えるのになぜか。注意を要する。

皇后・美智子は一九九八年九月、インドの国際児童図書評議会にビデオ講演で参加。講演の中で弟橘媛の神話にふれ、夫ヤマトタケルの進軍のために身を投げた媛の「愛と犠牲」を「不思議な体験」として称えている。美智子のこの講演がＮＨＫの放映になり、出版になり、多くの評論家の筆になって既成事実化している。

これが問題なのだ。母系社会ではふつう妻を連れて進軍などしない。女は国を守るのが努め（すなわち生国を出ない）。とすれば媛は、侵さ

力闘争の様相を呈している継体《けいたい》（二六代）以降とに区別できます。

　後に詳しく述べますが、後継をめぐる血で血を洗う抗争は、王権の父系継承を確立する過程で最も激しく現れたもので、その完成（父系王家の成立）こそが天皇制度の出発、日本という国家の誕生でした。筆者はこれを持統《じとう》（四一代）朝であると考えるので、それまでの王は「天皇」ではありません。また、王権の継承も父系（父子継承を基本とする）ではありません。

　したがって、天武《てんむ》（四〇代）の命によって編纂された推古《すいこ》（三三代）までの史書である『古事記』も、七二〇年、舎人親王《とねりしんのう》によって上撰《じょうせん》された持統《じとう》までの正史である『日本書紀』も、天皇制度成立までの王制の物語（前史）であって、天皇制度そのものを記述した書物とはいえません。

　いま「記紀神話」を解読する上で大切なのは、権力の父系継承が確立されていなかった時代について、父系継承を確立し、それを絶対的な規範《きはん》にしようとする政権が『記紀』を編纂した、ということです。父系による国家継承の確立は、世界の範である中国の皇帝に対して、日本が一人前の国家であることを示す上で、なんとしても手に入れたい要素だったのです。だから『記紀』はまた、日本が建国の遥か昔から、中華王朝と遜色《そんしょく》のない継承を実現してきたのだ、という父系継承の物語でもありました。

　だからこそ、事実に基づかない「欠史八代《けっしはちだい》」の物語で、政権は絵に描いたように父から子へと継承されています。

れた相模の首長の娘。降伏の見返りに動員された相模の兵士を鼓舞するため、国内に限り付き従ったものと思われる。国を過ぎ、お役御免となった浦賀水道に身を投げ、兵士の武運を祈るという相模の守護神としての最後の役目を果たした。このどこが夫に対する「愛と犠牲」だというのか。神話を史実と考えてはならない。

でも「記紀神話」がおもしろいのは、自分たちが排撃《はいげき》しようとする伝承をそれなりに引きずってしまっていることです。それまでの伝承を都合よく改竄《かいざん》する、という手法は、遠い時代の伝承については、持つ意味を理解しない（直接、編纂時点での都合を左右しないため）まま、利用しようとします。継体《けいたい》にしても欽明《きんめい》にしても、前王朝を打倒して権力の座に就いたわけではなく、すり寄り、奪った政権であるとすれば、遠い時代の伝承はそのまま自己の伝承に接木《つぎき》したほうが得策だ、と考えるからです。

『記紀』編纂当時、日本には多くの伝承があり、伝承は口述ばかりではなく、文書としても記録されていました。『記紀』の原本になった、といわれる『帝紀』『旧辞』の編纂を命じた継体・欽明朝は父系の確立を目指しながらも、遠い時代の伝承は尊重し、その後継であることを示したかったのだと思われます。

同様の発想は『記紀』の編纂過程にも流れ込み、建国以前の神代にその傾向が顕著です。つまり、本来克服したかった母系の跡がくっきりと残っているのです。その典型がイザナギ、イザナミによる国産み神話でしょう。この兄妹は男女の契《ちぎ》りをして、天地、国土、作物などを生みますが、これらの産出力《さんしゅつりょく》は本来、女性の専権《せんけん》事項です。そこで『日本書紀』では、まず女神イザナミ（女神）が結婚（性交）をリードします。母系社会でなければ生まれにくい発想です。

ところが、この性交ではヒルコ（障害者）が生まれ、これを流した、とします。すさまじい障害者排除《はいじょ》思想です。『書紀』は次にイザナギ（男神《おがみ》）がリードする性交によって、この世のあらゆる有用物が生み出される、とするのです。ここには男系を正当としながらも、女系を正当とした時代があったことが透けて見えます。天皇家の最高神・アマテラスはもちろん、天皇家の領土拡張を使命とした侵略者・スサノヲも、この兄妹二神の間に生まれています。

母系の香りと母系のなごり

記紀神話の「神代《しんだい》」は弥生人が入ってくる以前から伝承されていた国生み、建国神話（海中に国土が生まれ、神が流れ着く＝神が降り立つ）を組立てなおしたものです。したがって、伝承されていた素材の多くは母系社会（主に、海人たちの伝承）のものだったのです（大陸から来た弥生人に国生みの神話はなく、朝鮮の建国神話は王が卵から

系図

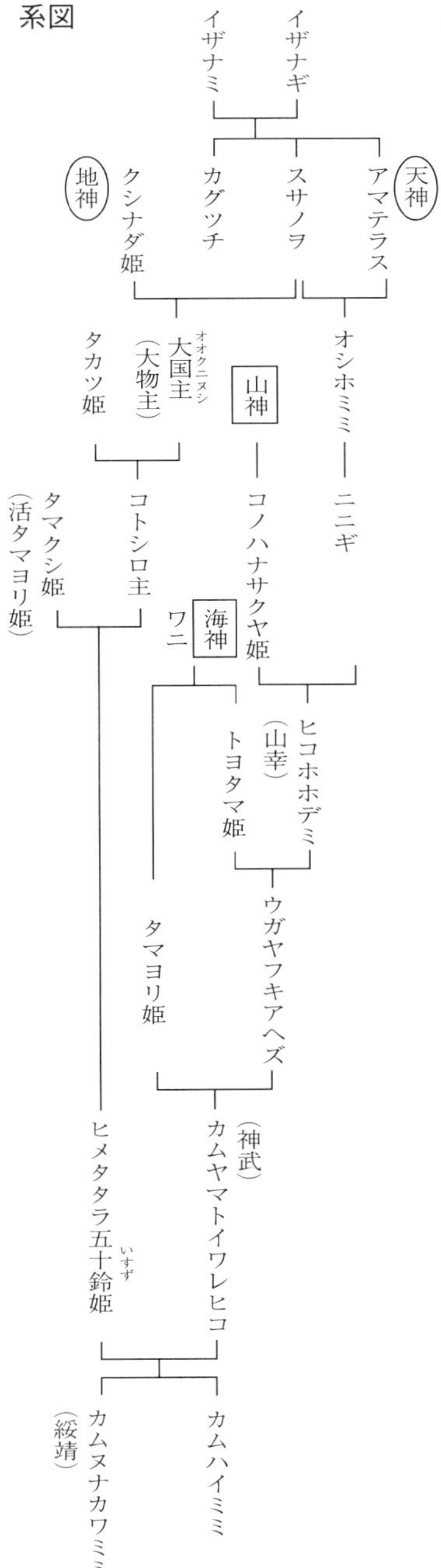

孵《かえ》る「卵生《らんしょう》神話」です。済州島《さいしゅう・チェジュ》では「土生神話《はぶ》」）。稲作を伝えた倭人（おそらく「卵生《らんしょう》神話」を伝えていた）も、先住の縄文人に擦り寄って妥協。国生み、建国（本来は漂着だったものを降臨に変えたのでしょう）として「記紀神話」の中に残ることになったのです。

母系の形跡を辿《たど》るなら、まずは高天原《たかまがはら》（天上界《てんじょうかい》）の最高神・アマテラスが女神であることです。地上に降り立つ王となるはずのオシホミミの母がアマテラスで、父がスサノヲですから、王家の最高の祖先神はスサノヲでもよいはずです（父系なら、スサノヲであるべきです）。が、これをアマテラスにしているのは、国産みの伝承がそうだったからか、当時の日本に母系の物語にしなければ受け入れられない環境があったからです。

スサノヲは一度地上に下り、建国の途についています（これが出雲であることはきわめて意味深長だが）。つまり侵略のための軍事長官としての位置づけがされています。その子・オシホミミが地上に派遣されることになりますが、実際にはオシホミミの子・ニニギが生まれたため、急遽、ニニギを派遣することになります。まだ産衣を着たままの乳幼児の派遣なのだから驚かされます。ニニギはアマテラスの孫に当たるので、このできごとを天子降臨《てんしこうりん》ではなく「天孫降臨《てんそん》」と呼んでいます。

この異様な物語の展開も、高天原が母系であったことの証明です。母系社会では権威や権力の父子継承は成立しないのです。オシホミミはスサノヲの地位を継げないのです。この点、一代おいた孫であれば問題はありません。そこで無理を承知で幼児を軍事長官として天下らせたのです。母系社会ではこうした飛び石継承がよく起こります（同様に、父系社会では女性同士の継承が飛び石になります）。

初代の天皇（王）とされる神武《じんむ》はこのニニギのひ孫に当たりますが、母系で数えた場合は二代後、すなわち孫（神孫）に当たります。というのもニニギの子（ヤマサチ）と孫（ウガヤ）はトヨタマヒメ、タマヨリヒメという姉妹をそれぞれ妻に迎えているからです。この複雑な親族関係に続いて、二代から九代まで、とって付けたように欠史八代の父子継承が続くのです。

とはいえ、この間が伝承なきでっち上げでできているのかというと、そうとばかりはいえないのです。たとえば神武の系譜はきわめてあいまいで、父はトヨタマヒメとヒコホホデミ（山幸《やまさち》）の子・ウガヤフキアヘズ。母は玉依姫で出雲の海神《わたつみ》（和珥《ワニ》）の後継とされていて、基層社会が母系だとすれば納得できる継承なのです。


大和政権が父子継承を確立するまで、この政権を支えた豪族たちが母系であった証拠は数多く、細かいことをあげつらっても、読者の混乱を来すだけでしょう。そこで、ここでは大きな問題だけを指摘しておきます。先にも触れましたが、この政権は異母兄妹《いぼきょうだい》の結婚は何の問題もなく認めていますが、同母兄妹の結婚は近《きん》親相姦《しんそうかん》（インセスト）を侵した者として厳しく断罪されています（アマテラスとスサノヲは、天上界で二人だけだったので、近親相姦は断罪できません）。同母だろうと異母だろうと、兄弟姉妹間の結婚を禁止する世界が多い中、日本の規制は極めて緩やかだといっても間違いない。それでも、母系の出身部族を同じくする兄妹間の結婚はインセストを犯すものとして断罪《だんざい》されていることから見ても、この時代、母系（母を同じくする者たちの集団）こそが一族の団結を規定する最大要因であって、父あるいは父系はそれほど大事な一族の規定要因になっていないことを意味しています。

そしてもう一つ、「王宮《おうきゅう》」というもののありようです。そもそも王宮とはなんでしょうか。このころの大和は圧倒的に強大な一族が君臨していたのではなく氏族連合国家でした。連合の基本は軍事同盟ですが、同盟の内実は婚姻《こんいん》連合でした。たとえばA族とB族との同盟はABいずれかの軍事長官（ここではA族が長官を出したと考えます）と、長官を出さないB族の祭祀長《さいしちょう》の娘との結婚が、両族の連合の基礎になります。両族が父系氏族なら長官がA族の本拠地に女王を迎えてすべてかたづきます。ところが母系では問題が生じます。長官が娘のB族の本拠地に移住することになりますが、長官の指揮下にあるA族の親衛隊も移住することになります。ところが、かりにAとBで紛争が起こったとき、長官や親衛隊兵士はB族の王（女王）の命に服すとすれば、自らの出身部族と闘わなければならなくなります。

この問題を避けるためにはAB両族の合意地（両族の中間地など）に新たな王宮を建て、親衛隊のほか、次代の長官を生むために必要な世話係の女官を提供して夫婦で新居を営む、これが王宮なのです。政治も祭祀もそれぞれの一族が営み、生まれた子もふつうは母方（ここではB族）の一族に戻されて、そこで育てられるので、王宮の役割は子生み（次代の軍事長官の確保）と、必要になった場合の連合軍の組織と指揮だけ。連合の象徴としての存在なのです。

大和政権がもし、万世一系の男系継承を確立していたとすれば、王朝の交代ごとに王宮が変転することはありえず、天皇家の本拠地が永久の都になっていたはずなのです。これを逆に考えれば、藤原京に永久の都を造営しようとした持統（女帝）朝の頃には王宮の独立性が高まって、連合氏族に君臨する権力を持ち始めたと考えることができます。藤原京への遷都《せんと》は『記紀』編纂中である六九四年の出来事です。

ところで、大山元《おおやまげん》が、古代日本語（縄文語）を駆使して『記紀』の謎に挑《いど》んだ『初期天皇后妃の謎』（二〇〇三年・きこ書房）によれば、欠史八代《けっしはちだい》の王と王妃の系図を分析すると、そこには父子継承を貫く王家よりも、王妃として絡む和珥《わに》一族の女系を介した継承の姿がくっきり浮かび上がってきます。

孝昭《こうしょう》（五代）の和名はミマツヒコカエシネで、その妃は和珥一族のヨソタラシ媛。二人の子・孝安《こうあん》天皇（六代）の名はヤマトタラシヒコクニオシヒト、弟がアメタラシヒコクニオシヒトで、子はいずれも母の名を一部受け継いでいて、父とは完全に切れている。これも母系継承の名残《なごり》の強力な証拠であるということができます。大山はこうした事象を「母系名称相承《ぼけいめいしょうそうしょう》」と呼び、母系の名残だとしています。

同様の現象を出雲の神である大国主《おおくにぬし》の系譜に当たるとこうなります。大国主の妻は鳥耳《とりみみ》、その子が鳥鳴海《とりなるみ》（母の鳥を相承）です。ここではわかりやすい例を挙げていますが、縄文語（現アイヌ語、沖縄語を補足的に利用）で、遠回しに解説すると、

藤原京

王宮が恒久的な力を持つと、政務が増え、宮中の外に宮廷が形成される。政治力のある連合部族の代表が常住し、朝廷が形成されると、その暮らしを支えるために都を作る必要が出てくる。藤原京の建設は、大和政権がそうした段階に立ち至ったことを表している。〇〇王朝という場合、朝廷が形成されていることが前提なので、本書ではこれまでこの言葉を使っていない。が、持統朝から（精密にいえば朝廷の形成はもっと前だろう）は問題がない。

何代にも渡って、ずっと母系名称相承が例示できるのです。このように、実際にあった母系の継承法が、母系を秘匿《ひとく》したかった『記紀』ですが、母系の伝統があまりにも溢れかえっていたために、紛れ込まざるを得なかったと考えるべきです。

このように『記紀』は大和王権の歴史を男系継承による王制が、遥か昔からずっと続いてきたのだ（皇国史観）、と見せかける狙いをもって編纂されている、ということです。それに大和地方を中心にし、地方を切り捨てる（中央史観）によって編纂されています。そのよい例が出雲でしょう。出雲は大和以前に、大和以上に栄えた国（筆者は邪馬台国と考えますが、次元の低い論争に巻き込まれたくないので、この点での深入りは避けます）であったことは間違いなく、『記紀』でもすげない扱いはできないため、スサノオを天下らせたり、大国主の神（オオナムチ）に特別な役割を振り分けたりしてはいるのですが、大事な事実は改竄《かいざん》されているのです。出雲《いずも》には『出雲の国風土記』のほか、出雲神話が克明《こくめい》に残されていて、『記紀』の記述との違いがよくわかります。

出雲神話の山場《やまば》（クライマックス）は「国引き神話」ですが、これは『記紀』には影もなく、反対に『記紀』における出雲の記述のクライマックスは「国譲り物語」ですが、これは出雲神話にはまったくありません。スサノウの八又《やまた》のおろちを退治する物語も出雲神話にはありません。

国引き神話や越《こし》の国の八又退治は、出雲の国家規模の拡大を描く出雲側のストーリーです。これに対してスサノヲのおろち退治は大国主の出雲を助けるという大

和珥一族

欠史八代の通婚関係を追っていくと、海神、すなわち出雲系の海人部《あまべ》の活躍が目立つ。ワニ（アイヌ語ではシャチを意味する）とはサメのこと。すなわち海洋民のトーテムである。これに対抗するトーテムとして鯨（アイヌ語ではイソ）や兎（トのトである。これらはみな出雲を中心とした日本海政治勢力と繋がるものである。「因幡《いなば》の白兎」の伝承は、日本海を舞台としたワニ族と兎族の抗争を下敷きにしたものかもしれない。神武の母方は天神ではなく海神である。母系的に考えれば、神武は天の子ではなく、海の子であることになる。

『出雲の国風土記』

完全に現存する『風土記』はないが、出雲国風土記がほぼ完本で残り、

和側の図式。大和が建国するさい、大国をいただかなければ日本支配の正統性を失うのででっち上げたのが国譲りの物語だということになります。つまり、『記紀』から少しでも真実の歴史を発見するためには「中央史観」を差し引いて読まなければならない、ということです。

そしてもう一つ、これはQ10とも関連しますが、『記紀』は天武《てんむ》の命《めい》によって編纂されたとはいえ、実際の編纂作業は天武の死後、持統と藤原不比等《ふじわらのふひと》が行ったものなので、ここには天智の娘である持統の立場と、藤原家に都合の良い脚色《きやくしよく》（藤原史観）が施《ほどこ》されている、と考えるべきです。こうした配慮をして始めて『記紀』はそれなりの歴史資料になるのだ、ということです。丸ごと信じるなどということは問題外です。

播磨国風土記、肥前国風土記、常陸国風土記、豊後国風土記が一部欠損して残る。その他の国の風土記も存在したはずだが、現在では、後世の書物に引用されている逸文からその一部がうかがわれるのみである。これが教科書的（公式の）な説明だ。が、筆者はそう考えてはいない。中央の命に応じて『風土記』を編纂する能力を持つ国がそんなにあるとは思えないからである。それよりも、なぜ右の風土記だけが残っているのかを問うほうが重要であろう。出雲は残すべき何かがあったはずで、出雲大社の門外不出の口伝もあると聞く。その真東にある鹿島神宮とはなんなのか。鹿島を抱える常陸の国が風土記を残したのはなぜなのか。皇国史観が完全に消滅すれば、浮上してくる本当の歴史がある。筆者はそう考えている（➡一一六頁注）。

Q11 自然崇拝と女神信仰の間に

日本は多神教で森羅万象に神が住むといわれ、一神教のような男性神もいないので、自然や女性に優しいとされます。現実はそう見えませんが。

本居宣長と新井白石

たしかに、世界の支配王朝や、その支配の正当性を担保《たんぽ》する世界宗教に比べれば、日本の天皇制や、その支配を裏打《うらう》ちする神道《しんとう》（伊勢神道）が伝えてきたものは、女性に対する配慮《はいりょ》や、自然との共生や自然への崇敬《すうけい》の思いが遥《はる》かに強いように思われます。しかしなぜか、現在の天皇制崇拝者や国家神道の信者にはそうした思いが強いとはとても信じられません。だから、これからの「開かれた天皇制」が女性や自然を大切にするといったうたい文句にはどこか空々しさが禁じられません。筆者のこの印象はどこから来るのか。それを解明《かいめい》してみたいと思います。

Q10でもお話した（Q12ではこれをさらに掘り下げます）ように、女系・女性天皇の可能性を含め、女性の立場の高さ（自然崇拝も同様）は天皇制や神道の伝統ではなく、天皇制や伊勢神道《いせしんとう》が確立するより前からのこの国に暮らす人たちの伝統や生活スタイルだったのです。そして、『記紀神話』の成立や天皇制の確立、伊勢神宮の

本居宣長（一七三〇〜一八〇一）　賀茂真淵の弟子として『古事記伝』などを著し、儒教思想にはない「もののあはれ」を説き、国学を大成させた、とされる江戸後期の思想家。

設立はそれ以前から伝え続けてきた本来のこの国の人々の思いやあり方をゆがめ、否定するために登場してきた考え方なり、支配機構（システム）なのです。日本という国の本当のあり方を知るためには、この本来のありようの歪曲《わいきょく》、否定を理解しておくことが大切なのです。

ところがこれまで、古代の日本のあり方や天皇制の実像に言及する歴史家や思想家は、このギャップに無関心である人があまりにも多いようです。なぜそうなのか、軽々な断言は避けますが、『万葉集』と『記紀神話』の融合の中から国学の基礎を固めた本居宣長《もとおりのりなが》が「もののあはれ」を「やまとごころ」とするなど、天皇制社会（日本）を柔らかな部分から見出そうとしたことが影響しているように思われます。武力による侵略の国土統一の歴史をどうして「和をもって尊《たつと》しとする」聖徳太子の十七条憲法を引いて、日本は『和の国』だと結論することができるのでしょうか。インチキがそこにはあります。

ところで、優しさを売りとする本居宣長は大きなエラーをしています。それはこの国に古くから伝えられていた「降臨《こうりん》神話」を新井白石《あらいはくせき》が「これは垂直ではなく、水平な概念である」と断言したことを承認しつつも、『記紀神話』に引きずられて、架空の神の国＝高天原《たかまがはら》を都《みやこ》の垂直上空に求め、ニニギノミコトの降臨地である「葦原《あしはら》の中つ国」（日向の高千穂の峰）の上空であると考えてしまう点に現れています。

これとはちがい白石は「高」を単なる接頭語と捉え「天原《あまはら》」を「海原《あまはら》」と解釈し

和の国

聖徳太子の十七条憲法第一条に「和を以って尊しとなす」とあることから、日本を和の国とする俗説がある。「倭国」を「大和」としたのもおなじ発想による。蘇我氏の聖徳が藤原編纂『記紀』で、なにゆえ評価されたのか。それは仏教導入を機会に物部を排除し、欽明の遺訓に従って母系から父系への転換を進める推古を支持。唐制を国際基準として受け入れて身を引いたためである。それが結果的に藤原の優位をもたらした。太子は知っていたのだと思う。系の転換は大事業で、血で血を洗う抗争になるかもしれない。だからこそ、先手を打ったのだろう。「和を以って尊しとなす」とは、その後の不和を予想し、牽制したものである。

ます。つまり、白石によればこの国の建国者は天上から降りてきたのではなく、この国の自然観（海が豊かさをもたらし、人々を繋ぐ＝世界観）やこの国の理想像（天国ではなく、東方海上に浮かぶ常世《とこよ》の国《くに》＝理想郷）を携えて、東方海上から漂着《ひょうちゃく》・上陸《じょうりく》してきたのだと考えます。白石の考え方の正しさは東南アジアや南太平洋の神話形態が明らかになるにつれ、それと類似することから、今になって証明されています。が、当時であっても、琉球《りゅうきゅう》（沖縄）の神話との近似性《きんじせい》や、当の大和政権が庶民《しょみん》に根付いた東方信仰・常世《とこよ》の国幻想を踏まえていなければ、伊勢神道《いせしんとう》を作り出すこともできなかったことを考えれば、白石の指摘の正しさは十分納得できるはずだと考えます。

宣長をエラーを冒したと断ずるのは、降臨神話を垂直と解すか水平と解すかの違いが、その後の日本のありようを大きく分けるものになるという上田正昭《うえだまさあき》の考え方に賛同するからです。上田の『古代日本の輝き』（思文閣出版・二〇〇三年）によれば、垂直に意味を見出す北方シャーマニズムと、水平を大事にする南方シャーマニズムにあって、日本は南方シャーマニズムに属する、とします。垂直を掲げると、国粋主義や鎖国、孤立主義に陥ることになるとする一方、水平的な世界観は、国際主義や開国、世界との共存・共栄《きょうえい》という、国を世界に開いていく傾向を示すだろうとするのです。

筆者はそれに加えて、垂直思考は人に上下を設け、差別を疑わない考えを生み出し、水平思考は、違った人たちが共存・共栄するための知恵を差別なく集めよう

新井白石（一六五七〜一七二五）
江戸中期の儒学者であり、政治家。古代史の研究である『古史通』の執筆に当たっても、合理的な発想を大切にした。イタリア人宣教師シドッチが屋久島に上陸した（一七〇八年）とき、取調べにあたり、『西洋紀聞』を著している。

とする民主的な生き方に繋がると考えます。ところが宣長にとっては、女性や外国人は平等に扱うべき対象ではないのだろうし、水平な自然に対して、なんらかの規制や、改変を加えたいという思いがあったのでしょう。白石に対比しても宣長の権力的な相貌《そうぼう》が見えてくるのです。日本文化の基底《きてい》に「もののあはれ」を見て取った宣長ではありますが、彼が女性にも自然にも優しいと考えるのはとんだお門違《かどちが》いなのです。宣長の信者を含め、国学・天皇制の護持《ごじ》を大事だと考える人たちは、白石の提起にきちんと答えるべきではないでしょうか。

水平の陽光から垂直の陽光へ

女系の色濃い古代の氏族連合政権《しぞくれんごうせいけん》の中枢（王宮）が、中国に対する対面や、大倭《やまと》の中での王権の確立のために、父系（父子継承を基軸とする王権継承のあり方への転換）への脱皮《だっぴ》を図ったのは間違いないことなのですが、その際、継承の転換ばかりではなく、王宮の王家への質的な転換が必要になりました。子（世継ぎ）生みと統一軍の指揮ばかりではなく、平時においても、大倭に参加する連合氏族をしのぐ軍事力や政治力はもちろんのこと、母方氏族に依存していた信仰体系を超え、王家自身が有力氏族の氏神《うじがみ》をしのぐ最高神を打ち樹てる必要が生まれたのです。

この中央集権的《ちゅうおうしゅうけんてき》な国家機構《こっかきこう》の整備こそが、権力を巡《めぐ》る有力氏族の相次ぐ抗争を終わらせる近道だとも考えられたのでしょう。その結果、古代日本の自然観、宗教観をゆがめ、否定する垂直型の信仰体系が導入されてきたのです。『記紀神話』も、

国学

元禄時代に僧・契沖《けいちゅう》などによってはじめられた思想運動で、政治的な規範に溢れた幕府公認の学問・儒学を批判し、儒教（漢《から》こころ）が入ってくる以前ののびやかな日本固有の考え方や感じ方（大和こころ）を再発見しようという思想のアルケオロジー（考古学）。手がかりは「万葉集」の研究であった。その思いや研究の成果は評価すべきものが多い。しかし、幕末にこれが政治と結ばれ、生活の範とされるに及んで、学は歪んでいく（国学は学から信仰に変容していく）。古きものは良きもの、との規範が、生活の革新を脅かしていく（宣長の「もののあはれ」は古今・新古今の心情で、儒教流入後のもの。儒教への反発も混じるはずなので、固有の心情とは断定できない）。

伊勢神宮も（そして天皇制も）そうした発想の上に成立してきたものなのです。

大倭王権にとって最大のネックは古代では女性の宗教的な権威が大きいため、王の権力を事実上左右する力を持つのは、王の母が帰属《きぞく》する一族の宗教的、政治的な力です。そのため、誰を世継《よつ》ぎにするかどうかは、王の子を産んだ母の一族どうしの権力抗争になりがちなのです。これを防ぐには、母の一族に頼らずに済む独自の政治権力（軍事力）を王宮《おうきゅう》が握り（王朝の確立）、この権力継承に紛れもない男系の筋道をつける（王家の確立）こと。そして、母系で辿られると信じられている宗教的権威を王室そのものが握る（祭祀王《さいしおう》の確立）ことが不可欠になったのです。この最後の命題に決着をつけたのがアマテラスという女性を王室の祖神とし、これを伊勢神宮に祭り、確立した王家の中から、重要な女性を選んで斎王《いつきのみこ》（斎宮とも）とし、伊勢に派遣してアマテラスを祭らせる体制を整えたことなのです。

『記紀』に従えば、天照大神《あまてらすおおみかみ》は従来から王宮の中で祀《まつ》ってきた皇祖神《こうそしん》であるらしい。それを崇神《すじん》天皇（一〇代）が、娘の豊鍬入姫《とよすきいりびめ》を斎王《いつきのみこ》に任命、大和の笠縫邑《かさぬいのむら》（奈良県桜井市）に祀ったが、その後垂仁《すいにん》天皇（一一代）の娘である倭姫《やまとひめ》は諸国を流転しながらアマテラスを祀っていたのだそうです。そして、伊勢の国・五十鈴《いすず》川の上流に適地を見つけたため、そこに恒久的《こうきゅうてき》な神殿《しんでん》を設けた。これが伊勢神宮であるというのです。

しかし、アマテラスは淡路島を中心とした海人《あま》たちの間で信仰されていた神であるらしく、大和王権の祖先神ではありません。『記紀神話』が整備される過程で、

伊勢神宮

「お伊勢さん」と呼ばれ、伊勢参り、伊勢神道の対象で、神社本庁の中心神宮。伊勢にあるが、単に「神宮」と呼ぶのが正式名称である。神宮とは、伊勢の宇治の五十鈴《いすず》川上に鎮座する皇大神宮《こうたいじんぐう》（内宮《ないくう》）と、伊勢の山田に鎮座する豊受大神宮《とようけだいじんぐう》（外宮《げくう》）の総称。二〇年に一度の大祭、神宮式年遷宮《じんぐうしきねんせんぐう》は、建物全てを新造し直す祭り。かつては斎内親王《いつきのひめみこ》（斎宮職に就いた皇女をこう呼ぶ）が天皇に代わって仕えていたが、現在では祭主（内宮は度会《わたらい》＝氏）が仕えている。

ニライカナイ

琉球の土着信仰で、東方海上に希望、生命、豊かさなどのすべてを備えた理想の国＝ニライカナイ（久高島ではニラーカナー）がある、とす

祖先神に見立てられたものです。アマテラスがどのような神であるか、不明な部分もありますが、天は海＝海人であり、天上から地上を照らす神ではないと考えられます。「海照らす」とは朝日が水平線から姿を現したとき、常世の国から足元の浜辺（この世）までを照らす海面の輝きを意味するものです。これを黄金《おうごん》の矢とか、丹塗《にぬ》りの矢と表したり、海蛇《うみへび》（ウツボのケースもある）の漂着《ひょうちゃく》と考えるのも、おなじ表現であるわけです。

これは琉球のニライカナイと同様、東方海上に理想の国があるとする海人に特有な東方信仰のひとつです。つまり大倭政権は、独自の皇祖神を作り出しはしたが、諸国に広がっている東方信仰を打ち捨てるわけにはいかなかったことになります。さほどに水平的な東方信仰は根強いものであったことの証明でしょう。飛鳥の地の東方に当たる紀伊（伊勢）の地に、皇祖神を祀るというアイディアは悪くはありませんが、この地方もアメノウズメノ命の出身地であるとともに、東方の太陽を奉《ほう》じる神を持つ土地であったようです。

伊勢土着の人たちは伊勢神宮を仰ぐのではなく、伊勢の東方、海岸から昇る太陽を崇《あが》めたはずです。伊勢湾に面した二見浦《ふたみがうら》では、答志島《とうしじま》と菅島《すがしま》の間から朝日が昇ることになります。ありがたい姿に手を合わせた人たちは、当然、答志島に上陸して、その東海岸を臨むはずです。そこから望める島がその名も神島《かみじま》。ここには奇妙な祭りが残されています。二つの太陽が昇ってしまうため、一つを叩き落すという神事《しんじ》です。東に固有信仰の自然な太陽、西にアマテラスを祀る人工の太陽・伊勢神

るもの（日本でも「常世の国」と呼んだ）。日が昇る東は生誕の地で、日が沈む西は再生を願う埋葬の地である、という水平的な生死の考え方（上下ではなく東西の発想）はエジプトの古代信仰とおなじだが、エジプトでは夜の船が西から東へと天空を旅して命を復元するのに対して、琉球ではあらゆる命が天空を経ずに復元再生する。太陽は地球の周りを回っている、という観念があったのかもしれない。

佐太神社《さたじんじゃ》

出雲には大社よりも古いかもしれないという佐太の大神を祭った佐太神社がある。日本の神々が集まるといわれる神無月《かんなづき》、神有月《かみありづき》である出雲では出雲大社で大討論と大宴会をやった後、佐太神社で再会を約す大饗宴を行って各地に還る、とされてい

宮。島の神社は困ったはずです。東方信仰に根ざしていながら、伊勢が神道の中央に君臨しようとしたため、発生した矛盾です。

天照大神と伊勢神宮の出現

『記紀』によれば斎王の始まりは崇神の娘・豊鍬入姫《とよすきいりびめ》からとされていますが、これも後のでっち上げだと思われます。王の娘でも、育つのは母の一族なので、一族の神を祀ることが彼女の役割であるはずです。また王宮は権力（軍事長官としての地位）を男子で継いでいくためだけに生まれたシステムで、母系で繋ぐべき権威《けんい》はなく、前々からアマテラスを奉じていたなどということはあるはずがありません。

もちろん大和政権の個々人には、父系であれ母系であれ、祖先はあったはずです。しかし、母系社会の多くはトーテムのようなものをシンボルとして伝えることはあっても、祖先を崇拝《すうはい》したりしないのがふつうです。祖先は次代に甦《よみがえ》るので、次代を生み、慈《いつく》しむ、母の思いはそれによって完結するので、祖先神のようなものを必要とはしないのです。大和王権もさまざまな神や信仰を大事にしていましたが、日（太陽）の神を祖先神として奉じていた様子はありません。

日本は自然崇拝（アニミズム）を基礎にした、信仰体系を持っていました。神は山川草木、山であったり海であったり、動物であったり、石であったり木であったり、ありとあらゆるもので、神社もそのような自然物や、記念の事跡や特別の場所などを祀ったものが少なくありませんでした。しかし、有力な政治権力を背景に登

る。高い神格の神社である。

筆者が注目しているのはこの神社の真南にある佐太岬（現在の室戸岬）である。というよりも、出雲と鹿島の関係のように、東西南北を正確に測定・固定しようという意欲である。佐多神社は恐らく、出雲の政治勢力が手中にしていた最南端。その北端に佐太神社を建造した。とすると最東端の鹿島との関係で出雲大社が造られた。政治支配のシンボルに興味はないが、無視できないのは東西南北を確定する測量技術である。そのための道具は北極星と銅鐸だろう（これは測量術の展開をしなければならないので本書ではパス）。そして日本本島の東西最大幅、それは今も出雲—鹿島なのである。

藤原氏支配

天皇制を牛耳った藤原氏の前姓が

場した伊勢神宮は太陽信仰を水平から垂直に変えてしまったばかりではなく、神を祖先神に限定し、神社をあたかも先祖崇拝のモニュメントであるかのように演出すると同時に、『記紀神話』を通じて、それぞれの地域神に位置づけを与え、アマテラスを頂点とした神の格付け（神格）を作り出してしまったのです。この上下という垂直意識は、高天原《たかまがはら》、地上、地下（黄泉《よみ》の国）という『記紀神話』の物語の骨格とうまく符合するものです。

しかし、再度繰り返すとすれば、このような考え方、信仰体系は、それまでの日本人にはなじみません。『記紀神話』や伊勢神宮の祭祀様式などを通して、じわじわと変革してきたものだと思われます。この変革過程において注目すべきことが異国の信仰体系である仏教の導入です。旧来の有力氏族などが育ててきた信仰体系を一気に破壊する可能性を持つもの、それが仏教だったのです。聖徳太子の狙いはどこにあったのかはわかりませんが、結果として仏教導入に積極的な蘇我氏が王宮に絶大な力を持つにいたり、反対した最大氏族であった物部《もののべ》氏が没落《ぼつらく》していきます。

各氏族が育ててきた自然発生的な信仰体系がダメージを受け、再生するしかない段階になったときに、伊勢神宮が設立され、諸国の神社に君臨する。斎王の制度が発明されたのもこの変革の一環であったに違いありません。斎王の始まりを伊勢神宮以前においているのも、それが古くからの儀礼であるかのように見せかけるための作り話だと考えるべきでしょう。

中臣《なかとみ》氏である、というのはほぼ間違いない。頭角を現した中臣鎌足が天智天皇から藤原姓を贈られたという事象を、否定できる周辺要素がないからである。しかし、中臣の始祖が天児屋根尊《あめのこやねのみこと》である、というのは神話上の物語。卜部《うらべ》を名乗っていたが、王の神官をまとめ忌部《いむべ》などを配下に置く地位になって中臣を名乗った、という伝承も藤原家の家伝に過ぎない。『記紀』の記述も鎌足の息子・不比等が目を光らせていた以上、真実とはいいがたい。ただ、ここでわかることは王が神ではないということだ。中臣とは天の命を王に仲介する臣下であることを意味するからである。仲介者が王をコントロールし、他の氏族を排除する。この大計画が欽明・持統王権を貫いた。筆者はそう考えている。したがって、計画の初めは鎌足の父・中臣御食子《みかこ》だろう。

このみごとな、王家を中心とした信仰体系の確立を演出したのは誰だったのでしょうか。すでに、アマテラスや伊勢神宮の構想は中臣家《なかとみけ》によるものではないだろうか、という意見は数多く見られます。中臣家とは、自身の宗教的な権威を持たなかった王宮にあって、王の旅の吉凶を占ったり、遠征の際、王（軍事長官）に従って出陣し、作戦の成否を占う神官的な役割を果たしてきた家であることはよく知られています。平時は、王はその母方の一族が信じる神の宣託《せんたく》を受けて行動するので、中臣家の神託とは対立し、無視されます。この家が王宮に独自の神が必要だと考えるのは、しごくありうる話です。

この中臣家がいつから王の神官だったのかははっきりしていませんが、ものすごく古い一族（ニニギノミコトが降臨した際、供として下ってきた神の一人）であることが『記紀』に記されています。アマテラスをクローズアップすることも、天・地上・地下という垂直的世界観を樹立することも、中臣家にとって有利に働くことは明らかです。しかし、中臣の画策はうまく隠されていて『記紀』から読み取ることはできません。それはそうです。中臣鎌足《なかとみのかまたり》はその後、王から藤原姓を賜り《たまわ》（大化の改新の手柄の褒美として）、『古事記』の編纂者は鎌足の息子・藤原不比等《ふじわらのふひと》なのです。藤原家に有利な記述に溢れていても、不利な記述は注意深く削除されているのです。『記紀』が藤原史観によって成り立っている、というのはこうしたことがあるからです。つまり、古い一族というのも、疑ってみるべきなのです。

物部を排除した藤原ですが、かわって蘇我《そが》が王の外戚《がいせき》（王に一族の妃を送り込み、

鎌足、不比等、この三代で、藤原家は日本を手に入れた。

藤原氏の謎

天皇家を牛耳った藤原氏の怪しげな前生。その代表が鎌足は鹿島神宮の神官の息子にすぎない、という学説であろう。しかしそれは鹿島神宮（茨城県鹿嶋市に現存する）の正体を不問にしたイチャモンにすぎない。鹿島神宮は出雲大社との関連で造られた可能性が大きく、王権の確立にとって重要拠点だったかも知れない。鹿島が出雲の真東であると同時に、日本の東西最大幅を横切る地であるということは、古墳時代以前にそれを見出すだけの天文地理学が存在したことを意味する。鹿島神宮の近くには、神宮にも劣らぬ起源不明の旧家がある。それが伊能家である。幕末に日本の精密地図を作った

次代の王の叔父として、王の支配権を左右する＝王権の事実上の乗っ取り）として権勢を振るったため、次のプログラムを発動する必要があったのでしょう。これが中大兄皇子《なかのおおえのおうじ》（天智天皇）と中臣鎌足《なかとみのかまたり》によって起こされた乙巳《いっし》の変（蘇我入鹿を討ち果たした事件）です。もっとも、筆者はこのとき、これより大きなプログラムが進行していたと考えています。それが女王（女性天皇）の擁立《ようりつ》です。

藤原鎌足の肖像をあしらった一〇円札（日本銀行券）

伊能忠敬《いのうただたか》の生家である。この家がなんだったのかを解明せずに、鎌足の出自をぽっと出の怪しげな家筋にすることはできない。

乙巳の変《いっしのへん》

中大兄皇子と中臣鎌足が蘇我馬子を惨殺した事件を、筆者の学生時代は「大化改新《たいかのかいしん》」と習っている。しかし、改新は蘇我氏を排してから始まった政治改革で、大化という元号も、政治改革元年という意味を込めて始められたものである。したがって「大化改新」という用語は事件以後に始められた政治改革の中身を示す言葉となり、事件そのものは元号成立以前の干支年号（中国的な記年法）である乙巳の年を冠して「乙巳の変」と呼ぶのが一般的になっている。

Q12 飛鳥時代の女性天皇の役割

推古から称徳までの一七〇年間、半分が女帝統治下にありました。これを「つなぎ」とする説明はムリ。本当の役割はなんだったのでしょうか。

女帝をつなぎというのは虚《うそ》

日本には過去、一〇代八人（うち二人は重祚《ちょうそ》・つまり天皇として返り咲いたために、一人で二代の皇位を果たしています）の女性天皇が存在しました。天皇制を万世一系《ばんせいいっけい》・男系絶対《だんけいぜったい》と考える人たちは、この八人の女性天皇を例外と考え、天皇を男系で繋ぐために必要とされたピンチヒッターと主張してきました。それを「つなぎの女帝《じょてい》」と言っています。この言葉の裏に「天皇とはいえ女は所詮《しょせん》仮の存在。人々に君臨《くんりん》する者ではありえない」という、女性差別に繋《つな》がる匂いを嗅《か》ぎつけたフェミニズムの反発が登場し、女性天皇もまた人々に君臨する優れた天皇であったのだ、という主張が登場しています。たしかに、一〇代八人の女性天皇の中でも、飛鳥時代六代四人の女性天皇の事跡《じせき》は非常に大きなものがあり、「つなぎ」という言葉では表せない存在であったことは間違いありません。では、つなぎを超えた女性天皇の役割とはなんであったのだろうか。それを考える必要があるようです。

フェミニズム天皇論

学界の中では試行錯誤なのだろう。だから、批判するより、学界の中での苦闘を評価するが、もう少し前に出て欲しいと願うばかりだ。女帝もまた優れた天皇であった、という論旨では瀧浪貞子の『女性天皇』（集英社新書）が鋭い切込みをみせている。しかし、女帝が男性天皇を凌ぐ可能性を持つという視点を展開していない。フェミニズムはこれを批判的に超えていく必要がある。呉善花（オ・ソン・ファ）の『女帝論』（P

筆者はこの答えをすでにＱ２で明らかにしていますが、王宮《おうきゅう》（母系的な王室）を王家《おうけ》（男系の）へと改革にするにあたって、女王はトリック・スターとして不可欠だったのだ、ということです。この王室革命をいったい誰が構想したのか。これについては想像するしかありません。が、欽明《きんめい》（二九代）こそがその人である、という筆者の推定はほぼ動かないだろうと思います。

欽明《きんめい》の父・継体《けいたい》（二六）は応神《おうじん》（一五）五世孫《いつせのみこ》などという怪しげな系譜によって王位に着いたのではなく、妻（大后《おおきさき》）に仁賢《にんけん》（二四代）の娘・手白髪姫《たしらかのひめ》を迎えたことによる、とはすでに書いたとおりです。が、この王権横取りのドラマは継体一代で終わったわけではなく、次代に積み残されます。継体自身は母系が権威を残す王室の伝統に助けられて、王位に就いたのですが、自分の出自自体は父系の色濃い傾向と、大和盆地の中央政界とは異なる勃興《ぼっこう》しつつある地方勢力を背景に実力をつけた男でありました。問題は継体の死後に起こりました。後継の王子も続いて死去し、日本は混乱状態にある、という記録は朝鮮の新羅《しらぎ》文書に残されていますが、『記紀《きき》』ではあいまいです。それも安閑《あんかん》（二七代）、宣化《せんか》（二八代）の二代は王位に就いたのかどうかも定かではない怪しいもので、大混乱が想像できるものになっています。そして、これを収めたのが欽明であるわけです。

ここにも王朝交代を指摘する学者がありますが、筆者はそうは考えません。継体の最初の妻・目子姫《めのこひめ》は地方豪族《ごうぞく》・尾張《おわり》氏の娘で、安閑《あんかん》・宣化《せんか》は目子姫の子です。この子の即位は地方による中央（大和）の制覇《せいは》を意味し、中央豪族のすさまじい抵

ＨＰ研究所）は母系制の名残をフォローした論考で、海人族の事跡を追っている。佐太の大神が迎える海蛇を、朝日と捉えるなど、随所に官能的な解釈が加えられ、的を射ている。が、大展開が可能かどうか。その点で可能性を持つのが梅澤恵美子『日本の女帝』（ベスト新書）だろう。ただ、女帝を「混乱を収めるピンチヒッター」と結論することには疑問がある。結論ありきで書くのではなく、発想ありきで女帝の可能性を示してもらいたかった。

抗がありえる（継体の大和盆地入りを妨げた勢力も同様）のです。これに対して、欽明の母は手白髪姫《たしらかのひめ》（父が仁賢であることより、母が雄略と和珥家の皇女であることが重要）で、れっきとした大和王室の母系的な伝統を引く王です。この大乱が収まったのはひとえにそのためでしょう。

ここでの混乱の根は、王（継体）の複婚《ふくこん》と、外戚《がいせき》の圧力にある。欽明がそう考えるのは当然だといえます。欽明にとって、父（応神五世孫《いつせのみこ》が本当だとすれば）も、母も王族で、外戚に当たる者がいません。王位継承《おういけいしょう》の安定性の鍵はここにある、と、欽明がそう思い立つのも不思議ではありません。欽明は母系継承の本則《ほんそく》である兄弟継承を無事に実現します。長男・敏達《びたつ》（三〇代）、二男・用命（三一代）、三男・崇俊《すしゅん》（三二代）とスムーズに進んだのです。が、問題はその次です。兄弟継承が不能になれば第二原則は父子継承ですが、それは兄の子なのか弟の子なのかが明確ではなく、ここに外戚による権力抗争が生まれる余地があるのです。

欽明は死に臨した枕辺《まくらべ》に娘の豊御食炊屋姫《とよみけかしきやひめ》を呼び、異母兄の敏達の后になれ、と命じます。おそらく敏達も同席していたのだと思われますが、敏達はすでにいた妻を差し置いて、父の遺言に従います。崇俊の次の王は崇俊の子か、敏達の子か。欽明のこの措置によって、この難問は解決してしまいます。誰が見ても、崇俊の次は崇俊の姉で敏達の妻・豊御食炊屋姫《とよみけかしきやひめ》＝推古《すいこ》であることは明らかです。こうして、日本最初の女王・推古《すいこ》（三三代）が誕生したのです。おそらく、敏達も推古も欽明の狙いを理解していたものと思われます。

単婚と複婚

民俗学的には単婚をモノガミー、複婚をポリガミーと呼ぶ。側室制度を含め日本は長らく複婚社会に近く（現在は一時一婚制）、欧米は単婚社会をタテマエとしていた。それも終生単婚で、離婚による人生の組み直し（組み直しを許す単婚を一時一婚制と呼びます）も許されていなかった。

推古の利点と欠点は、母が蘇我《そが》家の一員である点です。推古はこの利点を生かし、仏教導入を通して物辺《もののべ》追放に成功。地方に分散しがちな権力、権威を飛鳥に集中させることに成功しています。また欠点のほうも利点に転換しています。蘇我の有能な青年、厩戸皇子《うまやどのみこ》（後の聖徳太子）を抜擢《ばってき》して、自分の相談役（摂政《せっしょう》）に取り立てると同時に、優れた能力を利用する一方で、王位継承権者である太子の思いを取り込んで、外戚・蘇我の影響を避けるクッション役に置くことに成功したのです。

従来、聖徳太子を主役に政治を見ようとする歴史観がまかり通ってきましたが、おそらくは違うのです。欽明の国家統一の思いや、それを継承する大王・推古の政権運営に太子《たいし》は共鳴したのでしょう。遣隋使《けんずいし》を送り、唐《とう》の事情にも明るい太子は、時代の主役・推古を支援した（太子が外戚・蘇我の力を頼んで王になってしまったら、欽明・推古の構想は水泡《すいほう》に帰《き》す）のです。つまり女王・推古は「つなぎの女帝」などという従来のカテゴリーにはまったく当てはまらない、優れた女王であったことは明らかです。

横やりを封じた敏達の知恵

ところで敏達にとっては推古が即位するかということより、自分の子孫に王位が継承できるかどうかということが本命です。推古を介してこれが実現します。第三四代・舒明《じょめい》が即位したことで、敏達の思いは完結します。舒明は敏達の孫で、両親ともに王族で、外戚の影響を受けることのない立場です。舒明はまた配偶者の多くを王族から娶《めと》り、蘇我家の妻も受け入れますが、これは外交儀礼のようなもの。

不自然ではなかった推古擁立

母系的発想が力を持っていたからこそ、継体は王位に就けたが、この発想で行けば、手白髪姫の娘（あるいはその夫）が王位継承者となる。欽明は手白髪姫の娘全員を妃としているので、母系的にも正当な継承者である。そういう社会では敏達、用明、崇俊に子があっても皇位は母系で流れる可能性がある。

欽明の娘・推古（あるいはその夫）は王位継承権者だったといえる。欽明が娘の推古を長男・敏達に嫁がせたということは、推古擁立（夫は敏達なので、父系的にも矛盾が少ない）のサインだったといえるだろう。世代を超えた継承ではなく、同一世代に位置する兄弟姉妹である推古の擁立は、当時の発想から見て疑えないものだったと思われる。

外戚の横槍《よこやり》を許すようなものではありませんでした。そこで実現したのが第三五代、王族の配偶者（舒明の妻）・皇極《こうぎょく》（女王）の即位です。彼女の近親者には王族以外の出身者はいません。外部権力を一掃し、蘇我を叩く用意が整ったのです。

　皇極の権力基盤は夫である舒明から譲り受けたと観念されますが、神意や宗教的な権威は母方一族から受け継ぐ、と観念される当時の世界にあって、王家にはどんな権威があったというのでしょうか。皇極《こうぎょく》の頃、それを見出すのはまだ困難だったに違いありませんでしたが、着々と育っていた権威がありました。それが伊勢神宮で祀《まつ》っていると称する皇祖神のアマテラスの神意でした。つなぎの女帝は終身独身、などという男系天皇支持者の主張をあざ笑うかのように、彼女は舒明との間に中大兄王《なかのおおえのおう》（後の天智《てんち》天皇）、大海人王《おおあまのおう》（後の天武《てんむ》天皇）、間人《はしひと》王女のほか、その後の日本の歴史の行方を決定する二男・一女を設けています。

　蘇我を滅ぼす乙巳《いっし》の変《へん》（大化《かいか》の改新《かいしん》）は鎌足《かまたり》によって画策《かくさく》された大事件ですが、皇極の同意の下に遂行《すいこう》されたのは明らかです。蘇我入鹿《そがのいるか》は皇極に無実を哀訴《あいそ》しますが、皇極《こうぎょく》は冷酷にも、惨劇《さんげき》の場を去っていきます。中大兄を皇極の摂政《せっしょう》的存在とする

大和王権の異母兄弟婚

　母系社会で王位を男性で継ぐとは、次代の王権を支える権威（信じる神など）は先代の妻（次代の母）の氏族に負うため、代替わりのたびに変化する。権威を男系で継ぐことができないのだ。

　この、母系で伝えられる権威を王権が取り込み、男系で継ぐためにあみ出されたのが異母兄妹婚である。枝葉を払い、日本の王権をみてみるとこうなる。

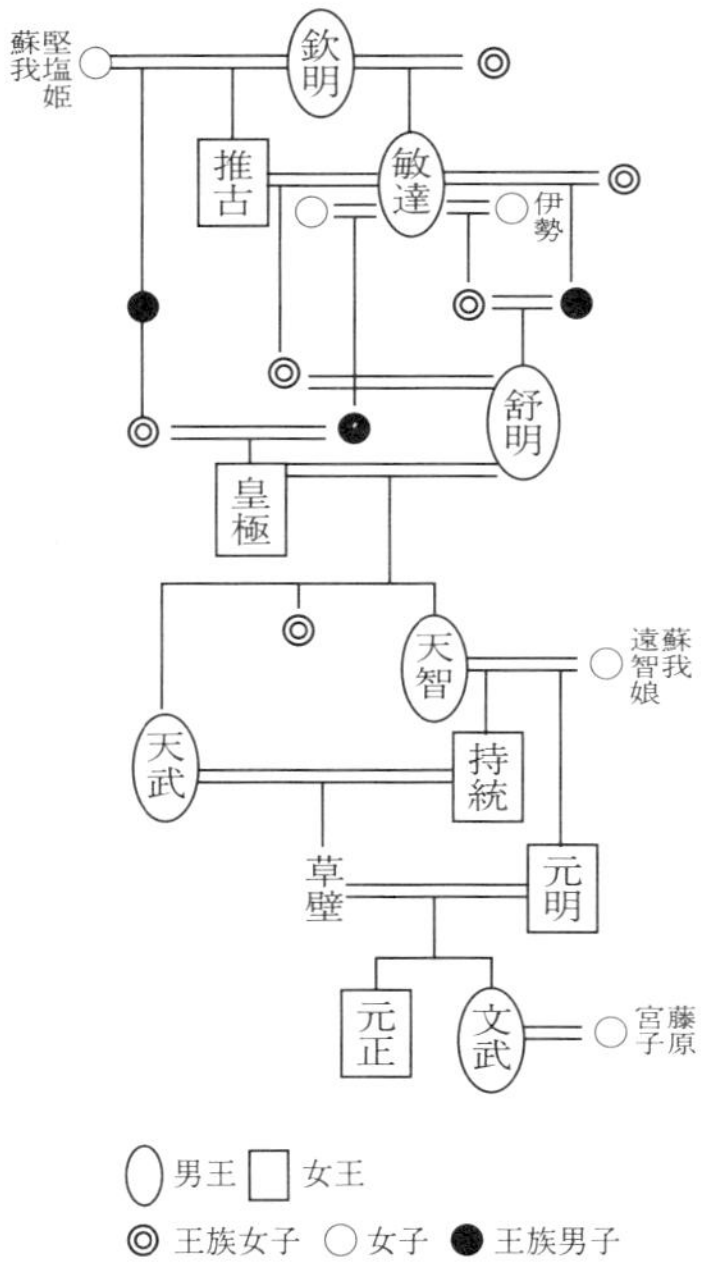

　これをさらにモデル化すると左図のようになる。男帝は異母妹を妻とし、後継を確保すると同時に、妻以外の皇女（あるいは豪族の娘）との間で生んだ娘を次代の男

解釈は誤りでしょう。こんな大事件を演出し得た背景には皇極の絶大な力と、蘇我を排除しようとする強力な意志がなければ不可能なことでした。従って、次の王を誰にするかは彼女の意向次第でした。彼女は存命の間に初めて譲位《じょうい》し、中大兄ではなく、娘・間人《はしひと》の夫（皇極の弟）孝徳を立てたというのもみごとでした。乱の首謀者《しゅぼうしゃ》に冷却期間を与えたのです。

したがって、三六代・孝徳《こうとく》こそがつなぎの王でした。孝徳《こうとく》亡き後、中大兄を時期尚早と考えた彼女は、再び王（三七代・齊明《さいめい》）に返り咲きます。これを重祚《ちょうそ》と称し、譲位に並ぶ史上初めてのできごと。前例を無視して王権を手玉に取った大王を単なるつなぎと称するのはむちゃくちゃだといえます。権威と権力を手中に収めた皇極ならではのトップ人事だったといえるでしょう。こうして本命の中大兄（三八代・天智）の即位実現。申し分のない体制を打ち立てた皇極でしたが、天智《てんぢ》の妻を巡って不確定要素を抱え込みました。

天智《てんぢ》や天武《てんむ》（四〇代）との恋愛における額田女王《ぬかたのおおきみ》の不可解な動きも大事なのですが、天智のあとを天智の子（三九代・弘文《こうぶん》）にするか、天智の弟の天武にするかが、天皇家の確立にとって、避けられない天王山《てんのうざん》の戦いになりました（弘文は釆女・伊賀

帝の正妻に据える。これによって外戚の権威を排除し、権力の男系継承を創出するが、女性が継ぐとする権威（信仰の継承）を産み出すために、女帝の擁立が不可欠だった。権威を継承する機関（王家の創出と氏神の確立＝神宮の確立）ができればこれも無用で、権力も権威も、男王が男系で継承するものと観念されるようになる。

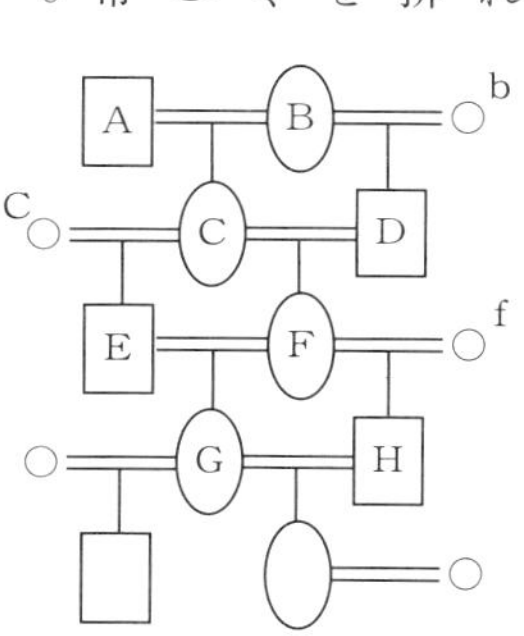

図でいえば、cの権力はBから、権威はAから継承される。ところがFにとって、権力はCから、権威は母Dの母bからくる（bが皇女ではなく、外戚なら信ずべき氏神も別）ハズだが、Cが権力も権威もBから譲られたと錯覚していれば、FもDの権威がBから来たものと錯覚する。bが持つ権威は無視されてしまうのだ。こうなるとGの権威も権力も、父Fから伝えられたものだと疑わない。これが、伝承されていけば父系制が完成する。

家の娘で、外戚を持ってました）。この混乱は古代最大の乱といわれる壬申の乱に発展してしまいます。天智の多くの妻たちの中で、乙巳の変において王統側についた蘇我石川麻呂《いしかわのまろ》（越智）の娘との間の子に鸕野《うの》讃良《さらら》姫がいました。

彼女は天武の妻となって、壬申《じんしん》の乱では天智の息子・彼女の兄・弘文と戦い、ついにこれを打ち破ります。蘇我の血を引きながらその幕引きを図った彼女が単なるつなぎの女王であるはずはありません。伊勢や伊賀《いが》、尾張などの地方権力を糾合《きゅうごう》し、弘文の大和政権に勝利して伊勢の地にアマテラスを祀る天皇家の本拠地を置こうと決めたのは彼女でしょう。彼女こそが三人目の女王・持統《じとう》（四一代）です。

筆者は彼女こそが日本天皇制の樹立者《じゅりつしゃ》だと考えているので、神武《じんむ》だの、応神だの、継体などという従来の歴史解釈には疑問を持っています。同様に、彼女のがんばりを夫・天武との子である草壁皇子《くさかべのみこ》に王位を譲りたいためだとする、肉親の内輪話にしてしまう従来の歴史観にも違和感を持っています。

持統の在任中に、お隣の唐《とう》（中国）で、大事件が勃発《ぼっぱつ》します。皇帝の妻が、権力を奪って、打倒された武《ぶ》家の復讐《ふくしゅう》を果たそうとしました。これが則天武后《そくてんぶこう》です。蘇我の血を引く持統は、おなじ復讐の道を辿《たど》ることも可能でした。蘇我の仇敵・天智や鎌足の息子・不比等に反

交叉イトコ婚

日本ほど近親婚禁止の範囲が狭い社会は珍しい。普通は異母兄弟も禁止される。そのため、権威と権力を一族内にとどめ、その由来が母からのものか父からのものかわからなくするにはもっと手の込んだ結婚が必要になる。それが交叉イトコ婚。母系が父系に転換するときに現れる典型的な婚姻方式である。

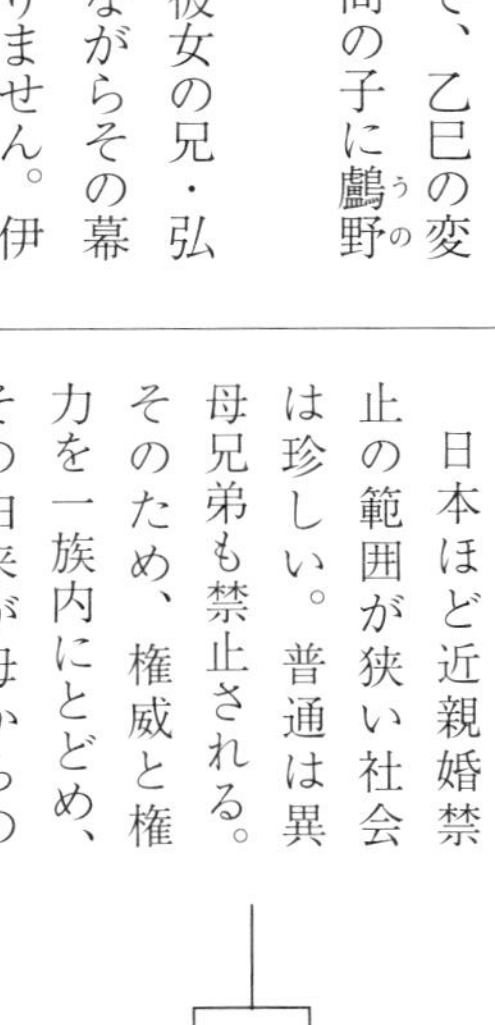

交叉イトコ婚とはA男とB女、またはA女とB男が結婚することです。母系社会ではA家男の男性継承物（財産や王位など）は家（氏族）が同一なA男に相続される（オジ―オイ継承）。が、わが子B男に継承したい、という欲望が変則ルールを発明する。A女とB男を結婚させ、継承物をA女に贈る形をとって、B男に譲るのである。これが繰り返されると継承が曖昧になり、異母兄妹婚同様、母系が父系に転換してしまうのである。

逆する道がありました。が、彼女はその道を選ばず、鎌足・不比等が画《えが》いた政権構想に乗っていきます。それが不比等による『記紀』の改竄《かいざん》を許すことになります。日本という国名の成立や天皇制という呼称の登場は天武か持統在任中のことで、遅くとも彼女が必死の思いで擁立した第四二代・文武《もんぶ》天皇（持統の孫）の代に確立されたものだといえます。厳密にいえば日本や天皇制の伝統というのは、このときから始まったものなのです。

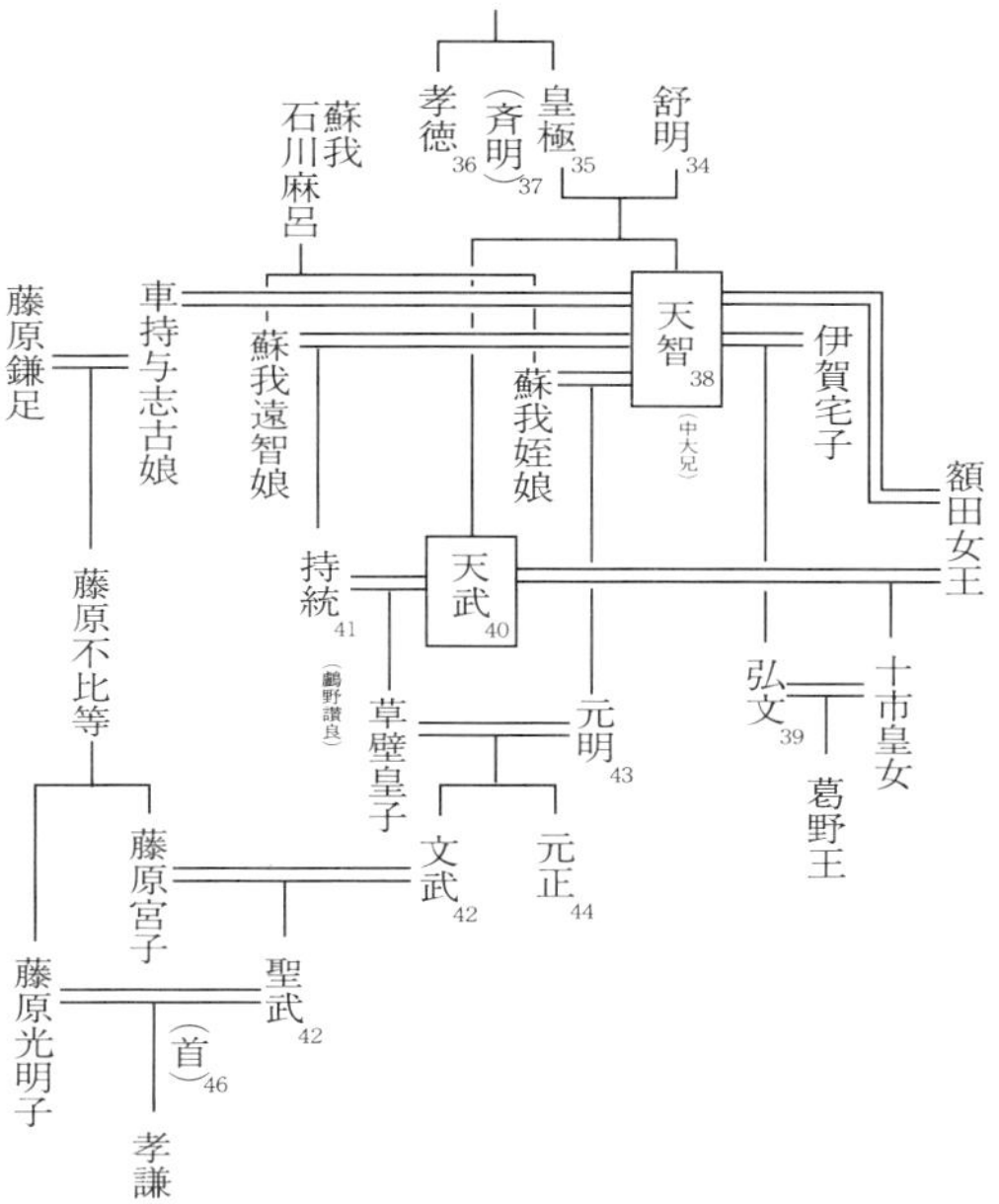

文武の即位に当たっては弘文の子である葛野王《かどのおお》などの有力候補者がいたのですが、葛野王が持統が召集した次の天皇を誰にするかの会議において「わが国は太古から、父・子・孫と直系で継承するのが習わしであった」「この原則を無視すれば乱の元になる」と演説し、王位を文武に譲ってい

額田女王《おおきみ》（額田王・生没年不詳）
斉明朝から持統朝に活躍した、日本の代表的な女性万葉歌人。天智の妃であったが、また、天武の妃（一説に采女とされる）でもある。天武との子・十市皇女は弘文の妃。謎に満ちた彼女の生涯は、本居宣長も注目。井上靖も小説『額田女王』を残し、里中満智子もコミック『天上の虹』を描いている。今でもコミックの定番で、無限の解釈が加えられているので、本書の出番はない。壬申の乱における彼女の立場はどうであったのか。きわめて興味をそそる。

則天武后（武則天、武照、六二四〜七〇五年）
持統より二十四歳年上（持統即位は六九〇年）。持統と則天武后とは同時代人である。天皇という呼称は道教の北極星から由来する、というます。男系男子による父子継承の宣言だといえます。しかし、このとき、早くも次の火種がはじまっています。というのも、文武は妻に藤原不比等の娘・宮子を迎えたからです。王権に外戚（藤原家）が口を挟む可能性が生まれたのです。

四人目の女帝である元明《げんめい》天皇（四三代）は持統の妹であると同時に、持統が王位につけたいと願った息子の草壁皇太子の妻であった。が、草壁が早世《そうせい》し、草壁・元明の間に生まれた子（文武）が即位した後、天皇になっている。「つなぎの女帝」という言葉が当てはまるのは彼女だろう。文武が死んだとき、次の天皇と目《もく》されていた文武と宮子の子・首皇子《おびとのみこ》はまだ七歳で、まだ政務を執《と》るには幼すぎたのです。したがって、彼の成長を待つ間、元明が皇位についたわけです。もちろんつなぎとはいっても、元明がお飾《かざ》りの天皇であったというわけではありません。平城京への遷都は彼女の代に実現しています。

七二四年、予定通り首皇子が即位、第四五代・聖武《しょうむ》天皇です。聖武天皇も皇后に不比等の娘（光明子《こうみょうし》）を迎え、ここに藤原家から皇后を迎えるのが半ば慣例化してしまいます。天皇家が確立した以上、もう王家内部で近親婚を続ける必要はなくなったというわけなのです。ところが聖武の次の天皇を当然視されていた聖武と光明子の男子（基王《もといおう》）がわずか二歳で夭折《ようせつ》。二人の間の子は女子ばかりで、男子にこだわれば天皇は藤原家の手の内からすり抜けてしまうことになるのです。そこで窮余の策が打ち出されます。

男系・男子の原則をいともあっさりと放棄して、聖武と光明子の間の娘・孝謙《こうけん》

のが定説だが、市村其三郎『天皇制国家の謎』は、則天武后（本名は武《ぶ》照《しょう》）が名乗った則天皇帝（略して天皇）に由来する、とする。持統は夫（天武）の系譜を拒絶し、父（天智）の系譜の再興を実現しようとした（とすると天智と天武が兄弟というのは怪しくなる）が、これは、武照の行動とまったくおなじ。したがって筆者は、天皇の語源について市村説を支持する。持統は則天武后同様、新王朝を樹立しようと試みた（持統の試みは成功したといえる）のである。

天皇（四六代）が即位（聖武には光明子以外の女性があり、もたもたしていると男子が生まれる可能性もあった。そのため藤原一族が孝謙への譲位を迫ったものと思われる）します。孝謙が誰のつなぎと考えられていたのか、ということですが、おそらくそれは光明子から生まれると期待された男子であったと思われます。しかし、男子誕生の兆候はなく、焦った藤原家からは皇女でもなければ王族でもない光明子を后妃の名目で即位させようという動きがあったようです。それでは藤原家による王位の簒奪《さんだつ》（則天武后同様→Q2）にほかならず、王朝の側近ばかりか孝謙天皇自身を怒らせたのは確かなようです。孝謙は突然、淳仁《じゅんにん》天皇（四七代）に譲位。上皇として政治の実権を握ろうとしたようです。

光明子がどう動いたのか不明な点は多いですが、藤原仲麻呂が淳仁を操り、不比等以上に実権を握るようになると、上皇と衝突。先手を打って兵を集めますが、これが察知されて上皇軍の逆襲に合い、殺されます（藤原仲麻呂の乱）。淳仁もとばっちりを食らって、退位させられるとともに淡路に配流《はいる》させられ、代わって即位（重祚）した称徳《しょうとく》天皇（四八代）によって、密かに殺害されたようです。そして天皇制の存続に関わる大事件がこれに続いて起きるのです。それが女帝と僧・道鏡の接近と、道鏡による王位簒奪のたくらみです。『続日本記』によれば、女帝・称徳《しょうとく》はとんでもない野心家で、道鏡《どうきょう》は悪の権化のように描かれていますが、それには疑問も出されています。つなぎとして扱われた孝謙（称徳）が、藤原家に対して面白くないと考え抵抗するのはやむをえないことでしょう。しかし、この抵抗を叩き潰さ

道鏡は極悪人か

王権を奪おうとしたことで、道鏡は極悪人のイメージを与えられた。が、思えば王権を奪おうとしたのは娘である光明子の擁立を図った藤原不比等ではなかったか。孝謙（称徳）は藤原家への反発から道鏡を引き上げたのだから、極悪人は酷であろう。が、極悪人に仕立て、孝謙を共犯にしなければ、藤原の名に傷がつく。史書（『日本後記』『続日本後記』）に目を光らせていた藤原家が、孝謙を称える歴史は残せないのである。称徳（孝謙）が五三歳で死去すると、道鏡は下野《しもつけ》の薬師寺に左遷され、二年後に生涯を閉じている（→一九頁注）。

なければ藤原家が全盛期を迎えることはできないのです。称徳《しょうとく》・道鏡による皇位簒奪事件を後世に教訓として残すことこそ、藤原家にとっては好都合のことだったといえるでしょう。

確立した父系社会にとって、女性天皇が実権を持つことを許すのは危険である。その配偶者に権力を簒奪される危険性が生まれるからだ、という教訓です。したがって、女性天皇は例外としてつなぎに立てることはあっても、独身をとおさせる必要がある、という原則の確立です。だから、称徳《しょうとく》を最後に実権を振るった女性天皇は存在しません。江戸時代に擁立された二人の女帝・明正《めいしょう》天皇（一〇九代）、後桜町《ごさくらまち》天皇（一一七代）も、そのようなつなぎの女帝です。

以上をまとめれば、一〇代八人の女性天皇のうち、飛鳥から奈良時代までの八代六人の女性天皇（元明はつなぎの色が濃いが）は、フェミニズム系の研究者が主張するように、とても「つなぎの女帝」などと称するわけには行かない重要な役割を果たした大王であったということができます。しかし同時に、男系男子を支持する民族系の研究者が主張するように、日本が男系の天皇制を確立し、天皇家と王朝を樹立して以降に限定して考えるとすれば、男系による万世一系はかろうじて守られて来たともいえます。もちろん、これを天孫降臨《てんそんこうりん》以来とか神武以来とかに拡張すべきでないことはいうまでもありません。

では、この間に女性天皇が果たした歴史的役割とはなんだったのでしょうか。

和気清麻呂《わけのきよまろ》

極悪人演出の裏には英雄がいる。道鏡の王権簒奪を阻止した和気清麻呂こそ、天皇制存続の最大功労者とされ、現在でも天皇崇敬民族派にとっては、楠正成と並ぶ二大英雄だ。

しかし、百川《ももかわ》を中心とする藤原一族は「称徳を継承する天皇には天武系を立てるべきだ」との吉備真備《きびのまきび》（藤原仲麻呂の乱を鎮圧した名将であり、学者）の進言を無視。天智系の光仁を擁立している（藤原家の創出は天智と鎌足の共同作業だったからだろう）。すなわち現在の皇統の正当性は藤原家にもてあそばれ、この時点ですでに怪しいのだ。

それを一言で言えば、王室の王家への転化、王宮の王朝への転化、日本の天皇制の確立と男系継承と父系社会の確立に利用された、というほかはありません。女性天皇の出現によって女性的世界観が再建されたわけでもなければ、自然的原理や平和原理が強化されたわけでもありません。それよりもむしろ、そうした原理が伊勢神宮に押し込まれ、斎宮《さいぐう》が王権に下属させられたことによって、庶民の信仰の内部にも自ら神的能力を持つと信じられてきた巫女が、男神に奉仕するだけの存在として貶《おとし》められていく過程が起きたことを重視すべきではないでしょうか。今後はこのあたりの解明が望まれます。

Q13 女帝も珍しくない世界の王制

イギリスのエリザベス女王は有名ですが、世界に女王は珍しくないようです。それも単なるお飾りではなさそう。どうだったのでしょう。

エジプトの女神と女王

エジプトの最高神は文明の発祥以来、大地母神・イシスである。現在でも最も篤《あつ》い信仰を集める神・ハトホルも女神。元来は女系社会で、エジプト大地（上・下エジプト）の継承者（女性）の夫が王（ファラオ）になるのが原則だった。したがって、原則どおりいかない場合には、女王が立つ場合も少なくなかったわけだ。ヘテプヘレス、ニトクリスなどがそうだが、なかでもハトシェプスト（新王国第一八王朝、在位、紀元

時代を駆け抜けた女王たち

もちろん日本ばかりではなく、世界に女帝・女王は少なくありません。名を挙げよ、といったときに一番先に思い出されるのはエジプト・プトレマイオス王朝のクレオパトラかもしれない。彼女はエジプト滅亡を救うために、ローマの権力にすり寄るほかに手だてはなかった。だから人口《じんこう》に膾炙《かいしゃ》している「クレオパトラの鼻があと少し低かったら世界の歴史は変わっていた」とは思いません。エジプトはいずれ、ローマに統合される運命を避けられなかったと思います。

エジプトの女王と聞いて筆者が第一に思い出すのは、ナイルの中流域・ルクソールに壮麗《そうれい》な神殿（葬祭殿）を築いたハトシェプスト大女王のことでしょうか。垂直の太陽神（アメン神）を奉じる男系王朝を確立しつつあったエジプト（母系が強かった社会だが）において、この女王がどのように振舞《ふるま》ったのかということです。筆者は彼女のありようこそが世界史を変える鍵になったのかもしれない、と思ってい

ます。しかし彼女の事跡《じせき》はエジプトの歴史において正当に扱われていませんし、顔をそぎ落とされた遺跡が残されているほどです。この点に関して、早稲田大学の吉村作治教授もきわめて冷淡で、公式のエジプト史以上の切込みを避けているようです。

同様に歴史から消し去られた女王はシュメールやヒッタイト、小アジア（トルコ）には少なくないと思われ、こうしたアジアの女王との交流がエジプトを中心に進められた可能性もあったと、筆者は考えているのです。

歴史的にも地域的にも、遠い所の事実は資料不足から判定しようもない部分は少なくなく、筆者の今後の関心を表明しておくだけにしておきましょう。だからとりあえずは、卑近なケースを考えます。東アジアの女帝は、意外に少ないのです。日本と同様、母系の強い南朝鮮の百済《くだら》や新羅《しらぎ》を見てみると、百済に女王の記録は見出せません。新羅の女王は七世紀に善徳《ぜんとく》、真徳《しんとく》の二女王、九世紀に真聖《しんせい》と、三人の女王を数えるのみです。この裏には東アジアに絶対的に君臨した家父長制国家・中国の影響を考えざるを得ないと思えます。

すでに記したように中国は世界でも図抜けた古い時代から家父長制を樹立し、男系の家（家名）による支配を正当化する考え方を育ててきていました。これが儒教の根本思想ですが、ある家だけに特権的な支配権を与える教えに人々が納得するはずがありません。だから、儒教の教えは第二の原則を大事にしています。それが革命思想です。王よりも上位にある神の命に従わない王は、打倒されるべきであ

前一五世紀）は在位二二年間、エジプトの平和を守り、貿易によって世界を結んだ優れた女王であった。葬祭殿のほか、現存最大のオベリスクを残している。（水上洋子『女神が遺した国エジプト』祥伝社）

新羅（ハングル読みではシルラ）の女王

新羅は四世紀中庸から九三五年まで、六〇〇年続いた王国で、その間に朴氏、昔氏、金氏による王統の交代を経験している（易姓革命）。女帝の擁立は隣国・日本の影響説もある（日本はそのとき推古女王の治世であった）。中国はこれに不満で、善徳女王が高句麗・百済に挟撃《きょうげき》され、唐に救援を求めた際、唐の太宗《たいそう》皇帝は「女帝だから侮られる」と言い放って、援軍を送らなかった。続く真徳も女帝だったため、援軍は送られ

る、という考えです。天命を改める（革命）権利はすべての家（家系）に認められている、という考え方です。これを簡単に言えば、社会正義を忘れた王は新たな王統（家）によって倒されるべきである、という考え方です。儒教ではこの大事な原理を「易姓革命《えきせいかくめい》」と呼んでいますが、易姓とは同一の姓（男系の氏＝姓）を伝える男系の一族が変わる、つまり別の一族の支配に代わるということを意味します。これを裏読みすれば、悪政を敷いても革命で倒されない権力はおかしいということを意味します。

　中国ではこのような王朝革命が何度も繰り返され、その支配権が追認されてきました。中国を意識して編纂《へんさん》した『記紀神話』が継体《けいたい》王朝を怪しい王朝として記述しているのも、その前の王朝（雄略）が、天命を裏切った社会正義のない政権であることを受けての政権転覆のように描かれているので、中国に対しては問題のない政権だと考えられていたのでしょう。

　中国はこのような儒教国家であったのですが、家父長制・「家」の継承にとっては女帝が大きなネックになることを思い知らされなければならない事件が勃発します。それが「則天武后」の皇位簒奪事件です。

　六一八年、隋を滅ぼして唐を建てたのは高祖《こうそ》皇帝でしたが、第二代太宗《たいそう》皇帝が寵愛した才媛が武照《ぶしょう》でした。彼女は第三代高宗《こうそう》皇帝の皇后となり、高宗が病床に伏すようになった頃から政治の実権を握り、能力を発揮します。高宗が死ぬと高宗との間の男子二人を退けて自ら皇位につき中国史上初めての女帝となります。それ

ず、次の武烈《ぶれつ》王になって唐はようやく新羅を援助。高句麗・百済を滅ぼして、朝鮮の国家的基礎を固めた。

ハワイ王朝最後の国王

　女王の活躍史をひも解く際、忘れてはならないのがハワイ最後の国王・リリウオカラーニ女王（一八三八～一九一七年）である。彼女はカリフォルニアで一八九一年に客死（毒殺か）した前王（彼はアメリカに抵抗。日本との同盟を願って、姪の婿として日本の皇族を望んだ）の妹で、後継者に指名されていた。アメリカがハワイを狙っている直中での即位（同年）であった。臨時政府をでっち上げ、王制を廃して共和制に移行したアメリカ合併派が彼女を逮捕。幽閉中に彼女が作曲した名曲が「アロハ・オエ」である。アメリカが仕組んだ選挙は有権者が高額所

ばかりか唐という国名を周《しゅう》と改め、首都を長安《ちょうあん》から洛陽《らくよう》に移します。周とは紀元前二五六年に滅亡した国家で、武氏の王朝でした。武照はこの武王朝の血を引く女で、武氏の復権を企てたのでした。八〇〇年後の復讐劇ですので、すさまじいばかりの一族意識、家名・血統意識であるというほかはありません。

理想の国家・周（武王朝）を易姓革命で二度と倒されることがないように、彼女は自ら「則天武后《そくてんぶこう》」と名乗り、皇帝を天皇、皇后を天后《てんごう》と改めます。男系・男子の継承意識が堅固である中国にあって、女性が王になること自体が許しがたい暴挙であったわけですが、それだけでなく中国の伝統的な国家倫理である易姓革命そのものを否定しようとしたのです。易姓革命とは天命に叛《そむ》いたら、王であっても打倒され、王朝は他の王朝に権力の座を譲らなければならない、ということです。ところが、彼女が名乗る「即天皇帝」とは、皇帝自身が神であるということ。皇帝のなすことそのものが天の声＝天命なので、これを倒すことは許されない、ということです。つまり、彼女が始めた天皇という呼称は「即天皇帝」の略称なのです。

則天武后は七〇五年、八二歳で病没。高宗との間の長子・中宗《ちゅうそう》が第四代の唐の皇帝として即位。朱子《しゅし》などは彼女の所業を激しく攻撃し、歴史からの抹殺がはかられます。唐は三代・高宗から四代・中宗に何事もなく譲位されたことにされ、則天武后の名は、近代になるまで知る人もわずかであったのです。当然、その後も中国に女性が皇帝の座に就いたケースはありません。

ところで、白村江《はくそんこう》で彼女と戦った（六六三年）日本の指導者層が則天武后の事跡

得者だけ。一割に満たないアメリカ人が、四割のハワイ人と四割のアジア人（日本、中国）を押さえ込んだ。

朱子（本名は朱熹《しゅき》。一一三〇年～一二〇〇年）

儒教中興の祖で、「四書五経」を中心とした学問体系を確立（朱子学）。江戸幕府の公認学問となった。その原理的な閉塞性（現実を理＝法則と気＝実行との相互運動と捉えるが、気を語るのは困難なため理が立ってしまい、実行を束縛してしまう）が「非実践的」「非独創的」と批判され、国学もこの原理主義からの脱出を模索した。が、朱子学は厳密な実証による前進を旨とするという。厳密でありすぎるため、原理的停滞を生んでしまったが、これが近代合理主義、科学的実証主義を準備することになる（国学は逆の道を歩

に無頓着だったとは考えられません。同時代人・持統女王に与えた影響は大きかったと思われます。また、中国に倣って一流国を目指していた日本（律令制下の官僚などの指導者層）も、これまで以上に男系・男子継承の確立を急ぐことになったとも考えられます。

ヨーロッパの女王

目をヨーロッパに転じてみましょう。皆さんもよく知っているように、ヨーロッパの女王には、イングランド女王・エリザベス一世、英国女王ヴィクトリア、エリザベス二世（現）、ロシア皇帝・エカテリーナ（カザリン）一世・二世、神聖ローマ帝国のマリア・テレジア（マリーアントワネットの母）がいたことがよく知られています。宗教戦争の渦中にいたスウェーデン女王のクリスチナはヨーロッパでは特に有名です（三〇年戦争をプロテスタントの勝利に導き、自身は王位を捨て、ローマでカトリックに改宗した）。

さて、勘のいい読者はもう気づかれたと思いますが、彼女たちのファミリーネーム、家名はなんだろうか、ということです。いや、女王ばかりではありません。男王であっても、その他の偉人であっても、ヨーロッパには家名に当たるファミリーネームがありません（古代ローマの市民は例外）。というのもヨーロッパに姓が発生するのは一七世紀以降だといわれているのです。それまで父系で継承される家名意識そのものが確立していなかったのです。

む）。しかし、明治以降、国学が大義名分論に立つ儒教に接近。儒教もまた、原理主義的停滞に安住し、合理的実証主義を捨てたかに見える。国学もまた自然な感情の発露を無視し、原理的・教条的になっている。

女王クリスチナ（クリスティーナ。一六二六年～一六八九年）

一七世紀のヴァーサ朝・スウェーデンの女王（在位一六三二年～一六五四年）。宗教戦争でプロテスタントを勝利に導くとともに、自らはカトリックに改宗するという、荒業を成し遂げた彼女を後世の歴史家は「バロックの女王」と呼んでいる。信仰とは究極的には個人の内面の問題である、という大テーマに挑んだ彼女は、その正しさを哲学者・カントに質すべく、宮廷に招聘。カントもこれに応じてスウェーデンを訪れ、それは王位の継承をみてもよくわかります。したがって、なんとしても王位を男系・男子で繋がなければ、という意識そのものが希薄であるということになります。たとえば「わが夫はイングランド王国である」という名言で知られるエリザベス一世ですが、彼女はこの言葉を実践して終生独身を通しました。イギリスは女王の時代に発展する、という俗諺《ぞくげん》も彼女の事跡が生んだもの。彼女の時代にイギリスはスペインの連合艦隊を撃破し、七つの海の制海権を手に入れることによって、その後の世界侵略・大英帝国の基礎を樹立しました。

そもそも、彼女が王位に就いたのは先王に男子がいなかったためですが、彼女が独身を通した結果、皮肉なことに後継者が完全に絶えてしまったわけです（テューダー朝の断絶）。そのため、イングランドは後継者にスコットランド王・ジェームズ六世（イングランドではジェームズ一世を名乗った）を迎え（ステュアート朝の成立）、彼はスコットランドとイングランドの王を兼務することになったのです。ここからは王朝（家）をなんとしても死守しなければ、といった意識は少しも感じ取ることができません。

中世ヨーロッパの王侯というのは日本で言えば戦国時代の初期のようなもの。明けても暮れても戦争を繰り返すばかりで、領地を拡大するためには権謀術策《けんぼうじゅつさく》、結婚といえばみな政略結婚で、どこを味方につけ、どこと戦うのかの駆け引き材料に他ならなかったわけです。敵味方も、領地も入り組み、そのため相続も単独相続ではありません。男子が三人あれば三分割するし、女子がいれば娘にも領地をつけて

その地で没している。近代的な個人の形成という点で、彼女は大きな一歩を画した。

やれば、夫を確実な味方に引き込むことが可能になります。これでは男系・男子の意識が育つわけもありません。

日本なら、これがどんなにごちゃごちゃであっても、所詮は国内問題ですが、ヨーロッパではそうはいきません。どこがフランスか、どこがイギリスで、どこがスペインかなどという国境そのものが不確定なのです。

女王よりも男王のほうが圧倒的に多いのは、たかだか戦争時に先頭に立って指揮をするため、男のほうが都合がいいという程度のもの。それだって、オルレアン解放戦争の先頭に立ってみごとに勝利を収めたジャンヌ・ダルクがいたことから見ても、女王がだめだという理由にはならない（女性には土地の相続権がない、とする古代ゲルマンのサリカ法典がある、との理屈が持ち出されたこともあります）のでした。

ただし、ヨーロッパにあって不動の男系相続を維持してきたものがあります。それが神聖ローマ皇帝（オーストリア・ドイツ）の地位（マリア・テレジアは唯一の例外。その結果、一七四〇～四八年、オーストリア継承戦争が起こりテレジアは夫を名目上の皇帝にします）とローマ教皇の地位でした。おそらくこれは男を一神教の神と仰いだ、宗教的権威の相続者であればこそ確立された伝統なのでしょう。同様なことは、一神教の神を男子としたイスラム教圏にも言えることで、アラブの王族はさまざまに分家したりしていますが、ほとんど男系相続の原理によって行われています。

ヨーロッパの王族による相次ぐ戦争は、いろいろなものを生み育てました。宣戦布告や捕虜《ほりょ》の処遇、戦争責任のあり方などの国際ルール、国際条約の遵守義務、

イスラムの王とアラブの女王

イスラム（ムスリム）の祖・ムハンマドは預言者で、カリフ（王と訳される）はその継承者、という意味を持つ。カリフは基本的に男である。しかし、土地の支配者である王は男に限られてはいない。エチオピア（首都はイエメンにあった）の祖王はシバの女王（本名はビルキーズ↓一四四頁注）であるし、三世紀のシリアにはザイナブ、一三世紀のイエメンにはマルワという女王が出現している。

三つの公国

ヨーロッパにはこのほか、諸侯

戦費調達（封建的な年貢の終焉と近代的な直接税間接税の導入）の必要から国民国家の形成（国境の確立）、三部会などの国民議会の萌芽、人権思想や民権意識の原初形態の発生などです。これを一口でいえば、近代国家の枠組みが用意されたということでしょう。そしてこれがやがて、王制を打倒するフランス革命に至るのです。

ブルボン王朝を倒したフランス革命とロマノフ王朝を倒したロシア革命はあまりにも有名ですが、さらに第二次世界大戦後に起きた東欧の社会主義革命によってヨーロッパから王国が次々に姿を消すことになりました。

ヨーロッパではすべての王国が女王容認

現在、ヨーロッパの王国はわずか七カ国です。イギリスは中世以来、女王を容認する国でしたが、もともとは王族が勝手に決めることだったわけです。しかし、王族の勝手を許さない立憲君主国になったため、基本原則は男子優先で、男子がいない場合に限って女子にも王位を継がせるということになりました（ただし英国はコモンローで、この原則を改めるのに法改正が必要とは思えません）。同様の男子優先を取っていた国がスペインとオランダ。デンマーク、スウェーデン、ノルウェー、ベルギーは男子のみで、女子の継承権を認めていませんでした。

しかし、一九五三年、先王の子が全員女子だったため、デンマークは追い詰められた形で憲法を改正しました。しかし、男女平等原則が改正の名目ではなかったため、結果は男子優先の憲法になりました。一九七九年、スウェーデンが男女平等

（日本でいう藩主）が治め、国家に吸収されなかった地域があり、これを公国と呼んでいる。ルクセンブルク大公国（立憲君主制、元首はアンリ大公）、リヒテンシュタイン公国（絶対王政に近い立憲君主制、元首はハンス・アダム二世大公）、モナコ公国（立憲君主制、元首はアルベール二世大公）の三つである。この三地域はいずれも世襲制で、元首に女性を立てたことはない。公とは公爵または侯爵で、女性が爵位（ヨーロッパの王国が与えた地位。形式上、公国は宗主国の地域政権で、完全な国家ではない）を継承した例がないためだと思われる。

同様の地域継承権力（形骸的であれ）はインドネシアのジャワ島を支配していたジャワ王朝などが現存するが、本書では扱わない。

の観点から王位継承法《おういけいしょうほう》を改正、長子優先の継承法が始めて確立しました。同様の改正が一九九〇年にはノルウェー、九一年、ベルギーに実現。女王を認めていても男子優先だったオランダは一九八三年、男女平等の原則から憲法を改正。長子優先の継承法に変えています。男子優先から長子優先への改正の動きは、スペイン、イギリスにもある（イギリスの場合、次代の皇太子は確定していて、その次も男子ばかり。そんな先まで王室は続かないという、あるいは続いてほしくないという世論が強くて、平等原則のためだけの改正に水を差しています）ようです。

以上のことをもう一度整理しておくと、ヨーロッパではすべての王国が女王を容認していますが、男子優先（子の中に男子があれば、長幼の順で彼が王位を継ぐ）を維持している国がイギリス、スペイン、デンマーク。長子優先（男子女子に関わらず、最初の子が王位を継ぐ）を採用している国がスウェーデン、ノルウェー、ベルギー、オランダです。

現在、イギリスの王はご存知のとおり、エリザベス二世女王です。デンマークの王もマルグレータ二世で女王。オランダなどは三代続いての女王で現在はベアトリクス、スウェーデンではビクトリア女王。ノルウェーの皇太子も女性なので次代には女王の国になるようです。ヨーロッパではもう、女王花盛りの時代を迎えているといってもいいのです。

こうした女王たちの出現が、見かけを超えて男女平等や人権の前進に寄与したのかどうか、筆者には疑問が残ります。それよりも、筆者は北欧やイギリスの王統

エリザベス女王

出典：フリー百科事典『ウィキペディア（Wikipedia）』

が、ローマンカトリックとは一線を画したことのほうが、男女平等や人権の確立に寄与した遥かに大きな要因であったと考えています。もちろんこの点の立証は本書が追求すべき問題領域を遥かに超えてしまいますので、これ以上の追求はいたしません。

プロブレムQ&A

III

天皇の継承と戦争の関係

Q14 建武中興から幕末までの天皇

歴史の教科書を見ても、後醍醐天皇が建武中興でがんばった後、幕末になるまで天皇の話は出てきません。その間はどうしていたのでしょうか。

天皇家はなぜ長く続いたのか

天皇制度を巡《めぐ》る疑問というか質問として多いのが、①天皇制度がなぜこんなに長く続いたのか、ということと、②南北朝《なんぼくちょう》時代に王朝が交代し、万世一系は切れているのではないかというものです。

そこで、まず手始めに①に対して答えておくとしましょう。ご存知のように日本は藤原家の摂関《せっかん》政治によって天皇の統治権は失われ、それを取り戻すために厚遇《こうぐう》した武家、すなわち平氏によって、再び危機を迎え、院政《いんせい》も天皇家の統治権の回復には繋《つな》がりませんでした。平氏打倒の院宣《いんぜん》は本格的な武士の世（源氏政権）を呼び込む結果となり、鎌倉幕府が出現したのです。

しかし、王朝を打倒する実力を備えていた源頼朝《みなもとのよりとも》がなぜ律令制下の一役職である征夷大将軍《せいいたいしょうぐん》などに甘んじたのか、ということです。都の役職に懐柔《かいじゅう》される弟（義経《よしつね》）を厳しく討ち、都に上ることを避けた頼朝にはあるまじき所業《しょぎょう》といえます。

院宣《いんぜん》

上皇の命令をこう呼ぶ。

二人天皇と三種の神器

一一八四（寿永三）年一月、頼朝に平氏追討の院宣を発したのは後白河上皇。このとき、天皇は二人いて、八一代・安徳天皇は平氏とともに西国へ、やむなく上皇は一一八三年八月、八二代・後鳥羽を即位させた。義経に攻められて安徳が三種の神器とともに壇ノ浦に沈んだのが一一八考えられないことです。が、唯一、思い当たることといえば、統治の合理性でしょう。天皇を利用したほうが全国各層の統治権が楽に手に入る、ということに尽きます。そのため、征夷大将軍こそが武門の最高位であるという観念が発生してしまいます。あくまでも天皇の臣下ということになってしまうのです。

しかし、王室（王宮）とはそもそも、氏族連合国家にあって、権力の統合のために創り出された軍事長官の地位とその後継確保装置でした。この地位を将軍（征夷大将軍）に譲ってしまうというのは王室の存在理由の放棄《ほうき》なのです。その結果、天皇制は権力から権威の装置となり、祭祀《さいし》の挙行者に純化してしまいました。宮中において、祈りを捧げようと、豊作を祈願して田植えをしようが、そんなことは本来、伊勢神宮の斎宮の仕事なのです。天皇は事実上失業し、天皇制度の役割は事実上終わった（唯一の存在理由は征夷大将軍の任命、すなわち自己存在の否定）のです。役割を終わった機構は倒されない、奪われない。静かに消滅するのみなのです。だから続いたと、筆者はそう考えています。

したがって、天皇を廃位できる武将は征夷大将軍を欲しない者になります。歴史的に言えば、足利尊氏《あしかがたかうじ》、足利義満《あしかがよしみつ》、織田信長《おだのぶなが》であったといえます。これを実際にやって見せようと行動したのは足利義満です。ただ、歴史に「もし」はありません。この構想は実現しなかったというほかはないのです。

ところでこの国では、長い、ということがすごいということとイコールで語られることが多いのです。が、古いということが停滞を意味する場合も少なくないこ

五年三月なので、その間天皇は二人いたことになる。三種の神器のうち鏡（実物は伊勢神宮）と剣（実物は熱田神宮）はレプリカなので作り直し、珠は発見されたとするが、信じがたい話である。

征夷大将軍
当初は東方の夷を征服する軍事長官を意味したが、後、軍事長官の代表を意味するようになり、将軍と略称された。

伊勢神宮の斎宮
神宮で皇女（占いで一人が選ばれる）が潔斎《けっさい》生活を送るところを斎宮《さいくう》と呼び、皇女は斎王または斎内親王と呼ばれていたが、やがて斎宮《いつきのみや》と呼ばれるようになった。

足利義満（一三五八～一四〇八）

とを知っておくべきでしょう。数年前まで、天皇家は世界最古の王朝ではありませんでした。神武以来という、嘘の歴史を継ぎ足しても、エチオピア王朝には勝てなかったのです。古いもの同士、というわけか、日本は当時、しきりにエチオピア王朝にアプローチしていたものです。ところが、エチオピア王が人権を抑圧する政治を行い、怒った国民から暗殺されてしまいました。「王がいなければエチオピアは成り立たない」そう胸を張っていた王の取り巻き連中は雲散霧消《うんさんむしょう》して、王制復帰の可能性は皆無《かいむ》になっています。そして、王を失ったエチオピアには何事も起きず、共和国になった新生エチオピアは新たな建国に向き合って長い停滞を突破しようとしています。ともあれ、エチオピア革命によって日本は現存する最長の王朝を持つことになりましたが、世界最長の王朝ではありません。まだしばらくはエチオピアを抜くことができないからです。

南北朝で万世一系は切れたのでは

さて、次に②の問いに答えるとしましょう。南北朝時代は鎌倉幕府の末期に出現します。天皇制が失業対策事業になってしまうと、田植え稲刈りではない少しは権力的な顔をみせて、一族の中で存在価値を示すことが期待されます。将軍の頭越しに権力を示してみたい、というのが天皇親政思想です。祈り（神風＝台風）によって元寇《げんこう》（蒙古襲来）を排撃してみせた、という実力とは縁のない自信は、鎌倉幕府なにするものぞ、という考えに凝《こ》り固まっていったのです。

室町幕府第三代将軍。義満は出家の前後より法皇なみの格式で内外の儀式に臨み、征夷大将軍を含め官職を放棄した。天皇の権限を制限するとともに、天皇家との一体化を進めて、折から流布していた百王説（天皇は一〇〇代で終焉する、とする風説）後に備えた。また一四〇一（応永八）年、明に国書を送って国交を開き、日本国王と認められている。寿命があと一〇年あったら、皇位は廃止されていたかもしれない。そのときの後小松は第一〇〇代（北朝換算では一〇一代）の天皇であった。

エチオピア王朝
エチオピアの建国神話は紀元前六世紀に始まる。エチオピアのシバの女王がエルサレムのソロモン王と親交を結び、生まれた子が建国の祖、メネリク一世だとされている。このその結果、その後の日本をどうリードしていくべきか、ということで、天皇家の中に亀裂が生じてしまいます。後深草《ごふかくさ》天皇（八九代）の後継に立ったのが弟の亀山天皇ですが、その次に後深草の子である後伏見《ごふしみ》天皇を擁立しようという一派（持明院統《じみょういんとう》）と、亀山天皇の子・後宇多《ごうだ》天皇を支持する一派（大覚寺統《だいかくじとう》）に分裂。大覚寺統から出た後醍醐《ごだいご》天皇が足利尊氏によって京都を追われ、吉野に逃げたことから、南朝《なんちょう》（吉野朝《よしのちょう》）が始まります。つまり持明院統が北朝《ほくちょう》、大覚寺統が南朝と呼ばれているわけですが、南北ともに後嵯峨天皇の男系なので、どちらが政権の座に登ろうと、それを称して王朝交代があったということはできません。万世一系の問題と南北朝の問題は直結していない、別な問題だということができます。

でも、筆者はこの問題を天皇制度における重要な出来事だと捉えています。というのも、権力を失い権威だけになった天皇家にとって、継承の正統性こそは重要問題だからです。明治天皇制を用意した国学《こくがく》や水戸学《みとがく》はともに南朝を正統とするもので、明治以降の天皇が北朝の系統であるため、明治天皇の即位の正当性に始まって、明治以降の天皇制にとって重要テーマになっています。したがって、この問題はもう少し掘り下げておく必要があると思います。

南朝を正統だとする主張の主なものは、南朝を樹立した後醍醐天皇こそが鎌倉幕府を滅ぼし、武家から政権の主導権を取り戻したにもかかわらず、北朝は新たな武家政権に支えられて後醍醐天皇を追放したというものです。天皇継承の正統性を示す三種の神器は南朝側で受け継がれ、南北再統一に際して北側が示した条件は

話が史実かどうかは不明（女王が始祖である点は注目すべき）だが、ものすごく古い王朝であることは間違いなく、古代（第二五王朝）、何代にもわたってエジプト王（王統継承者の女性の夫になった、ということ）を出しているのは事実である。最後の国王はハイレ・セラシエ皇帝。一九七四年、軍によって退位させられ、王朝は終焉した。これを越える長期の王朝があるとすれば古代エジプトだろう。

元寇（蒙古襲来）
一二七四年の文永の役、八一年の弘安の役のこと。

持明院統
後深草天皇の皇統で、後の南朝。現在の政府は南朝正統論に立っているので、天皇の代は持明院統で数え、

三種の神器を返すなら、以後は両統から交代に天皇を出そう、と約束したにもかかわらず、三種の神器を取り上げて、交代の約束を守らなかった、と北朝を批判します。この背景に両統関係者の人物像や、背後で支える武家たちの倫理観や行動の正当性などが巨大な物語になって、両統の評価を決しているのです。

後醍醐天皇による建武《けんむ》の中興《ちゅうこう》を最後に、皇族の力はめっきり衰えていき、江戸時代には象徴的な権威であった元号《げんごう》の制定権や、伊勢神宮が持っていた天文観測での暦の決定権なども幕府天文方《てんもんがた》の手に落ちることになります。また、天皇の即位を巡っても幕府の意向を無視しえなくなっています（明正《めいしょう》女帝は後水尾《ごみずのお》天皇と徳川秀忠の娘・和子《まさこ》との間の娘。彼女の即位は天皇家と幕府の綱引きによって決まったもの。後桜町《ごさくらまち》女帝の即位に当たっても、幕府の了解を得ています）。

急浮上した天皇の権威

いずれにしても幕末の天皇家は京都御所にひっそりと住まい、ありがたさを奉じる人々にお墨付《すみつ》きや肩書き（正一位とか、従二位などというもの）を売るなど、天然記念物といおうか、ある種の権威の源として存続する程度のものでした。それが血なまぐさい政治の中心に突然投げ込まれることになるなど、いったい何人の人が想像できたでしょうか。この大転換のきっかけになったのは一八五八（安政五）年に起きた事件でした。それが日米修好通商条約《にちべいしゅうこうつうしょうじょうやく》を締結《ていけつ》した幕府が、朝廷にその勅許《ちょっきょ》を求めたこと（しかも勅許が拒否されたこと）です。

一〇〇代・後小松からは大覚寺統に一本化される。ちなみに北朝を認めない人たちは「南北朝」という用語にも反対。南朝を「吉野朝」と呼んでいる。

大覚寺統
亀山天皇の皇統で、後小松天皇のとき、南朝を併合して現在に至る。しかし、北朝の天皇（光厳《こうごん》、光明《こうみょう》、崇光《すこう》、後光厳、後円融の五人）は天皇として代位を数えられていない。

南北朝の統合
南北朝は一三三六年に始まり、足利義満絶頂期の九二年に終わっている。南朝最後の天皇は後亀山で、三種の神器を持って、京に戻った。南北が交代で皇位につく、という約束だったが、三種の神器を奪われ、交代の約束も反故《ほご》にされて、南朝の王この条約はその後の日本を拘束する「不平等条約《ふびょうどうじょうやく》」ですが、その内容を巡《めぐ》って不許可になったわけではなく、あくまでも日本の「開国」に対する反対なのです。ただし大転換は「開国」にあるわけではなく、「幕府が朝廷に勅許を求めた」という点にあります。外交権は江戸開闢《かいびゃく》以来、幕府が握っており朝廷の勅許など無用でした。しかし、幕府が浮き足立って、諸国の反対をかわすために、もう実権など何も持たない朝廷の権威を利用しようとしたのです。しかもそれを拒否されてしまった。幕府は対面《たいめん》を失い、代わって朝廷の権威が甦《よみがえ》ってしまったのです。

その結果、幕府に批判的で、開国に反対する勢力が京都に集結することとなり、これを乗り切るために朝廷も幕府も「公武合体《こうぶがったい》」と呼ばれる新たな政治的枠組みを必要とすることになります。一九六一（文久元）年十月、孝明《こうめい》天皇（一二一代）の妹である和宮《かずのみや》が、有栖川宮熾仁《ありすがわのみやたるひと》との婚約を解除し、将軍家茂《いえもち》に嫁ぎ、京都から江戸へと、大行列を連ねて下りました。公武合体のシンボルとして演出されたのです。

ところで、孝明天皇は公武合体の朝廷側のリーダーですが、開国に対しては強烈な反対者でした。そのため、攘夷《じょうい》を追って幕府（勅許も受けずに開国した）を追い詰めようと

統は消滅する。したがって、後小松以降の天皇は北朝で、後小松の子・称光《しょうこう》（一〇一代）を除いて、天皇に数えられていない崇光《すこう》の血を引いて

南北朝時の系図

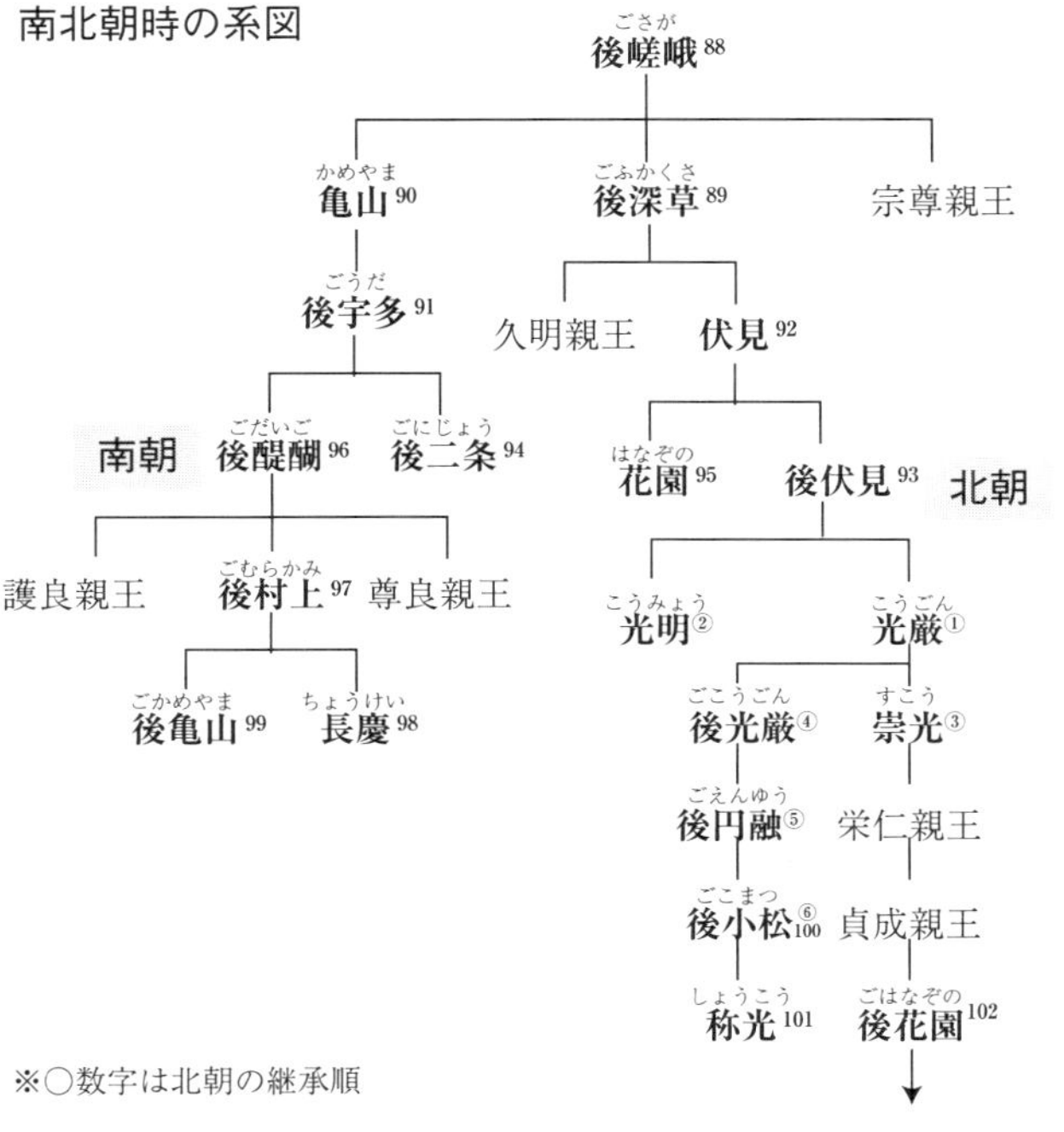

※○数字は北朝の継承順

する討幕派《とうばくは》の期待を集めるある種の重心になっていきます。公武合体だけでは幕府も危うい状況になっていました。断っておきますが、幕府は「鎖国《さこく》」を政策にしたことはありません。外国貿易を一手に握り、その窓口をオランダと中国に限定しただけ（朝鮮、琉球との交流を禁止したことはありませんし、恒常的な通信国と見なしてきました）。あとは禁教《きんきょう》（キリスト教禁止）政策として海外渡航《とこう》の禁止と渡航者の帰国禁止を指令しただけ。「鎖国」といった言葉を使ったこともありません。

徳川幕府は早くから外国人を政治顧問《こもん》とし、西洋事情を注視してきましたし、非キリスト教諸国の進言を受け入れ、外国渡航者が帰国した際の取調べは稠密《ちょうみつ》を極め、欧米に対する強い関心を抱いていました。ロシア・エカテリーナ二世に謁見《えっけん》した大黒屋幸太夫《だいこくやこうだゆう》や、アメリカで捕鯨船《ほげいせん》船長にまで出世したジョン万次郎《まんじろう》の克明な証言はよく知られていますが、無名のたくさんの日本人がいて、各地の貴重な証言を残しているのです。また、ペリー来航《らいこう》以降は幕府自身、各地に外交使節《がいこうしせつ》を渡航させ、国際情勢や政治システムの研究を積み重ねています。

それら幕府役人の見聞《けんぶん》は、さまざまな形で世に出され、次の時代を迎えるための人々の構えを作り出していきました。

たとえば。アメリカの政体は万延元年に渡米した仙台養賢堂《ようけんどう》（藩校）の副頭取・玉蟲左太夫《たまむしさだゆう》から武相伊豆の代官・江川英龍《ひでたつ》の塾頭・大槻盤渓《おおつきばんけい》に知られ、盤渓の奨《すす》めで英龍は万次郎《まんじろう》を召抱え、その政体は多摩の学者である松本斗機蔵《ときぞう》などにも伝えら

いる。

建武の中興

天皇といっても、自ら政治を動かした（これを親政と呼ぶ）のは飛鳥時代ぐらい。奈良時代の律令制は官僚支配システムだが、これはよしとしても摂関政治（摂政関白が天皇を操り、実権を握る）や院政（天皇はお飾りで、上皇が実権を握る）、武家政治が続いて、ぱっとしない。そんな中、天皇親政を掲げて登場したのが後醍醐天皇である。そこで明治の天皇主義者たちはこの時代を理想と考え「建武の中興」という名を与えた。しかし後醍醐自身が目覚しい統治をしたわけではない。興味深い人物ではあるが、統治能力には疑問の声もある。

水戸学

れ、多摩出身の土方歳三《としぞう》にも届いていたわけです。ちなみに英龍は幕末に共和政体を模索していたし、大槻盤渓は維新後、養賢堂頭取になって弟子に「天皇擁立が日本を過《あやま》らせた」と語っています。五日市憲法の起草者・千葉拓三郎《たくさぶろう》も養賢堂の出身です。

日本共和国の可能性もあった

ここで注目すべきはすでに西洋では、四民平等《しみんびょうどう》という考えがあり、選挙で国主を選ぶ制度がある、ということ。国民の自由を守るために、国主を縛る法律がある、ということ。それらは国主と闘って勝ち取ったものなのだ、ということ。これらが民衆レベルにおいても知られていた、ということです。これらがやがて「隠岐共和国《おききょうわこく》」独立の試みや「西洋事情」の出版といった形になっていくことになります。

世界のこうした流れを、幕府も当然熟知《じゅくち》しており、どこかで政体の変更（幕府権力の放棄《ほうき》）が必要だと覚悟していた気配があります。最後の将軍・徳川慶喜《とくがわよしのぶ》についていえば、将軍職に就任する際のためらい（有力諸大名による合議制で当面の政権を運営しようとの考え）にそれが窺《うかが》われます。慶喜《よしのぶ》にとっては恐らく、一八六六（慶応二）年に勃発した武州一揆がフランス革命の前兆と見えたのではないでしょうか。平民が世直しを求めて立つ、ということ、それ自体が、政体の変更を避け得ないものとする。何の資料もないので、これ以上突っ込みませんが、希代のインテリ・徳川慶

水戸藩で生まれ育った学問で、一六五七年に第二代水戸藩主・徳川光圀が『大日本史』の編纂を始めたのが起源。儒教的な大義名分論を軸とした尊皇思想で、幕末には国学の影響も強くなる。尊王攘夷運動に強い影響を与え、明治維新の原動力ともなった。南朝を正統とした。

孝明天皇（一八三一～一八六七）
睦仁《むつひと》親王（明治天皇）の父。開国（国政）に対して、明確な意思を持っていた平安朝最後の天皇。それが天皇制度に対する再評価につながると同時に、厄介《やっかい》（御しにくい）な存在ともなり、討幕派によって暗殺された。毒殺説と刺殺説があるが筆者は毒殺説を採っている。

こうした説に確証はないのだが、同時に睦仁親王も殺された、という説がある（根拠は即位前、即位後で

喜はこの流れに期待していたのではないか。そうなれば自分が将軍に祭り上げられることもなくなる。

幕末維新の流動に関して、細かくトレースしている誌面がないので、ここからはざっと行きます。異論がある人もしばらく我慢してください。

まずは一九六六年七月、病弱だった徳川家茂《とくがわいえもち》が死去（十月、慶喜が将軍に）。十二月、公武合体派の重鎮《じゅんちん》・孝明《こうめい》天皇が死去します。この死は謎で、当時の診断書などから毒殺《どくさつ》の可能性が高く、死の数日後、江戸では公武合体に反対する長州と近い岩倉具視《いわくらともみ》による毒殺説が飛び交っていました。翌一月には孝明天皇と側室・藤原慶子《けいこ》（討幕派公卿《くぎょう》である中山忠能《なかやまただやす》の娘）との子である十六歳の睦仁《むつひと》（明治天皇）が即位します。討幕派の優位が一気に出現した（この即位には朝廷内にも不満があり、公武合体派の中川宮を擁立しようという動きもあった）のです。

討幕派の長州と公武合体派の薩摩とを坂本竜馬は「大政奉還《たいせいほうかん》」と「公議政体《こうぎせいたい》論」をもって同盟（薩長同盟）に導きます。もともと公儀政体（国会開設を含む集団指導体制）を支持していた慶喜もこれに乗り、一九六七（慶応三）年十月、大政を奉還します。これによって徳川幕府は滅亡したのです。

この間、一八六七（慶応三）年十一月、坂本竜馬《さかもとりょうま》が暗殺され（当時は新選組《しんせんぐみ》犯人説が主流でしたが、今では薩摩の手によるものとされています）ますが、竜馬の進言を幕府に取り次いだ土佐《とさ》藩主・山内容堂《やまうちようどう》は朝廷主導の列藩《れっぱん》会議（小御所《こごしょ》会議）で、新政府の公議政体を固めるために、当面の議長に一橋慶喜（徳川慶喜）を推挙、大方の

性格や風貌、体格、筆跡や利き腕までが変わっている点）。睦仁にすりかわったのは南朝・後醍醐天皇の末《まつ》裔《えい》・大室寅之祐《おおむろとらのすけ》だというものだ。これが事実だとすれば現在の天皇家は南朝出だということになる（↓一四五頁）。

隠岐共和国

一八六七（慶応三）年三月十九日、隠岐の正義党三〇〇〇人が、蜂起して郡代を島外に追放。隠岐に共和国（隠岐コミューン）が成立した。この共和国は、幕府軍の逆襲に会い、八一日で幻と消えた。

蝦夷共和国

一八六八（明治元）年、榎本武揚《たけあき》ら旧幕臣たち二〇〇〇人は函館で蝦夷共和国を宣言した。そして英仏に独立国としての承認を取りつけ（一

流れができていきます。これに難癖《なんくせ》をつけたのが薩摩と岩倉です。会議の流れを無視した一方的な決め付けに対して、容堂もついに切れ、薩摩らの主張は「幼帝《ようてい》を擁して、権力を私するもの」と批判。これに対して岩倉は「幼帝とは無礼な。本日の決定はすべて天子御一人のご英断《えいだん》なるぞ」と一喝した（この日、天皇は御簾《みす》の裏に座っていただけ。一言も発言していない）。この言葉によって容堂は二の句が継げなかったのだが、天皇制の恐ろしさはここに集約されています。

　問題は天皇が若いかどうか、ではないのです。公議を生み出そうとしているときに、一人の英断がすべてを決してしまうことなのです。そして反論を封じてしまうことなのです。薩長《さっちょう》と岩倉《いわくら》はこのうまみを自分たちの権力の源泉にしようと狙ったのです。それが十二月九日の「王政復古《おうせいふっこ》」の大号令《だいごうれい》だったのです。新しい時代に対応した政体を選ぶとか、とりあえず竜馬の公議政体論に沿ってやってみようとかの大きな流れを吹き飛ばして、天皇親政の律令制国家に戻そうというとんでもない号令です。こんなことがまさに幼帝を担いだ薩長と岩倉具視に

孝明天皇の妹・和宮は将軍・家茂に嫁ぐため、壮麗な行列を組んで中山道を下った。

一月）、榎本武揚を総裁に選出（一二月）した。しかし、翌六九年五月、函館戦争に敗れて新政府に降伏。共和国は消滅した。

幕末の共和思想

明治維新を高く評価し、王政復古を偉業と考える人たち（当時の文部省を含む）は天皇制にとって不都合なので、幕末維新の共和思想を無視してきた。しかし、筆者は蝦夷共和国の陸軍奉行並・土方歳三（京都・新選組副長）も共和思想家だと考えているが、それぐらいこの考え方は広がりを持っていた。

武州一揆

一八六六（慶応二）年六月、「世直し」の旗を掲げ、名栗村（現・埼玉県入間郡）から始まって、武州一円に広がった近世最大の百姓一揆。

よって押し付けられてしまった。明治維新とは語られているほど輝いたものではないのです。

明治絶対主義政権と薩長独裁、中央集権的な明治天皇制国家は、こうして発足したのです。これによって日本は近代国家としての重要な要素を取り落としてしまいます。それを一言で言えば、個人の尊厳《そんげん》と平等、市民的自由を基礎にした本当の民主主義です。日本はあのとき、天皇制を選ぶ必要はなかったのです。しかし、それを選んでしまった瞬間に、右のものを取り落としてしまったのです。以下、この点を説明してみましょう。

わずか七日間で二〇〇以上の村で打ち壊しを行い、結集した民衆は十数万人に達した。「米よこせ」のような経済一揆ではなく、世直しを掲げた政治的な一揆で、豪農や役人の家を打ち壊したが、物盗りなどは一切なく統制がとれていた。

中川宮朝彦《あさひこ》親王（一八二四〜一八九一）

孝明天皇から国事御用掛に任命され、終始、公武合体のために活動。一八六八年、慶喜と陰謀を企てたかどで広島藩にお預けとなり、政治生命を絶たれた。謹慎が解けると久邇《くに》宮《のみや》と改称し、新宮家の祖となっている。

Q15 帝国憲法と旧皇室典範の関係

天皇制は伝統そのものではなく、欧米との出会いによって確立したものだと聞きました。帝国憲法と天皇制との関係を教えてください。

天皇家と皇族の範囲を決める

王政復古《おうせいふっこ》とは、日本の政体を律令制《りつりょうせい》の時代に戻そうとするものです。皇族法《こうぞくほう》にしても養老律令《ようろうりつりょう》・大宝律令《たいほうりつりょう》の継嗣令《けいしれい》を基礎にする、というのだから驚きです。しかし、皇位継承《こういけいしょう》の定めはないし、継承の確保のため鎌倉期に設けられた世襲親王家《せしゅうしんのうけ》に関する定めもない。だから、嫡子《ちゃくし》にこだわるのなら、宮家《みやけ》から天皇が即位してもおかしくないわけで、中川宮の線がなかったわけではない。

が、ともあれ明治天皇が儲君《もうけのきみ》（現在の皇太子）だったのだから、彼が後継者だといわれれば、はい、そうですか、というしかない。承認する将軍ももはやなく、薩《さっ》長《ちょう》という権力だけが押し付けてくるわけです。とはいっても、この人たちが皇族《こうぞく》です、といわれても、これには「はい」ではすみません。どういう範囲をどんなルールで皇族にしたのですか、と問わなければならないわけです。そこで薩長政権は一八六八（慶応四）年、天皇家（天皇の兄弟姉妹と子たち）には継嗣令を適用。宮家

儲君（ちょくん、とも読む）

一八六〇（万延元）年、子のなかった孝明天皇妃・夙子《あさこ》皇后の実子とされた（事実上の養子だが、そうすることで将来の皇太子を予定した、ということは分かる。が、皇太子ではない）、皇太子になることを約束された存在を儲君というらしい。が、そんな規定がどこにあるのか不明だし、皇太子になるには立太子の宣下が必要だ。睦仁《むつひと》（＝明治天皇）は皇太子ではなかったのである。王政復古は正当性の怪しい儲君に、この国

は嫡子（長男）だけを親王として皇族に含めますが、その他の子は皇族ではなくなります。もちろん、皇族の範囲をむやみに拡大するわけにはいかないからです（ただ、これらはあまり守られていません）。

また一八七五（明治八）年に皇子女誕生《こうしじょたんじょう》に関する規定が整理され、嫡出の皇子女と庶出《しょしゅつ》（非嫡出）の皇子女との間に、皇族になる時期や祝う時期などに扱い上の差別が定められます。皇位継承に関しても言及されていて、庶出の子を皇后《こうごう》が養子にすれば嫡出と見なされ、その後に嫡出の親王が生まれても皇位継承順位《こういけいしょうじゅんい》は養子より後になる、という原則（したがって、養子にする時期を慎重に、とも言っている）が示されています。

特殊な身分を継承させるということは、継承の範囲を定め、その順位を決めることです。どういう理由（価値観）で範囲や順位を確定するのか、というのが問題で、そこには差別を生み出しかねない価値観を含まざるを得ないのです。まだ男女差別が登場してはいませんが、すでにして嫡庶《ちゃくしょ》の差別（婚外子差別）と長幼《ちょうよう》の序とが登場しています。

帝国憲法旧皇室典範の編纂

国会開設運動が日に日に高まり、大久保独裁体制に板垣退助《いたがきたいすけ》・木戸孝允《きどたかよし》らが反発。政府は彼らと妥協《だきょう》の手段として、一八七五（明治八）年一月、暫時的《ざんじてき》に立憲政体への移行を約束。天皇は四月、新設された元老院《げんろういん》（議長・熾仁親王《たるひとしんのう》）に「我が建国

の未来を預けてしまった（後見人の薩長と岩倉に預けてしまった、といってもいい）のだ。

二人の公卿の反乱

明治天皇の即位の正当性を疑い、新政府に不満を抱く公卿二人（外山《とやま》光輔《みつつね》、愛宕通旭《おたぎみってる》）が中川宮（このときは久邇宮《くにのみや》）の擁立を画策。一八七一年三月に露見して、二人は一二月、自刃を命じられて、果てた。これが「愛宕通旭事件」または「外山光輔、愛宕通旭の陰謀事件」（一五二頁でふれた幕末の中川宮擁立運動とは別）と呼ばれるものである。

皇子女誕生規定

明治天皇が庶出《しょしゅつ》の子だったため、継承の正当性を主張する苦心があった、というのが従来の解説だが、そうとばかりは言えない。同様の

の体に基づき、広く海外各国の成法を斟酌《しんしゃく》し、以って国憲《こっけん》を定めん」と命じます。

元老院《げんろういん》は直ちに調査に着手。イギリスは立憲君主国《りっけんくんしゅこく》だが、成文憲法《せいぶんけんぽう》を持たず、アメリカは共和国だし、フランスは再三の革命で、国憲に安定性がない。だからプロイセン・オーストリア・オランダ・ベルギー・イタリア・イスパニア・ポルトガルなど、ヨーロッパの王国の憲法を参考にした、としています。第一次草案《そうあん》は翌一八七六年十月（二次は七八年、三次は八〇年）に出されましたが、一～三条までが皇位の継承で、男子優先の女性天皇容認案《ようにんあん》（オランダ王国憲法の可能性）でした。

これに対し岩倉具視《いわくらともみ》は、皇族に関しては王家の私事だから、憲法とは別に論議すべきだ、とし、そのために奉儀局《ほうぎきょく》を設置すべきだ、とします。そこでは一夫一婦《いっぷいっぷ》制を原則とすべきか、一夫多妻《いっぷたさい》（側室制度《そくしつせいど》）を認めるべきか。皇子女の嫡庶《ちゃくしょ》の区別如何《いかん》、皇族戸籍記載《きさい》法などについて論議すべきだとしています。また、第三次案に対して伊藤博文《いとうひろふみ》は岩倉に書簡を送って各国憲法を集めて焼き直しただけで「我国体人情等」がまったく配慮《はいりょ》されていない、と批判したのです。

米欧視察《べいおうしさつ》でプロイセン（ドイツ）に魅せられた岩倉にとって、モデルはすでに決していました。元老院案をダメだと見た井上毅《いのうえこわし》は岩倉に対してプロイセンを念頭《ねんとう》に「憲法意見書」を提出（井上はフランス・ドイツに留学。プロイセン憲法を翻訳《ほんやく》出版）している。これ以後、憲法および皇室典範《こうしつてんぱん》の起草《きそう》は岩倉具視、伊藤博文、井上毅を中心に進められていきます。その結果「海外各国の成法の斟酌《しんしゃく》」は完全に捨てられ、もっぱら「建国の体」をプロイセン憲法を真似てどう守るか、が帝国憲法・旧皇室

「家」存続のための措置は、公家の家でも武家でも普通に行われてきたこと。家の継承のためにはまず、妻の男子出産を期待し、ダメなら離婚、または妾を抱え、その子を認知したり養子にして家の存続を図ってきたからである。明治初年の戸籍（家族の登録）は、妻のほか、婦（家お抱えの妾）を承認し、妾を家に入れることを許した。これは天皇家の複婚（側室制度）を認めてきたこの国の伝統と一致している。だから突然、これと異なる規定を導入すれば、天皇家ばかりか、公家、上級武士などの支配層に混乱を持ち込むことになる。

奉儀局

実現しなかった機関。岩倉の構想の中にだけ存在し、華族制度の導入に際して、応用された。岩倉亡き後

典範編纂《へんさん》論議の主要な関心になっていきます。

「（宗教という機軸を持たない）我国に在りて機軸とすべきは独り皇室在るのみ。……すなわちこの草案においては君権《くんけん》を機軸とし、ひとえに此《こ》れを毀損《きそん》せざらんことを期」した、としています（一八八八年、伊藤博文「此の原案を起草したる大意」）。こうなると、いったいなんのために憲法を立てるのか、という立憲の根本問題がどこかにいってしまいます。

とはいいながらも、天皇を玉と呼び、王権とは一線を引いた上で、内閣を操《あやつ》ろうと考えていた伊藤です。岩倉使節団に同行しても、もう少し深読みしています。だから森有礼《もりありのり》が帝国憲法第二章の表題を「臣民《しんみん》権利義務」とあるのを「臣民ノ分《ぶん》際《ざい》」と改めてはどうか、と進言したとき、伊藤は怒って「憲法ヲ創設スルノ精神ハ、第一君権ヲ制限シ、第二臣民ノ権利ヲ保護スルニアリ。故《ゆえ》ニ若シ憲法ニ於《お》イテ臣民ノ権限ヲ列記《れっき》セス、只《ただ》責任ノミヲ記載セハ、憲法ヲ設クル必要ナシ」と言い放っています（一八八八年六月）。ただし、ここに挙げられた権利のすべては法律によって制限できるものとなっており、政府の権限を制限するものにはなっていません。

つまり、近代国家の憲法にとって不可欠な要素は、権力の制限と国民（ネーション）の保護ばかりではなく、人権、すなわち個人を個人として成り立たせる制度的な保障と、国政（代議員制議会による政治の運用）がこうした個人に足場を置くことを不可欠としています。ところが、ここで権利の主体とされているのは国民でもなければ人民でもなく、臣民なのです。この言葉に注意が必要です。

は三条実美が継いでいて、論議の方向は宮中の親族ルールの焼き直しであることが推定される。公卿《くぎょう》の家（伝統的家業と言ってもいい）継承ルールである。

森有礼（一八四七年～一八八九年）

教育界の大家とされる。福沢諭吉らとともに「民六社」を結成したメンバーで、諭吉を証人として、ヌイと契約結婚。氏名に藤原朝臣（あそん）などの称号を排すとともに、蓄妾を排撃する（側室制度の批判でもある）近代主義者であった。が、彼の評価は難しい。ヌイが有礼のイギリス大使時代、御付きの御者と不倫。離婚してから、急速に女性を差別する言論を展開。道徳教育論に傾斜するからである。一八八五年、伊藤内閣の文部大臣になったが、一八八九年、憲法発布の日に国粋主義者・西

プロイセン憲法の引き写し

皇室典範のほうはその後、宮内省《くないしょう》や枢密院《すうみついん》で原案が練られますが、これに井上が赤を入れ、伊藤が追認する、という形で流れていきます。何度も何度も、女性天皇を排除する赤を入れるのですが、それでも女性天皇の可能性がもぐりこんでくる。とはいえ、この間に、人権といった見地から皇族法が検討された形跡は在りません。

ところで、プロイセンの王位継承で女帝《じょてい》は認められていません（ドイツの他の王侯領には容認しているところもあった）。また、プロイセンの憲法には「プロイセン人の権利」はあっても、人権規定はありません。ヨーロッパの中でも後進地域と見なされている法体系王国だったのです。ただ、プロイセンが岩倉や伊藤の目に止まったのは、使節団としてヨーロッパ訪問中に起こった普仏《ふふつ》（プロシャ＝プロイセン、フランス）戦争で、小国であるプロシャが勝利を収めたことによります。岩倉らは大国フランスの敗北は、国民にあまりにも多くの人権を与えすぎたため、と分析したのです。

だから、日本の帝国憲法や皇室典範は、「我国の体」とか「伝統」を守った結果、と説明されることが多いようですが、プロイセンの制度を引き写したに過ぎない、ということも可能です。女性天皇容認の可能性はこうして閉ざされたのです。

普仏戦争の分析・判断をここでは問いません。それは現地を視察した見識とし

野文太郎に暗殺された。森有礼に対してはもう少し厳密な考証が必要だと思う。

「家」と戸主権

「家」とはなにか、その法的なリーダーとされる戸主とはなにか。従来の学説は江戸の武士の儒教的な発想が新政府に踏襲された、というもの。しかし、江戸時代、武家の多くが養子で家を繋ぎ、妻に頭が上らない男戸主は少なくなかった。戸主はむしろ、公家の家、「家」継承システムの長であるところにあったのだ。つまり、日本の国体である「家」は、儒教的な武士の暮らしの反映ではなく、国学的な公家の暮らしの反映だといっていい。この国の学者は、だれ一人、これに気づいていない。

いうまでもなく「家」は突然生まれたわけではない。公家の暮らしを

て受け止めます。しかしなぜ日本が立憲君主国家を目指したのかという根本問題が忘れ去られています。日本が近代国家として出発し、ヨーロッパ先進諸国と同等の法的制度的な面を整え、各国との間で幕府が結んだ不平等条約を改めてもらおう、ということが大きかったはずです。だとすれば、プロイセンはモデルになどなりません。プロイセンは急成長を遂げているとは言っても、一流の先進国ではないのです。そこでいろいろなトリックが必要になります。外国にはわからない「臣民」という用語の導入もその一つでしょう。

日本は、近代国家の前提となる自由なる個人を認めませんでした。国家と個人の中間組織を排除し、個人を単位に社会を形成する（人権の基礎や私有財産制の基礎もこれです）、これが近代国家の契約概念なのです。結《ゆい》や入りあい権など、封建的・地縁的な中間組織は排除したのですが、血縁的な中間組織として「家」を作り出し、個人を「戸」の成員として捉え、その継承記録を「戸籍《こせき》」制度として確立します。以後、この国は、戸主《こしゅ》だけを人格的主体とした政策（その代表的なものが戸主選挙制度です）を推し進め、「戸」の成員（妻子《さいし》）は戸主権に従属《じゅうぞく》する者（客体《きゃくたい》）とされてしまいます。

日本が近代国家といえるかどうか、試されるのが民法の制定でした。財産の所有とか、夫婦親子の身分関係などには厳しい国際基準が求められます。国境をまたぐからです。私有財産が許されない国では特別な配慮が必要です。契約が無効になる恐れがあるからです。同様に、国際結婚に持参金《じさんきん》をつけて送り出した親が、離婚

守る、それは岩倉具視、三条実美にとって、至上命令であった。維新政府にあって、二人はそれに奔走。親族を高い地位につけるための工作を必死でおこなった。お手盛りの新制度、これが華族制度だったのだ。したがって、この究明なしに「家」や「戸籍」「戸主権」の実態解明はできない。

華族制度の出現

明治政府は明治二年、版籍奉還に伴う大名対策と倒幕の論功行賞に報いるため華族制度を定めて、士族・平民の上に華族（貴族）を設定した。つまり、華族とは何人と数えられるものではなく、何家、と数えるもの。家（戸籍）のメンバーの変動によって、変わってくる。そのため、「家」のメンバー変動を把握する必要が生まれ、戸籍が重視されていく。

で全部失われる可能性だってある。だから、日本はいったいどんな法体系を持つ国なのか、これを世界に示す必要があったのです。

日本はすでに、天皇制を先取りした形で、万世一系《ばんせいいっけい》、男系によって継ぐべき家名と家産を定め、相続順位を示す長男、次男の呼称や、そこから排除されながらも、女子よりは優位な相続権を持つ庶子が規定され、戸籍登録上の処理が進んでいました。戸主権に踏みにじられた個人、結婚さえもが戸主（ふつうは父親）に決められる不条理《ふじょうり》。スウェーデン女王クリスチナは一六四〇年代に、これ（戸主は父・そして王）と戦ったのではなかったか。結婚は従属でどちらかの尊厳《そんげん》を奪う、と考えた彼女は、政略結婚の申し入れも、激しい恋愛相手との結婚をも拒否したのです（このあたりは名優・グレタ・ガルボが演じた映画「クリスチナ」があります）。彼女は王位を捨ててまでも個の確立を目指した（その直前、彼女は哲学者・カントを王宮に招き、カントはそこに逗留《とうりゅう》して病に倒れます）。改宗《かいしゅう》によって、信教の自由、思想信条の自由をも掲げてみせました。

こうしたヨーロッパ中世の闘いを何も理解していなかった日本は、士・農・工・商に替わる、世襲の華族《かぞく》制度を設けて、四民平等の国際潮流《ちょうりゅう》に抗して華・士・卒・平民の新身分制度を制定。思想信条の自由に逆行する大教宣布《たいきょうせんぷ》（平田派の神道《しんとう》を国教として取り入れ、天皇を神格化《しんかくか》する政策）を発し、戸籍登録を神社が扱う「氏子《うじこ》改《あらため》」制度の導入を図ったが、欧米のクレーム（信教の自由）を受けて断念。それでも戸籍制度は国際化を拒否し、外国人を排した「臣民」簿であり続けることになり

明治一七年、国会開設に備え、貴族院の議員選任のため、華族を公・侯・伯・子・男の五爵に序列化し、爵位を華族の男戸主に与えた。当時も女戸主は存在したが、女戸主は爵位を与えられず、男が戸主を継いだ瞬間に、「家」に付随する爵位が継承される。こうした考え方全体が華族制度で、岩倉や三条の頭の中にあった日本の男系の「家」継承システムであった。五爵は中国・周時代のネーミングで、公爵と侯爵がおなじ発音だったため不評。前者を「おおやけ公爵」後者を「そうろう侯爵」と呼んで区別した。

ます。

一八九八（明治三一）年に成立した民法は「戸籍制度」を身分関係法に置き換えたものです。「戸籍」と書くべきところを「家（英文ではファミリー）」とすることで、諸外国を煙に巻くことに成功します。しかし、民法における戸主権の登場は多くの差別を固定化し、見えるものにしました。その犠牲者は女性ばかりではありません。以下、婚外子の問題について、少し掘り下げてみようと思います。

「嫡子」「庶子」の英訳がなぜないか

皇室典範が完成に近づくと、この英訳を託されていた伊東巳代治《いとうみよじ》は難題を抱え込んでしまいます。「嫡子《ちゃくし》」「庶子《しょし》」に当たる英訳がないのです。この件について井上はドイツでグナイストにたずね「欧州においては正統配偶の血統のみが王位につける」という答えを得ており、子がない場合は再婚を繰り返して子を確保する、とも教示されていたようです。伊東も同様の確認を法律顧問だったロエスラー（ロエスレル）に確かめているようです。当時もいまも、日本の皇族法研究者や法律家の多くはカトリック道徳《どうとく》に犯されていて、ヨーロッパがカトリックの公式見解によって成り立っていると思い込んでいる節があります。そして、庶子である明治天皇の擁立《ようりつ》が、欧米に対してとても後ろめたいものと感じていたようです。

一流国の仲間入りを果たすには、この点を何とかごまかしたい。伊東としても翻訳テクニックでごまかそうと考えたはずです。しかし、訳語がないとはどうした

伊東巳代治（一八五七～一九三四）
明治、大正、昭和期の官僚、政治家。伊藤博文の秘書官として井上毅、金子堅太郎と共に大日本帝国憲法起草に参画。憲法の番人として、長く政官界に力を持った。

グナイスト（一八一六～一八九五）
ドイツの憲法・私法学者、政治家。憲法調査で訪欧した伊藤博文の師であったことで知られる。

ロエスレル（ロエスラー、一八三四～一八九四）
ドイツの法学者・経済学者。明治

ことか。そして「庶子」は公的存在ではないから、訳語がない、と考えますが、そうしたカテゴリーで区別する必要性がないから訳語がない、とは考えられなかったようです。そして、この問題は現在まで尾を引いているのです。なぜこんな誤解が生じたのか、人権から問題を考えず、「家」の継承（その実、男子継承）を基本にしたからです。

　ドイツの名高い法律学者の見解だからといって、なぜこれをチェックしなかったのでしょう。だいいち「子なきは去れ」などというのは日本の江戸時代、武家社会での発想で、こんな習慣がヨーロッパのカトリック諸国の間にあるわけがありません。カトリックはむしろ終生単婚《しゅうせいたんこん》。離婚が許されるようになったのは二十世紀の後半になってからです。当時のフランス法には裁判離婚規定がありましたが、蓄《ちく》妾《しょう》でさえ夫婦と住居を同じくしない限り離婚理由にはならないのです（評価は別として、これによれば自由恋愛はおめこぼし、許されないのは側室制度でしょう）。

　離婚が許されないから第二の人生選択の場が発達。貴族の社交界やサロンの実情を少しでも知っていれば、庶子は王位に就けないなど眉《まゆ》に唾《つば》つけて聞くはずです。ナポレオン法典《ほうてん》で婚外子差別を導入したナポレオン自身、性的にフリークな人だった（だから相続分を差別する必要があった、という説もあります）し、厳格なカトリック教徒であったマリア・テレジアが、宮廷内での情事を禁止した（目にあまり、耐えかねたからだという説のほか、夫の自由恋愛を阻止するためという説も）ことは有名です。

初期に外務省のお雇い外国人として来日。憲法起草に当たって、井上毅らを指導している。

子どもの区別

<table>
<tr><th colspan="2">明治民法</th><th colspan="2">現民法</th></tr>
<tr><td rowspan="2">公生子</td><td>嫡出子</td><td colspan="2">嫡出である子</td></tr>
<tr><td>庶子</td><td>認知を受けた嫡出でない子</td><td rowspan="2">嫡出でない子</td></tr>
<tr><td colspan="2">私生子</td><td>認知を受けない嫡出でない子</td></tr>
</table>

英語のlegitimate child, illegitimate childは嫡出である子、嫡出でない子に当たるが、明治民法下で庶子は公生子とされ、これを英訳すればlegitimate childとなる。

スペイン南西部（ポルトガルを含む）にカステーリア（カステラの語源）という王国がありました。国王ペドロ一世は「残酷《ざんこく》王」というあだ名を持つほどで、領民からは庶出の兄・エンリケに期待する声が強まり、蜂起《ほうき》したものの弾圧されて、フランスに亡命します。フランスのシャルル五世は、エンリケを支援してカステーリア王（一三六六年、法皇の戴冠を受けている）に押し立て、エンリケ二世を名乗ります。追われたペドロ一世は、・アキテーヌ大公領《こうりょう》（フランス南部にあるイギリス領）に亡命。イギリスがペドロ王を支援します。王はイギリスの力で複権しますが、再びフランスとエンリケ王に追われます。

この間、領地を巡って、法皇庁に提訴までされていますが、エンリケに継承権がないなどということは、誰も主張していません。というより、関係者すべてがエンリケに継承権があるのは当然として行動しています。グナイストやロエスラーが、こうした現実に通じていたとは思えないのです。

一四二一年に即位（戴冠式《たいかんしき》は一四二九年）したフランスのシャルル七世は、終生、自分に継承権があるのかどうか悩んでいたそうです。というのも、シャルル六世の妃イザボー・ドゥ・パヴィエール（七世の母）は社交界で浮名《うきな》を流していた〝浮気者〟（自由恋愛の実践者）だったからでした。

しかし、彼の出生の秘密を暴く者はついに現れませんでした。また、イギリス軍に包囲され、戴冠式もできなかったシャルル七世を救った女こそがジャンヌ・ダルクです。オルレアンを解放したジャンヌ・ダルクは余勢《よせい》を駆《か》って、軍をフランス

蓄妾

妻のほかに愛人（妾《めかけ》）を持つこと。当時の日本では天皇ばかりではなく、武家や公家、華族が家存続を名目に妾を持つことは当たり前のことだった。これに反対して廃妾論を唱えたのは植木枝盛、福沢諭吉、森有礼など。

女王イザベル

カステーリアの女王イザベルがアラゴン王フェルナンドを夫にして、スペインを統合。スペイン女王となった。コロンブスに資金を提供した女王としても有名。娘のファーナもカステーリア女王。

エンリケ王（エンリケ・デ・トマスタマラ）

ポルトガル王エンリケとは別人。また一一四三年、カステーリアの一部をポルトガルとして独立させたアルフォンソ・エンリケ王がエンリケ

北部へ進め、戴冠式の地・ランスを奪還《だっかん》します。この大恩人が宗教裁判で処刑される。それを止められなかったシャルルだが、彼には法皇庁に対して出生時の負い目があったためともいわれます（法皇庁の決定を覆し、ジャンヌを聖女に列したのはナポレオンです）。

ほんとの父は誰か、ローマ法王庁は王侯貴族の寝室に教戒師か密偵《みってい》を放つしかない、とも言われた。いずれにせよ現実はかくのごとくで、そうした世俗を知らないものが憲法や家族法を論じるのはいかがなものだろうか（聖職を任じる宗教家たちのイデオロギー論争に介入する気はありませんが）と、しみじみ思ってしまうのです。

一世。

シャルル七世（一四〇三～一四六一）

フランス・ヴァロア朝の第五代国王。勝利王と呼ばれた（在位一四二二～一四六一年）。恩人ジャンヌを教会に売った王として知られる。

懺悔聴聞《ざんげちょうもん》

さすがにベッドに密偵を放つことはなかったが、ローマンカトリックにとって強力な支配システムがあった。それが懺悔聴聞である。各教会には懺悔室があり、専門の僧もいたのである。ある種の密告装置でもあるため、王といえども安心はできなかった。

ヴェルサイユ宮殿のコテージ

フランスのヴェルサイユ宮殿の裏庭には、たくさんのコテージが建っている。これはすべて、貴族たちの隠れた楽しみの場所、すなわち密会小屋である。

Q16 帝国憲法下の天皇たち

戦前、天皇はどんどん神格化して行ったと聞きます。そうなってしまったのは帝国憲法に問題があったのか、天皇に問題があったのか、どちらですか。

「天皇は退位できない」

維新政府に突然担《かつ》ぎ上げられ、知らない土地（敵対的だった関東・江戸）に遷《うつ》された若き天皇にとって、前途の見えない不安な日々が続いたことと予想されます。天皇の見えざる力を玉《ぎょく》として利用しようとする岩倉具視、江藤新平、伊藤博文ら、維新の元勲《げんくん》に、明治天皇はなぜか、心を開こうとはしなかったといいます。唯一、心を開ける相手は初代の侍従長《じじゅうちょう》・山岡鉄舟《てつしゅう》（旧幕臣）だったそうです。

なにしろ、自分が天皇になるというのも寝耳に水。目覚めてみるともう、女御《にょうご》（皇后に準じる配偶）が決まっていた。結婚式などというものも行われなかった。そして数人の側室をあてがわれたわけです。二十歳そこそこの男子にとって、これはもう夢か幻か、ありがた迷惑かの世界なのです。結局、女御・藤原美子《はるこ》（昭憲皇后）との間に子どもはなく、五人の側室との間に一五人の子をもうけ、うち、五人が成人（他は夭折《ようせつ》）し、男子はわずか一人（嘉仁《よしひと》＝大正天皇）。皇室典範の整備期に、薄氷《はくひょう》

山岡鉄舟（通称は鉄太郎。一八三六～一八八八）

西郷隆盛と勝海舟の中を取り持ち、江戸無血開城に貢献した。天皇は西南戦争まで、西郷を頼っていたが、西郷が戦死（自刃《じじん》）した後は山岡に心を開いたといわれる。

柳原前光（一八五〇～一八九四）

戊辰戦争で東海道先鋒総督を務め、維新後は外交官、宮中顧問官などを歴任した伯爵。大正天皇の生母・柳原愛子は妹で、白蓮事件で有名な柳

を踏む思いにさらされていたのです。

「事実は奇なり」と申しますが、男子出生のプレッシャーに悩んでいた天皇に引《いん》導《どう》を渡したのは皇室典範起草の重要な一員だった柳原前光《さきみつ》。「天皇は退位（譲位）できない」という前光の意見が大勢を占めたのです。その後に、前光の実弟・柳原光愛《みつなる》の娘・愛子《なるこ》が嘉仁を生んだのです。これは筆者の空想にすぎませんが、明治天皇がもしこの段階で譲位（退位）できたら、次の天皇はすでに男子をもうけていた中川宮（久邇宮《くにのみや》と改名、公武合体派で薩長政権とは犬猿の仲、皇女・和宮《かずのみや》の庇護者）だったかもしれません。

この時期の宮中女官に、日本の女性解放運動の旗手・岸田俊子がいました。宮中の中の目を覆うばかりの男権主義、男系主義に、いたたまれなくなって、退官。宮中批判から女性の覚醒《かくせい》を呼びかけ、婚姻家族制度批判へと馳《は》せ昇る岡山藩士族の娘です。岸田が結成した岡山女子連盟に感銘して上京し、神奈川県愛甲郡の愛甲婦女連盟に参加。大井憲太郎とともに大阪事件に連座したのが景山英子（福田英子）です。大正天皇が生まれる明治十二年、日本にはもう自由・平等・民権の思いは民衆レベルで成熟していたのです（岸田は元・神奈川県令、自由党副総裁・中島信行と結婚、神奈川県下の民権運動を指揮し、景山ともつながりを持っていた）。

宮中某重大事件を読む

本書は天皇制の歴史をトレースすることを目的にしているものではありません

原白蓮の父にあたる。

岸田俊子（中島湘烟《しょうえん》。一八六四〜一九〇一）

山岡鉄舟の推挙で宮中に出仕し、皇后（後の昭憲皇太后）に漢学を進講。一八八一年秋に出仕を辞め、民権活動家に。八二年、中島信行らの日本立憲政党の大阪演説会で「婦女の道」を演説。以後、女権拡張に人生を捧げる。中島との結婚は八五年。

景山英子（一八六五〜一九二七）

一八八四年、岡山で岸田俊子の演説「女権拡張の大儀」を聴いて感動した景山英子は翌年上京。大井憲太郎らの自由民権運動に参加。大阪事件に連座して入獄するが、憲法発布の恩赦で出獄してからも女性解放の論陣を張り続ける。

が、天皇主義者から後に高く評価される明治（聖代《せいだい》などと呼ぶ人もいる）の時代も、決して輝かしいものではありませんでした。確かに、日清・日露の戦勝で、天皇の浸透度は高まり、制度が安定したことは事実ですが、諸手《もろて》を挙げて賛美できる戦争ではなかったように思われます。晩年の明治天皇にとって心を開いて話せる相手は、東郷平八郎《とうごうへいはちろう》とともに日露戦争の英雄になった乃木希典《のぎまれすけ》陸軍大将だけだったようです。その返礼として明治天皇の後を追った乃木夫妻の自殺は、殉死《じゅんし》として美談になっていますが、この殉死を深読みする人もいます。

明治民法体制と「家」制度の原理は、「家」の存続を最大の国民的道徳、規範としています。明治天皇もこれで苦しみ、後継《こうけい》の確保に振り回されました。子のない乃木家は養子を迎えるというのが当時の常識。乃木大将は、この原則を踏みにじったのだというのです。すなわち，乃木家断絶。そう、明治天皇の苦悶に対する、一つの回答だったのかもしれないのです。

嘉仁《よしひと》皇太子の結婚問題にも、明治天皇は奔走していたのですが、貞明（九条節子《さだこ》）皇后は早々と四人の男子をもうけ、継承問題は峠を越えたかに見えたものの、嘉仁自身の健康問題が一向に解決する様子がなく、先行き不透明なままでの死去だったわけです。実際、大正天皇の病は深まるばかりで、一九一九（大正八）年ごろには側近の誰もが限界（統治能力喪失）を感じていた、といいます。そんなときに持ち上がったのが裕仁皇太子の結婚問題です。

当時、裕仁の后《きさき》候補には梨本宮方子《なしもとのみやまさこ》、久邇宮良子《くにのみやながこ》、一条朝子《ときこ》の三人がいました。

昭和天皇

毎日新聞提供

ところが「方子は不妊症」「良子の母方（島津家）に色覚異常の遺伝子がある」と反対したのが山県有朋《やまがたありとも》でした。一条朝子を押したのです。その結果、まず本命（方子）が韓国・朝鮮王朝の李垠《イウン》皇太子の妃となることを命じられて（仕組んだのは寺内正毅《まさたけ》陸軍大将）競争からはずされ、ついで良子も危うくなります。良子を支持したのは原敬首相。政争が絡んだこの混乱についての報道が禁じられたため、これを「宮中某重大事件」と呼んでいます。

方子の李王朝入りを巡っては、これまで軍閥による朝鮮支配を楽にするため、とだけ言われてきましたが、渡辺みどり『李方子《りまさこ》妃』によれば、方子が不妊症で朝鮮王朝が絶えてもかまわない、という目論見があったといいます。が、方子《パンジャ》はその後、世継ぎ・晋《ジン・しん》（生後八ヶ月で死去）と玖《グ・く》を生んでおり、不妊を主張した侍医は解任されています。大正一一年、あくまでも良子に反対する山県を「不忠の臣を討つ」と、頭山満《とうやまみつる》が手勢を連れて大挙上京。東大医師団の「色覚異常ではない」との発表もあって、山県有朋は一切の公職を辞任。一

天皇家と大韓帝国李王家

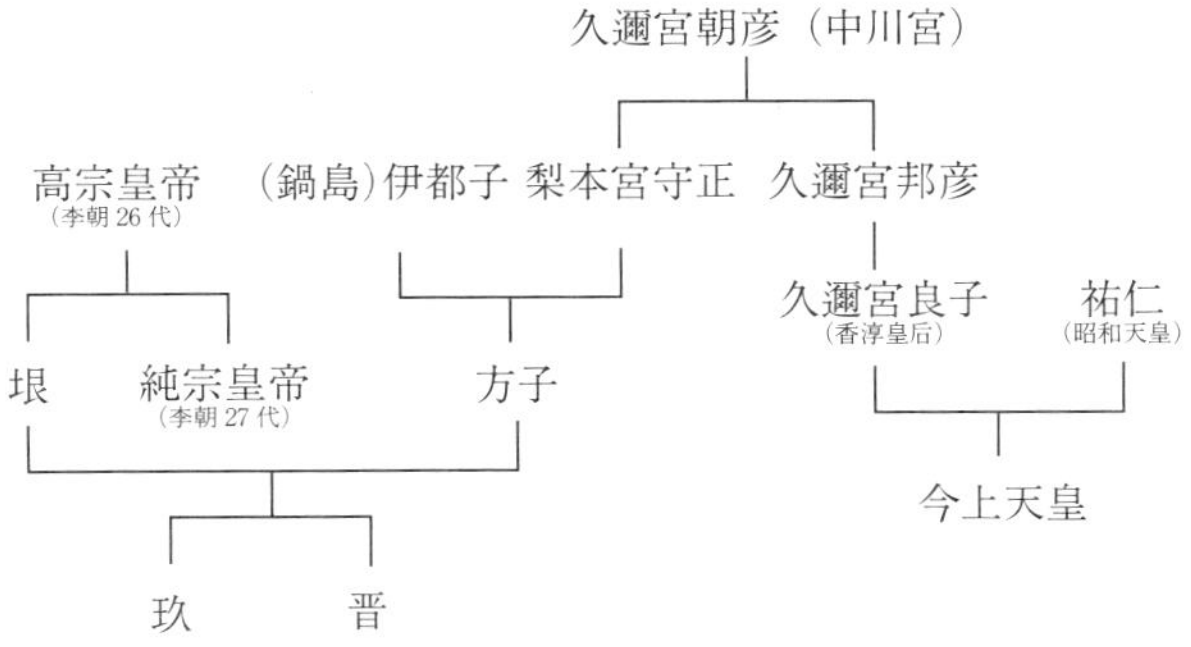

琉球王家の処遇

華族の誕生は一八六九年（→一五八頁注）ですが、琉球王家「尚《しょう》家」が華族に列せられたのは三年後の七二年九月一四日だ。この日、琉球王国は琉球藩となり、尚泰《しょうたい》（最後の琉球王）は藩王（藩主ではない）となり、華族となった。華族に列する旨の勅語はふつう宮内卿が伝達するが、尚家に対しては外務卿が行った。その瞬間まで、琉球を外国として扱っ

二年一月一八日、久邇宮良子の皇太子妃冊立（後の香淳皇后）が決まります。

なぜ、ここまで山県が方子、良子に反対したか。理由は秘められていますが複雑ではありません。二人は従姉妹で祖父を共通にしているのです。祖父は久邇宮朝彦親王。幕末には中川宮（朝彦親王）を名乗っていた人物です。維新の元勲で長州の山県有朋にとって、中川宮の血筋が天皇家に入ってくることを恐れたのです。が、結局これは現実となり、現在の天皇は中川宮のひ孫に当たることになります。

八紘一宇の幻想

グランドデザインを描いた政治家なり、思想家がいたわけではないので、裏付けは困難ですが、万世一系の神話は八紘一宇《はっこういちう》の幻想を導きます。まずは庶民の「家」に家名を与え、男系で継承させ、「家」の断絶を許さない。これによって、日本を男系の「家」連合国家としますが、この「家」は単独存在ではなく、本家筋に束ねられた「氏《うじ・うぢ》」連合国家を意味しました。しかし、この氏も元の氏（本家が属していた総本家の氏）を辿っていけば、この国を束ねる大総本家（大氏《おおうぢ》＝大内《おおうち》＝天皇家）に至ります。この観念を逆に言えば、天皇家が肥大化を避けるために分家に与えた氏（清和源氏、桓武平氏など）は、その後も分家するたびに新姓を家名とし、多くの臣民になっていきます。

この現象と、維新期に新姓を与えて遠縁の宮家を切り捨てて、臣籍に下そうと

たのである。また、後に琉球王族の伊江、今帰仁《なきじん》両家も華族になっている。なお、この三家は叙爵《じょしゃく》も遅れ、いずれも男爵となっている。

琉球王尚泰

皇室典範の改正

旧「皇室典範」は、一八八九（明治二二）年に大日本帝国憲法と同時に制定され、憲法とともに、戦前日本の最高法規とされた。

完璧な法典なので改正は恐れ多いため、改正規定はあるが増補という名目で修正が行われ、大きな手直し（増補）は一九〇七（明治四〇）年と、

した試み（これは失敗しましたが、一九〇七年＝明治四〇年、皇室典範改正で、可能になった）、それと天皇家（日本）の新たな版図に組み込まれた琉球、アイヌ・モシリにおいて、日本式氏を押しつけた（分家の強要と受け入れ）結果、さしたる抵抗もなく日本式の戸籍におさまったという経験が、次の発想を導くのです。天皇を頂点とするピラミッド的な本家・分家制度は、裾野《すその》を広げればますます頂点は高くなる。天皇の権威（神格）は高まる、という確信です。

この裾野をアジア大に拡げたとき、天皇は日本の皇帝からアジアの盟主になる。八紘一宇の八紘とは八方（世界＝事実上は東アジア）のこと、一宇とは一つの家（大いなる家）。すなわち、世界を一つの家族にまとめる、ということで、「人類一家、皆兄弟」に通じる観念です。しかし、これは人類の平等を意味するものではなく、頂点には天皇家が座り、その他の家は、それぞれ分家の家格に応じて序列化されることを意味します。「人類一家、皆兄弟」の上には皆のお父さんは天皇（お母さんは皇后）という思想が見え隠れしているのです。

八紘一宇の思想は、まだ琉球王朝の統合（琉球処分）の時（一八七二年〜七九年）には存在しませんでした。しかし、一九一〇年の韓国併合の時には、明確な国家意思として形成されていました。八紘一宇は神武天皇の大和制圧（日本本土の侵略・統一）の偉業を意味するもので、明治の御代《みよ》は、これを東アジア規模で進めていくのだ、という観念です。最も古い起源を持つ「家」こそ、本家筋にちがいなく、他民族でさえその分家である、という観念です。

一九一八（大正七）年の二度行われている。

明治四〇年の増補（改正）
律令では皇族の範囲を四世に限っていたが、旧皇室典範は永世皇族主義を採用した。が、これだと皇族が増えすぎるため、五世以下の皇族の皇籍離脱を認めた増補。離脱した者は皇籍に戻れない、とも定めている。

大正七年の増補（改正）
典範三九条は「皇族ノ婚嫁ハ同族又ハ認許セラレタル華族ニ限ル」とあったが、女子は「王族又ハ公族」でもよくなった。公族とは李王家のことを意味する。

日朝同祖論
日本民族と韓（朝鮮）民族は先祖が同じだという説。戦前は朝が朝廷に通じることから「日鮮同祖論」といった。この説は江戸時代からあったが、韓国を併合してからは日本へ少数民族が力を持つ台湾支配において、この発想は芽生えたと思いますが、李王朝によって統一されていた朝鮮支配にこの発想が生かされていきます。明治政府は李王朝を潰《つぶ》さずに利用します。神武のころ（架空存在なので、紀元前五、六世紀としておきましょう）の多分に水平的で、母系的な大和の氏族連合国家とは異なって、明治の家父長制的な「家＝氏」連合国家はヨーロッパの王族連合のような水平的な婚姻連合を認めません。婚姻連合は支配と服従とを意味する垂直的（上下が明確な）な構造を作ります（ピラミッドが崩れてしまうような婚姻は、そもそも許されない）。

李垠と梨本宮方子の婚姻はこうして結ばれます（このためにも皇室典範改正が行われますが、それもまた、日本侵略を東アジア侵略へと結ぶための仕掛けです。満州に帝政を復活させたのもその一貫です）。朝鮮を血縁関係で裾野に取り込むために叫ばれたのが日朝同祖論です。朝鮮民族が大和王朝（あるいは大和民族）の分家の証として、強制されたのが日本式の氏、すなわち「創氏改名」です。この日朝同祖論をアジア大に拡大したとき、必要になるのが五族協和《ごぞくきょうわ》という思想です。大和民族、朝鮮（韓）民族、漢（中国）民族、満州民族、蒙古民族の五族が、日本が主導する新体制（大東亜共栄圏）に結集する。この名目の下に、日本による天下統一を成し遂げる。これが八紘一宇の幻想なのです。

アジアすべてを天皇家を大総本家とする血縁共同体にする。そんな幻想が成り立つのは、明治以降の天皇制＝戸籍体制＝「家」制度（民法）を受け入れてしまった日本人にとってだけいえること。他民族にとっては受け入れがたい侵略思想であ

の同化政策に利用された。

創氏改名
韓国・朝鮮姓をやめさせ、日本式の氏を名乗らせた同化政策の一つ。韓国・朝鮮の姓不変の原則は厳しいもの。そのため激しい反発を招いた。

五族協和
日本が中国東北部に満州国を創ったときの理念として語られた。日・韓・漢・満・蒙の協和による東洋の新体制だが、八紘一宇と不可分の考えだった。なお五族共和は中華民国建国の際のスローガン。

満州国皇帝
日本は満州国の皇帝として愛親覚《あいしんかく》羅《ら》家の醇《じゅん》親王の長男・溥儀《ふぎ》を立てた。が、溥儀に子がなく、弟の溥傑《ふけつ》に嵯峨侯爵の長女・浩《ひろ》（現在はハオ）を押しつけた。子を産ませ、後継に立てようという軍部のさしがねである。

長慶天皇　（一三四三〜一三九四、

ることは明らかです。が、この幻想をなお、欧米によるアジア支配を排除する、アジア解放のスローガンとして正当化しようとする人たち（日本人）がいます。欧米支配を排除するために日本支配を受け入れよ、とする要求は受け入れられるはずがありません。

側室制度の廃止

昭和天皇は聡明であった、凡庸《ぼんよう》であった、という両説が戦後ずっと続いています。当方はその当否に直接参加しませんが、初めて本格的な帝王教育（それがどんなものなのか不明なので、結論めいたことはいえないのですが）を受けた天皇で、それを大過《たいか》なく受け入れ、こなした、というだけで相当な人物であると評価できるように思います。今でいえば「優等生」でしょうか。自己感情を殺しても、社会的な要請に応えようとする性向のことです。

筆者もそれに直接応えることはできませんが、よくぞ私を滅却《めっきゃく》したな、と思うこと

南朝忠臣の歌

この中の一曲が楠正成を称えた「桜井の決別《わかれ》」。後に文部省唱歌になっている。作詞者・落合直文《なおぶみ》は「愛宕通旭事件」に加わった落合直《なお》言《こと》（国学者）の甥。

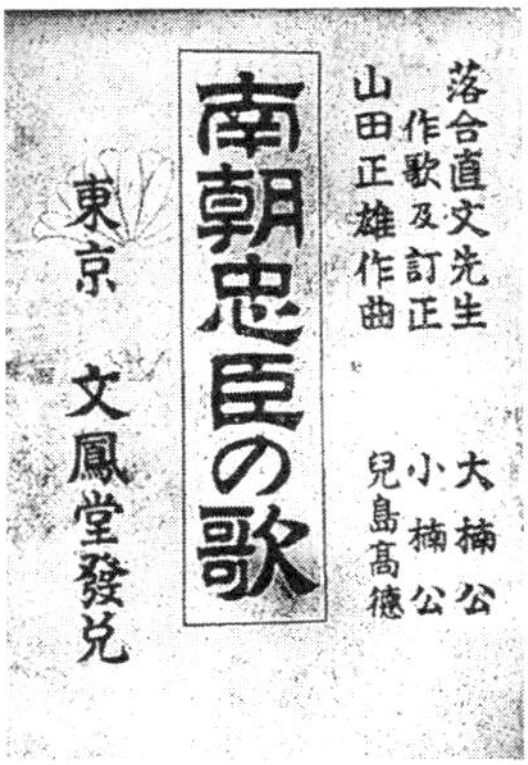

在位一三六八〜一三八三年）

南朝最後の天皇・後亀山の兄で、北との和睦（事実上の降伏）が堪えられず、天皇を弟に譲り、復讐を誓って出奔した。そのため北朝からは天皇と見なされず、一九一一（明治四四）年に南朝が正統とされたため、ようやく歴代の天皇として認定された（それまでは一貫して現皇統につながる北朝が正統とされていた）。出奔後の暮らしや墓所は諸説あり、その一つが武州・八王子。

田中光顕（一八四三〜一九三九）

幕末期の土佐藩の郷士。中岡新太郎死後は陸援隊隊長として活躍。維新政府の政治家として一八九八年から一一年間宮内大臣。

国体明徴問題

機関説の排撃は軍部の皇道派と結び、政府に天皇を不可侵とする国体を鮮明にするよう迫った。三五年八

はあります。父を精神障害者として排除していく側近。確かに、大正天皇は王としては危《あや》うい素直な心の持ち主で、その父を排除し、自分を摂政《せっしょう》につけようとする側近の裏表が見えたことでしょう。聡明であった睦仁は、父に対する誹謗《ひぼう》に耐えたのでありましょう。おりしも国会で南北朝正統論争が起こったとき、自己否定にも近い「南朝こそ正統である」と応えています。と同時に、歴史的に抹殺された南朝の天皇・長慶《ちょうけい》（後亀山の兄）を第九八代天皇として承認し、南朝最後の天皇とされていた後亀山《ごかめやま》天皇以下を一代繰り下げる大転換を行います。

天皇の御代を絶対のものとし、初代から皇統を暗記させられていた者にとって、これは衝撃的なことだったはずです。昭和天皇はこの危機を、受身に徹することでしのぎます。長慶天皇の終焉の地として沸き立った八王子近郊の横山村に対しては、大正天皇稜（多摩御陵）を造営して冷却化をはかり、昭和を迎えることになります。自由民権運動の拠点・多摩への埋葬というアイディアが誰のものなのか、筆者も確定はできませんが、田中光顕《みつあき》あたりではないか、と考えています。

この間、昭和天皇・裕仁が側室制度の廃止を実行に移し、なかなか男子が生まれないことから周辺が焦り始めます。そのため制度の復活を強く求めたのが田中光顕です。が、これまで見てきたように、日本の王統が庶出《しょしゅつ》であることは、宮内庁を含む外交重視派にとって、喉《のど》に刺さったトゲのようなもの。これを抜いてもらうことが、差し迫った要請だったことはまちがいありません。聡明であり、かつ従順である優等生・裕仁は、この宮中改革を実行してもらうには、願ってもない人物だっ

月、政府がこの要求に屈し、声明を発表。美濃部の『憲法撮要』などの著書が発禁になった。

結婚の聖別視

側室制度の容認、庶子の皇位継承権など、苦慮の跡が見られるが、旧皇室典範は皇室の伝統とは異なり、欧米の王室に倣った婚姻聖別視が色濃く現れている。明治天皇には結婚式らしい結婚式もなかったが、それも当然で、皇后と側室はあらかじめ決まっていたわけではない。側室の中の一人が立后《りつごう》を経て皇后になる。これが皇室の伝統であった。しかし、皇位継承順位をあらかじめ確定するためにも旧典範は結婚を重視し、皇后と側室とを峻別したのである。これに基づいて一九〇〇年、大正天皇が皇太子のときに結ばれた結婚式が、壮麗厳粛なものとして演出された。この式典を宮内庁に許可を受けて導

たといえます。裕仁は田中の要請を受け入れませんでした。

もちろん、婚姻夫婦の聖別視は一夫多妻やその制度化である側室制度の性差別・人権上の問題点を明らかにする上では大きなインパクトを与えた、と思われます。だからそれを率先垂範《そっせんすいはん》してみせた昭和天皇の決意を否定するわけではありません。が、これもできすぎた天皇、優等生天皇の側面が現れたもので、昭和天皇の人格を絶賛するほどの材料だとは思えません。

そもそも、婚姻夫婦の聖別視というのはローマンカトリックによって強調されたものですが、第一次大戦以後、急速に衰え始めた考え方です。法的に保障された婚姻夫婦だけが、他のさまざまな人間関係に対して、特別な位置を占めることの合理的な説明が見出せないからです。婚姻関係もさまざまな人間関係の一つ（たとえば親子関係）で、どれかを特別視したり聖別視することなく、幸せのために相互の調整を図る（とりわけ夫婦のための民法から子どものための民法への転換）ことが重視され始めたのです。したがって、昭和天皇のこの転換（家のための民法から夫婦のための民法へ、といわれた一時代前の転換）は、世界の流れとは異質なものだったのです。

事実婚の救済や婚外子差別の廃止など、婚姻の聖別視とは異なる流れが進もうとするとき、婚姻聖別視の観念を持たなかった日本神道がなにゆえ、こうした道を選ぶことになったのか。この点は追究してみる必要があると思います。天皇皇后の御真影《ごしんえい》など、昭和の学校教育と、にわかに浮上してきた皇后の役割を点検してみる必要もありそうです。

入したのが東京大神宮（当時は飯田橋大神宮）で、神前結婚式は翌年から始まる。これが各神社に広まって重要な資金源となっていくが、このことと神道の結婚聖別視とが無関係ではないだろう。

『文藝春秋』（一九五六年一〇月特集号「天皇白書」）に柳原白蓮が寄せた「柳原一位局の懐妊」によれば、公卿の多くは正妻を持たなかったという。結婚という制度の外にいたのだ（もちろんこれは公卿ばかりではない）。「西園寺家の正妻は弁天様だという。殿様の寝所に二つ床を並べて、その一つは奥方弁天様のということになっていた」「貞明皇后のお父様も正室はなかった。妻はなくとも結構子供はできるから」などなど、裏話に溢れている。筆者はこれらのことをまともに学問の机上に載せたいと思っている。

Q17 戦争責任と靖国神社の関係

戦争に行った人たちは、死んでも靖国に祀られることを心の支えにした、と聞きます。どこまで本当なのか、少し理解できないところがあります。

戦争責任とは

日本はデッチ上げた満州国の権益を守るために日中戦争を仕掛け（盧溝橋事件《ろこうきょう》）、中国侵略に抗議してアメリカなどが経済封鎖措置をとる（ABCD包囲網＝アメリカ、ブリティッシュ、チャイナ、ダッチ）と、資源確保のためインドシナへ侵攻しました。御前会議は日米開戦不可避の道に踏み込み、勝ち目のない太平洋戦争へと突入して行ったのです。このアジア・太平洋戦争によって犠牲になった邦人は三〇〇万人、アジア人等の犠牲者は二〇〇〇万人に達しました。数度の停戦チャンスを見逃した日本は、結局、広島・長崎への原子爆弾投下を許し、一九四五年八月一五日、連合国に降伏します。

降伏に当たって、軍部などは国体護持《こくたいごじ》（天皇制の存続）のほか、軍の機能の一部を温存、戦犯の裁判を日本が担当する、といった条件をつけようとしたのですが、こんなものに連合国が同意することなど考えられません。政府は国体護持だけを降

盧溝橋事件

一九三七年七月七日夜半、北京郊外の盧溝河に架かる橋（盧溝橋）付近で一発の銃声が起こり、演習中の日本軍は敵襲と判断。近衛内閣は不拡大方針を採ったものの、軍部は全面戦争（日本軍による中国侵略、日中戦争）に突入。同年中には北京・上海・南京を占領した。

なります。

伏の条件にします。連合国は国体は日本国民自身が決めること、として、条件を保障していません。それでもやむなしとして降伏したので、無条件降伏だったことになります。

日本は俎板《まないた》の上の鯉《こい》。どう裁かれようと、連合国しだいという立場に陥ったわけです。そこで問われるのが戦争責任。敗戦国の将（責任者）は開戦の責任を負う、ということです。これは戦犯の追及とは別の話で、責任者の行動がいかに立派であったとしても、その思想が高邁《こうまい》であったとしても関係はないのです。敗戦国は開戦の責任を負わなければならない。これを問うことが安易な開戦に歯止めをかける唯一の方法（開戦の責任の一端は戦勝国にもあるのですが、これを追及する現実的な手段がない）なのです。戦乱相次ぐヨーロッパで、まるでスポーツのように始める国王たちの戦争。そのたびに生活が破壊されてしまう農民や町人。彼らの生活を守るには、開戦の責任者に、結果責任を負わせる必要があるのです。その覚悟もなく安易に戦争を始められてはたまらない、ということなのです。

では、日本において、責任者は誰なのか。これを定めるのが憲法です。ヨーロッパにおいては、敗北した国王が戦勝国の賠償要求に応じ、敗戦処理を行ったことに抗議して、民衆が国家間の停戦協定を破棄したこともありました。したがって、国家主権者（対外的には元首）を明確にしておく必要が生まれたのです。君主なのか、国民なのか。君主制なのか、共和制（この場合の責任者は首相、または大統領）なのか。主権者を定めておくことと、主権の制限（人権の保障）を定めておくことが

天皇機関説問題

昭和に入ると天皇の神格化と戦争への道が始まる。普通これを軍部の台頭と説明するが、軍部と一体になって動いた貴族院を見落とせない。華族は政財界でふるわず、能力に疑問はあっても貴族院に議席を占め、軍の高官に就いていたからだ。そして天皇を不可侵にすることが、彼らの特権の安泰に繋がる。天皇を国家機関と見なす美濃部達吉の『天皇機関説』（昭和天皇も合意）は、不可侵を脅かす。一九三五（昭和一〇）年二月の貴族院本会議で菊池武夫（陸軍中将・男爵）をはじめ井上清純（海軍大佐・男爵）・三室戸敬光（子爵）らは美濃部を「学匪」と非難。機関説問題は貴族院を足場に拡大する。

憲法の使命の重要なポイントなのです。

解釈はともあれ、日本が君主国であることは世界にとって自明のことでした。したがって、戦争責任を負うべきなのは昭和天皇である、という点は揺るぎません。ただ、占領国・アメリカが、日本支配のために天皇の権威を利用しようと考えた。これが、その後の日本のありように、大きな影響を及ぼすことになります。アメリカを除く連合国（戦勝国）は、おしなべて昭和天皇の戦争責任を追及しようとしていたのです。

天皇制と戦争放棄

昭和天皇は優等生です。憲法の要請を受けて議会や内閣を尊重し、憲法に反するようなことはしていません。美濃部達吉《みのべたつきち》の天皇機関説への支持、立憲君主制の根幹を揺るがす関東軍の膨張や二・二六事件に対する不快感の表明と事件処理、それらは暴走する軍や天皇神格化の動きに対して、ブレーキを掛けようとしたとも解釈できます。こうしたことを踏まえて国内には「天皇に戦争責任はない」との声があります。しかし繰り返しますが、国際的には天皇のこうした態度が戦争責任を免責《めんせき》するものではありません。

天皇の力を利用しようとしたアメリカでも世論の七〇％以上は天皇に「処刑、または終身禁錮《しゅうしんきんこ》」を求めていましたし、上院は天皇の「退位」を決議していました。さらに、中国・フィリピン・オーストラリア・ニュージーランドは「天皇制を残せ

二・二六事件

一九三六年二月二六日、陸軍の皇道派青年将校が起こしたクーデター。首相官邸や警視庁を襲撃し、永田町一帯を四日間に渡り占領した。この間、軍も天皇周辺も、懲罰を巡って意見が割れた（秩父宮は将校らを支持）が、天皇は「反乱軍を速やかに鎮圧」と指示した。

ケーディス証言

一九九二年八月一一日『毎日新聞』朝刊は憲法草案の実務責任者だった元GHQ民政局次長チャールズ・ケーディス陸軍大佐とのインタビューを掲載。戦争放棄を規定した憲法九条は「天皇制維持を他の戦勝国に納得させるため加えられたと言っていい」「一条と九条はいわば一体であり、不可分のものだった」と証言した、としている。

ば、天皇を中心に、再び軍国主義が復活する」として、天皇制そのものを廃止するよう求めていました。マッカーサー（GHQ司令官）やトルーマン（アメリカ大統領）だけが天皇を免責しようとしても、不可能だったのです。

そこで考え出されたのが「戦争の放棄」でした。マッカーサーはGHQに憲法草案の編成を依頼するにあたって「三原則」を提示しました。①世襲の天皇制を維持する、②戦争を廃止する、③封建制度を廃止する、です。これを言い換えれば、①を残すためには②、③を掲げなければ世界の合意は得られない（日本の独立は承認されない）、ということです。これを現憲法の条文に合わせて「一条（象徴天皇制）と九条（戦争の放棄）はセット」であるとの主張（中村政則、中野正志）があります（③に当たる二四条が抜けている点は不可解）。けれど、この表現は正確ではありません。

一条は九条あってのものですが、九条は一条には拘束されない条文です。したがって、一条を残したまま九条を廃止することは許されませんが、九条を残したまま一条を廃止しても問題はない、ということです。ただ、当時の気分としては一条を掲げるためには九条の受け入れもやむなし、といったものだったのかもしれません。この新生日本（事実上の天皇免責）を最初に受け入れた戦勝国は、中国国民党の蒋介石とインドのネール首相でした。

ところで国内にある「天皇に戦争責任はない」との主張の核心は、法的、道義的なものです。憲法に沿って行動したのだから「法的責任はない」、平和のために努

中野正志《なかのまさし》　一九四六生まれ。元朝日新聞記者。『女性天皇論』（二〇〇四年、朝日新聞朝日選書）

輔弼《ほひつ》　帝国憲法にしか出てこない、誰も知らなかった言葉が輔弼。「『国務各大臣ハ天皇ヲ輔弼シ其ノ責ニ任ス凡テ法律勅令其ノ他国務ニ関ル詔勅ハ国務大臣ノ副署ヲ要ス』（第五十五条）というのだ。天皇に対し、責任を負っての助言だというが、そんなバカな、というしかない法律用語（定義できない、だれも理解できない法律用語があっていいはずがない）である。天皇は従うばかりで、意思決定の責任は国務大臣が負う、従って天皇に戦争責任はない、と続く。すべての意思決定は、大臣の副署を要する。しかし天皇は、「第九条　天皇ハ法律ヲ執行スル為ニ又ハ

力していたのだから「道義上の責任もない」というものです。後者についていえば、努力は最善だったのか、もっとできることはなかったのか、が問われています。天皇でもやれることに限界はある、との反論。ここで道義上の問題も、憲法上の問題に帰着します。

大日本帝国憲法上、天皇には内閣を動かす権限はなく、大臣の輔弼《ほひつ》に従って行動するしかない。権限なきところに責任なし、ということで、責任は各大臣が負う。天皇は憲法第三条で「天皇ハ神聖ニシテ侵スヘカラス」とあるように、あらかじめ責任を免除されているというのです。一見もっともな議論に見えますが、第一条に「大日本帝国ハ万世一系ノ天皇之ヲ統治ス」とあることを忘れてはいけません。旧憲法下では天皇が主権者だった（天皇は国政の総覧者《そうらんしゃ》であって、主権者ではない、との主張もある。その場合は主権者を定めていない帝国憲法は欠陥憲法であると断ずるほかはない）のです。主権者、すなわち国の最終責任を負う者でもあるのです。問題はその天皇を免責にしてしまう三条があることで、これは帝国憲法の絶対矛盾なのです。すなわち憲法の体をなしていないのです。したがって、昭和天皇がこの憲法に反した行動をとっていないとしても、法律上責任がないとは言えません（ただし、単なる帽子だったという説は嘘）。

欠陥憲法を改正できるのは天皇だけであり、内閣も国民も改正の発議をすることも許されない。こういう憲法下にあって、問題を感じることもなかった昭和天皇の道義的な責任もきわめて大きいといわざるを得ないのです。

公共ノ安寧秩序ヲ保持シ及臣民ノ幸福ヲ増進スル為ニ必要ナル命令ヲ発シ……」によって、大臣に副署を命じることができ、拒んだ大臣を更迭することができる。従って、天皇が署名した文書の責任は天皇にある。戦前、天皇親政、神権天皇、天皇権限への不可侵を主張した人たちに連なる者が、天皇に意思決定する権限はなかった、とするのは欺瞞である。

三島由紀夫（一九二五～一九七〇） 全権を持った天皇を、国家機関に封じ込めてしまった美濃部に怒った国粋主義民族派が、戦後、一転して天皇にはなんの権限もなかったとして、責任を大臣や国民に押しつけた。天皇も現人神を否定しなかったのに一転、『人間宣言』を行った。三島は『英霊の声』でこれを、現人神のために命を投げ打った英霊（戦死者）に対する裏切りと断じた。

東京裁判とは何か

東京裁判（極東国際軍事裁判）は戦勝国のエゴイスティックな裁断であった、という声があります。筆者もこれにには全面的に賛成します。しかし、東京裁判を否定することで、「A級戦犯」の名誉回復をしようとしたり、英雄視しようとする動きには反対です。東京裁判は日本の降伏に伴う戦犯の訴追《そつい》で、無条件降伏した日本も、覚悟の上での裁きです。旧来の戦後処理は戦犯の訴追はもちろん、戦争責任者の処分まで、公正な裁判という形式をとってきませんでした。敗戦国が無条件降伏した以上、要は戦勝国の勝手なのです。

しかし、いわゆる連合国は自由の守護者として登場し、侵略者を裁くという立場（この名目に応えて参戦した国もある）を必要としました。当事国が一国ではなく連合国であったことも、裁きを公開の場で行うことを必要としました。そこで、公正さを装ったのです。東京裁判は従来の戦犯を訴追するだけの裁判ではありませんでした。侵略という国家行動を弾劾《だんがい》し、戦争の多発を規制する試みでもあったのです。そのため、それまでの国際法にはない戦争犯罪を新設し、「平和に対する罪」「人道に対する罪」を訴追の名目に加えたのです。要は侵略戦争を主導した責任ということで、A級戦犯の多くが「平和に対する罪」によって訴追されました。昭和天皇もこれによる訴追は免れない、というのが裁判の流れを注視していた人たちの思いでした。が、これはアメリカの画策によって、棚上げ（天皇自身は裁判終結後も

戦勝国の不当性

ハワイ王国・パールハーバーを奪ったのは誰か。筆者は欧米の帝国主義・植民地政策を許さない。前の大戦に関して言えば、日本包囲網がアジア解放ではなかったこと。ソ連の進駐と降伏後の北方四島の剥奪、アメリカによる焼夷弾による民間攻撃、二度の原爆投下、戦後の英・仏・蘭によるアジア再分割（東チモール問題も西欧の植民地主義と、植民地解消の青写真のなさが引き起こした）。戦勝国を裁くのは困難だが、これらを許しておくわけにはいかない。

ロカルノ条約

第一次世界大戦終結を機にドイツを裁くベルサイユ条約が締結される（一九一九年）。ドイツのウィルヘルム二世は亡命したため、裁けなかったが、侵略戦争を開始した指導者責

しばらくは再訴追を恐れていました）になりました。

裁判を批判する最大の切り口は、「法は遡及《そきゅう》しない」という近代法の原則を東京裁判が無視している点にあります。新設された「平和に対する罪」「人道に対する罪」によって、そのような犯罪の概念を持たない時代に生きた者を断罪することは許されない、ということです。基本的にはそのとおりですが、一九二五年のロカルノ条約によって、すでに戦争は外交の一手段ではなく、避けるべき政策になっていました。侵略戦争は犯罪であったのです。こうした国際的な慣行や取り決めは、事態を受けて発達するものです。国際関係の中で、新設された犯罪に遡及力が及ぶのかどうかは、東京裁判によって初めて試されたもの。軍事裁判に近代法の原則が及ぶのかどうかも同様の問題です。そもそも、公開裁判形式でさえもが新たな試みで、次の時代を開く経過的なものです。これに近代法の原則を振りかざして、裁判批判をしてみても筋違い（しかも不遡及の原則は人権原理で、人権を否定する人が批判するのはさらなる筋違い）ではないでしょうか。

かりに、この軍事裁判の経過措置を許せないとしても、だからといってA級戦犯を免責したり、英雄視するのは話が違います。かつて、軍部が降伏の条件に挙げた戦犯の裁判権を日本が握っていたらどうだったか。公正な裁きができたのかどうか、と考えたら、東京裁判にはやむをえないものが多いように思います。

ただ、筆者が東京裁判を戦勝国のエゴとして批判するのは、朝鮮半島において日本が行った残虐な行為の数々を裁いていないことにあります。韓国・朝鮮は侵略

任を問うことが合意され（日本も参加）、ヨーロッパ七カ国（ベルギー、チェコスロバキア、フランス、ドイツ、イギリス、イタリア、ポーランド）の相互不可侵平和協定が結ばれた（一九二五年）。これがロカルノ条約である。二六年秋にはドイツが不戦条約（二八年成立）を前提に国際連盟に加盟。日本はこの経緯の当事国ではないが、国際連盟結成の主要五大国のひとつで、アメリカと同様、この流れに合意している。一九三五年三月、ヒトラーはヴェルサイユ条約を破棄。翌三六年、ロカルノ条約の破棄を宣言、ラインランドへの進駐を決行した。日本はこうした宣言もなく、中国侵略を開始した。

の被害者であったにもかかわらず、戦勝国ではなく、日本軍の協力者でありました。それゆえ、朝鮮半島における「平和に対する罪」「人道に対する罪」は裁かれないままになっているのです。

怨霊から英霊へ

原日本人の霊魂感《れいこんかん》によれば、不慮《ふりょ》の死をとげた者は生まれ変わることができず、迷い、祟《たた》ります。「恨み晴らさずにおくものか」というのです。菅原道真《すがわらみちざね》を大宰府《だざいふ》に流した権力に対して、祟った道真の魂は、権力の横暴を許さない仕組み（幻想）として機能しました。おなじように、駆り立てられた兵士も犬死を強いられれば、祟ります。この観念は、権力に兵士の犬死を許さない歯止めになっていました。戦死者は祀《まつ》られなければならないのです。日本人はこのような霊魂を怨霊《おんりょう》と呼んできました。恨みを抱く怨霊はふるさとに帰らず、都にとどまると考えられ、すねに傷を持つ為政者は加持祈禱《かじきとう》で「怨霊退散」を願ったのです。

でも、靖国神社《やすくにじんじゃ》は違います。靖国神社（招魂社《しょうこんしゃ》）も原点はこの怨霊信仰です。しかし、これをやがて御霊と呼び変え、ついには英霊《えいれい》と呼ぶことになります。将兵の恨みに応えて、魂を安んじるのではなく、迷える魂を強引に鎮魂《ちんこん》し、犬死《いぬじに》を正当化する装置として改めて造営し直したのです。それはすなわち、次なる犠牲者、犬死する将兵を集める仕掛けです。

ところで、死者の思いを汲《く》み（可能なのは死者の痛みを知る者だけです）、ふるさと

菅原道真を祀った太宰府天満宮

祖先神

日本人には祖霊信仰、祖先神を崇める傾向があり、それが神社信仰に結ばれ、天皇制を支える観念になったとする説が広まっています。しかし、前提となる祖先神を民間習俗の中に見出すことは困難です。祖霊は祟るか、鎮まって現世回帰を果たす

の山野に手厚く祀られた霊は、安らぐと神となって祖先神と統合される、という観念は国家神道が発明した固有の宗教観で、日本人の原信仰ではありません。原信仰では霊はまた子孫になって甦ります。だから霊は節目節目《ふしめふしめ》で、生家に迎えるのです。したがって、祖先神などというものはそもそも存在しません。甦るためには霊もふるさとにある必要があり、靖国神社に合祀《ごうし》されては困るのです。招魂社が各地域地域にあったのはそのためです。

靖国神社は元、東京招魂社と呼ばれていましたが、この神社は戊辰《ぼしん》戦争で死んだ官軍（東征軍《とうせいぐん》）の兵士を弔《とむら》うために建立《こんりゅう》されたものです。したがって、国の将来を思って倒れた幕府側の兵士は排除されています。この、朝敵《ちょうてき》は弔わない、という狭量《きょうりょう》な了見《りょうけん》はその後も一貫していて、西南戦争の薩摩側や、敵前逃亡などで銃殺された皇軍兵士などもここには合祀されていません。

一三三八（建武五）年、元弘の変（一三三一年）以来の大乱（南北朝の抗争から鎌倉幕府倒壊までの戦乱）で倒れた多くの兵士を弔うため、夢窓国師《むそうこくし》が足利尊氏に全国に安国寺《あんこくじ》を建立するよう進言していますが、国師の意図は敵味方を問わず、戦禍《せんか》に追われた鳥獣《ちょうじゅう》や草木《そうもく》をも弔おうとするものでした。この、心の広さ、思いの深さを、日本人はいったいいつから見失ってしまったのでしょうか。

ところで、筆者もまた、死者を弔うことそれ自体には反対ではない。その思いを以下に認《したた》めておきましょう。

か（輪廻転生《りんねてんしょう》）だからです。「家」と祖先、それが神に通じる、という観念は、天皇制と結ばれた神社信仰に源があるようです。日本人の、自然な本来の信仰を取り戻す必要があるでしょう。神は祖先（祖霊）ではなく、木や石や山（精霊）、落雷や日食などの超常現象だったのです。筆者は土に還りたい、という素朴な意識を再評価すべきだと考えています。

親を大事に、先祖を大切にという現世を円滑に営むための道徳観は、宗教観とは別なものです。

東京招魂社

函館五稜郭の戦いが終った翌月（一八六九年六月）、大村益次郎が勅命により東京招魂社を九段坂上に設置し、鳥羽・伏見から箱館戦争にいたるまで、戊辰戦争の全戦没者が合さまよう霊たちよ、ふるさとで安らげ。君たちの無念はわれらが受け継ぐ。
君たちに死ねと命じた者が、君たちを祀るという。君たちもこれには納得できまい。
君たちが眠るところは靖国ではない。新たな追悼《ついとう》施設でもない。
新たな犠牲を求めることのない、英雄も非国民もない平らかなところ。
神々が宿る森羅万象《しんらばんしょう》の静謐《せいひつ》なふところ、命が芽吹くかぐわしい深淵が、
君たちの終《つい》の棲家《すみか》だ。君たち一人一人の御嶽《みたけ》に筆者もまた頭《こうべ》を垂れる。

もうひとつの戦争裁判

二〇〇〇年の十二月、日本軍によって各地から調達された「従軍慰安婦《じゅうぐんいあんふ》」を問題にする「日本軍性奴隷制《せいどれいせい》を裁く女性国際戦犯法廷」が開かれました。いわゆる女性たちを中心とした市民運動による民衆法廷ですが、さまざまな意味で画期的なものでした。東京裁判では裁かれることのなかった韓国・朝鮮に対して行われた戦争犯罪の一端が、初めて告発された、ということもその一つです。韓国・朝鮮、中国（上海）、台湾、フィリピンの女性たちがひとつに結ばれた、というのもその一つです。

ユーゴスラビア内戦を裁いた国際法廷を基準にして、日本の責任を点検したのですが、結論は「人道に対する罪」で、昭和天皇にも責任（刑事責任）がある、というものでした。この法廷の模様を伝えるＮＨＫの番組「問われる戦時性暴力」（二

祀された。これが後に靖国神社と改称する。各地にできた同様の招魂社は護国神社となっている。神社は戦前、内務省（神祇院）の管轄だったが、靖国神社だけは内務省および、陸軍省、海軍省の共同管轄になっていた。

創建当初の東京招魂社（絵）。後の靖国神社。

〇〇一年一月三〇日放送）が、直前に改竄《かいざん》され、ゆがんだ報道になってしまった、という問題が発生。そこに与党政治家の関与があった、とする報道（二〇〇五年一月『朝日新聞』）もあって、検閲（天皇有罪を報道されたくないという菊のタブー）問題にも波及しています。

ＮＨＫの番組改竄に対して、法廷実現に努力した市民運動（バウネット・ジャパン）が訴訟を提起。製作会社（下請け）の責任に帰した一審を踏み越え、二〇〇七年一月二十九日、東京高裁は「政治家の思いに左右されすぎた」ということで、ＮＨＫの責任を認定。二〇〇万円の支払いを命じています。ＮＨＫは即刻上告。最高裁の判断を待っているところです。

女性国際先般法廷の全記録ⅠⅡ巻

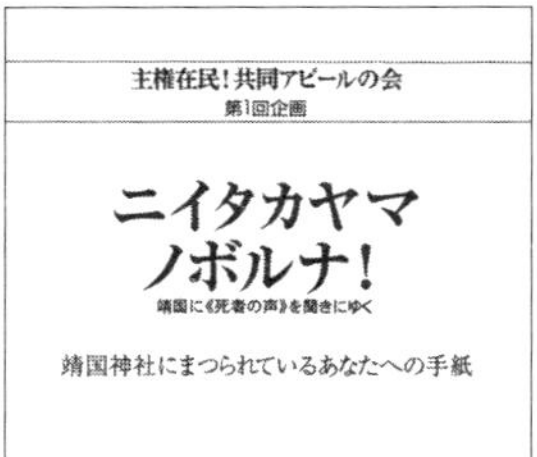

靖国の思想に抵抗感を持つ作家や大学教授らが二〇〇五年一二月八日、「靖国神社にまつられているあなたへの手紙」を携えて、靖国神社を訪れた。ある者は境内まで、ある者は本殿前まで。そのときの手紙がパンフになっている。筆者も「安らかには眠れないはずですが」と題して、世良収蔵を取り上げている。このパンフの文面は「主権在民！共同アピールの会」のホームページで読むことができる。

Q18 新憲法下で変わったもの

新憲法で日本は大きく変わったといわれます。でも象徴天皇制ってよくわからない。天皇性を残したために引きずったものも多いと思います。

憲法・民法・国体

戦後の憲法によって、日本は国民を主権者とし、天皇を国民の象徴（日本国の象徴であり日本国民統合の象徴）として受け入れる国になりました。天皇の地位は国民の総意に基づくもので、世襲の方法も国会で議決した皇室典範で決めることになったのです。帝国憲法の時代には天皇の地位は「神聖ニシテ侵スヘカラス」とされ、皇室典範も国会で審議されることのない絶対的な規範だったのに比べれば、大きな変化です。

日本は降伏の条件に「国体の護持」を掲げたけれど、「それは日本国民の意思による」として無視され、それを日本が受け入れた、という経緯を考えれば、この天皇規定はぎりぎりの綱渡り。押しつけ憲法だという前に、これをしのぐ代案を日本の官僚や政治家、学者たちが打ち出せなかったことを問題にすべきでしょう。

大日本帝国憲法に郷愁《きょうしゅう》を抱く人たちが新憲法に不快感を持つのは理解できます

天皇の「人間宣言」

一九四六年元日に発表された「新日本建設に関する詔書《しょうしょ》」（いわゆる「人間宣言」）はこう言う。「朕《ちん》と爾等《なんじ》国民との間の紐帯《ちゅうたい》は、終始相互の信頼と敬愛とに拠《よ》り結ばれ、単なる神話と伝説とに拠りて生ぜるものに非ず。天皇を以て現御神《あきつみかみ》とし、且《かつ》日本国民を以て他の民族に優越せる民族にして、延《ひい》て世界を支配する運命を有すとの架空なる観念に基くものにも非ず」。筆者はこれを素直に人間宣言とは読めない。実際、木下道夫の『側近日誌』によれば、天皇が、大日本帝国憲法は、権力の暴走を止める手段を持たなかったことが明らかで、伊藤博文が考える憲法の体《てい》をもなしていなかったわけです。したがって、帝国憲法の分析、批判が先決でしょう。

問題は、天皇の存続だけが「国体の護持」だったわけではないことです。これを拡大すれば、結局は大日本帝国憲法体制にまで戻ってしまうのです。というよりも、そこまで戻したい、というのが戦後の国体護持派の一貫した姿勢でした。筆者はこれを失地回復運動《しっちかいふくうんどう》と呼びますが、これは国体護持派ばかりではなく、新憲法によって従来の利権を失った官僚や財界に共通した戦前回帰運動として現れました。

ともあれ日本は、新憲法によって権力の暴走を「人権の論理」によって食い止めることができる立憲政体をはじめて獲得しました。その根本が①個人の尊厳（「家」制度などの中間組織の廃止、思想信条の自由）と②両性の平等（を中軸とした国民の法の下の平等）です。言論・出版・表現の自由、信教の自由や結社の自由、政教分離の原則も、この「人権の論理」によって導かれます。

ＧＨＱ（連合国最高司令部）は、新憲法制定以前の一九四五年十月に「政治的、社会的及宗教的自由に対する制限除去の件」を発し、十二月十五日「神道指令」を通達して政教分離、国家神道の廃止を命じます。これによって内務省神祇院《じんぎいん》が廃止され、神社側も翌四六年二月三日、皇典講究所《こうてんこうきゅうじょ》・大日本神祇会・神宮《じんぐう》（伊勢神宮）奉斎会の民間三団体が合同して神社本庁を設立、神祇院の事務を踏襲《とうしゅう》。宗教法人としての神社神道が再出発しています。

は現人神であることは否定したが、神の子孫であることを否定する気はなかったそうである。

内務省・三菱財閥

内務省は軍に次ぐ戦犯として解体され、三菱グループも財閥解体によって解体された。どちらも統合、再建を戦後の悲願とした。筆者は日本官僚体制のすべてが戦前回帰への夢を持っていた、と考えている。

皇典講究所（一八八二〜一九四六年）

教学の未成熟さを克服するため、神道が「国典を講究する」ために設置した研究所。一八八九年、初代所長の山田顕義（司法大臣）を発起人として日本法律学校（後の日本大学）を開設。翌年には日本文化を研究するための國學院を設立した。本体は戦後、神社本庁に参加し、消滅した。

大日本神祇会

神社の神主たちで組織する職能団

神社本庁《じんじゃほんちょう》と遺族会によって一九七〇年代に繰り返された宗教法人・靖国神社の国家護持（宗教法人ではなく、国家の慰霊機関に改編する法律制定運動）も、新憲法に対する失地回復運動のひとつです。が、これは国家神道によって信教の自由を奪われたキリスト教関係者、仏教関係者の反対運動によって、実現は阻止されています。

新憲法は国会でも議論されていますが、国体護持派の抵抗の中心は二四条にありました。「婚姻は両性の合意のみに基づいて成立し……」とある原案（現行憲法）に対して、天皇制と家族制（「家」制度）とは国体の両輪であると主張する彼らは、二四条に「ただし家族についてはこれを尊重する」という一文を挿入しようと諮《はか》ったのです。欧米のいくつかの国は婚姻家族を重視（法的保護）していましたが、それを許すと日本では結婚に親が介入することを許したり、嫁が舅の面倒を看《み》ることを強要されたりする可能性が大きいため、国体護持派の提案は否決されたのです。

飛び地論と華族制、堂上家

ようやく日本も人権尊重を踏まえた憲法を手にしましたが、そこには大きな穴が開いていました。それが天皇条項です。天皇の存在は民主主義の原則である「法の下の平等」に反しています。したがって、国民としての権利も制限され、基本的人権も与えられていません。天皇・皇族は憲法によって、基本的人権の及ばない特

体。全国神職会を前身とする。神社本庁に参加したが消滅せず、独自活動を続けている。

民法典論争

フランスの法学者・ボアソナードが起草した民法（一八九三年施行予定＝旧民法）を巡る論争で、当初はフランス民法に対して英米派が抵抗。英仏法派の明治大学・法政大学と、英法派の東大教授（「民法出でて忠孝滅ぶ」とした穂積八束）・中央大学が争う構図だった。成文法を持たず、慣習法を重視する英米法を好都合とする伝統法派・日本大学もこれに加わり論争は激化。折から高まっていた独法に倣え、という風潮にしたがって、新たに新民法（明治民法）が制定された。が、筆者は本当の争点をそこに見てはいない。万世一系の天皇制イデオロギーや、華族の継承を保証する台帳と化した戸籍制度と

別な領域になってしまったのです。

たとえば皇室の結婚には皇室会議の承認が必要ですし、養子を取ることができません。選挙権・被選挙権がありませんし、パスポートがないので宮内庁のサポートがなければ自由に海外旅行をすることもできません。天皇（および皇后）は離婚できませんし、現状では退位も認められていません。運命を自ら打開する手段を持っていないのです。こうしたことも憲法上やむをえない、天皇条項の存在は人権の例外なので、ここに人権を要求しても意味がない。こうした考えが「飛び地論」と呼ばれるものです。これに対して、基本的人権は人類の要請であって、どんな憲法でも奪うことのできない権利だ、とする考えもあり、この考えによれば前述の「たとえ」はすべて廃止されるべきものだということになります。

ところで、憲法は天皇・皇族にだけ特別な地位を与えました。ということは、その他の国民に例外はないということでもあります。その結果、当然のことながら戦前にあった華族制度《かぞくせいど》が廃止されています。これを普通は爵位《しゃくい》と考えますが、戦前の特権的な家はそれだけに限られません。明治時代以前の公家たちもそれなりの家格（家格に応じて爵位も手にしていましたが）を与えられていました。主要な家格《かかく》は堂上《とうしょう》家（一三七家）と地下《じげ》家（四六〇家）で、堂上家の頂点が藤原五摂家《ふじわらごせっけ》（近衛《このえ》、九条、一条、二条、鷹司《たかつかさ》）です。

我が身が安泰になった昭和天皇は、華族制度の廃止はやむをえないとしながらも、堂上家に特別の処遇を残すようマッカーサーに依頼した、と側近に明かしてい

齟齬《そご》をきたす民法か、確立しつつあった戸籍制度に迎合する民法か、なのである。結果は後者の勝利で、独法派の勝利ではない。伝統法派の勝利なのである。戦後の新憲法・新民法はこれを脅かす。したがって民族派・伝統法派が戦後の憲法・民法を攻撃するのは当然のことである。

華族制度と家格

公卿（公家）の伝統的な家格は昇殿できる堂上家と、前庭にひれ伏す地下家に分けられ、堂上家の中でも摂家《せっけ》（五家）、清華《せいか》家（九家）、大臣《だいじん》家（三家）、羽林《うりん》家、名家《めいけ》、半家《はんけ》という六段階の家格（序列）があった。華族令は清華以上を華族とし、諸侯（大名）と、維新の手柄をこれに加味した。制度ができたときの華族は四二七家（約二七〇〇人）、廃止時（一九四五年）の華族は九二四家（約六〇〇〇人）である。

ます。これは昭和天皇が新憲法の基本である人権と平等とをまったく理解していなかったことを示すエピソードです。と同時に、一つの例外を許すと、例外を拡大しようとする意識が生まれる、ということをも示しています。この危険性を認識しておく必要があります。

皇族の拡大を防ぐために、新皇室典範でも自らの意思による皇族離脱の規定を設けました。そして、この規定を利用して、天皇の兄弟家を除く宮家（一一宮家五一人）に皇族離脱を届けさせ、ふつうの民間人にしています（「臣籍降下」と呼んでいる）。その瞬間、彼らは特別の身分を失ったのであり、「元皇族」などという地位はそもそも許されないのです（法的には存在しない）。したがって、彼らの皇族復帰などということはまったく問題にならない（特例の拡大は許されない）ことなのです。

新皇室典範の登場

国体護持派は皇室典範を皇族の私的取り決めだとして、国会審議を必要とする一般法扱いに反対しました。さすがに、この主張は憲法を超越した取り決めになってしまうため、認められませんでしたが、憲法第二条に「皇室典範」という呼び名が記載され、一般法とは異なる取り決めのようなイメージを作り出すことに成功しています。一般法なのだから「皇族法」という呼称がいい、という意見もありますが、それには憲法の改正が必要になるというおかしな話です。

問題の皇位継承について、新・皇室典範は三つの論点に結論を下しています。

ちなみに最高位の公爵は一一家（一一人）。五摂家の当主五人と、徳川宗家の徳川家達、清華家の三条実《さね》美《とみ》、岩倉具視《ともみ》の子・岩倉具定《ともさだ》、大藩諸侯のうち維新に協力した島津忠義、島津久光、毛利元徳《もうりもとのり》である。

三笠宮寛仁《ともひと》（＝愛称・ひげの殿下　一九四四〜）

女性天皇は要らない。まず元皇族の皇籍復帰を、などと言い出して物議をかもした寛仁は、かつて（一九八二年）皇籍離脱宣言をして話題となった人物。宮内庁あたりから袋叩きにあったのか、離脱せぬまま姿を消したと思ったら、今度はこの発言だ。いずれにせよ、皇籍離脱が認められるようになって以来、自分の意思で離脱を宣言したのは彼だけである。

竹田恒泰《つねやす》（一九七五〜）

一冊本を書いて突然の有名人。皇族も元皇族も、やはりおいしい身分

①天皇は退位（譲位）できるか、②女性は天皇になれるか、③庶子は天皇になれるか、この三点です。旧・皇室典範では①×、②×、③○でした。

①は多くの国体護持派は×でしたが、昭和天皇は戦争の責任を取って退位すべきではないか、という意見が高松宮宣仁《たかまつのみやのぶひと》、三笠宮崇仁《みかさのみやたかひと》や近衛文麿にあったのです。が、これは「退位してしまうと、戦犯として訴追される可能性がある」という主張や、近衛が戦犯として出頭を命じられた日に服毒自殺してしまったことなどで、立ち消え、従来どおり×に確定します。しかし、一九八八年に昭和天皇が重病で執務が不可能になると、退位論が急浮上しています。

②は大きな議論になりましたが、天皇条項は憲法一四条などの人権条項には拘束されない、という、いわゆる「飛び地論」と、憲法二条が定める「世襲」とは、伝統的・慣習的な血縁継承を意味するので、その中に男性継承が含まれている、という理屈によって、従来どおりの×に決まっています（行詰ったときの典範改正も見込まれていた）。が、この点に関してはその後何度も見直し論が出ていることは、本書の記述のとおりです。

③については明治以来、宮内庁をはじめ日本の知識人層が欧米の王制との違いに苦慮してきた部分です。また、実態としても昭和天皇は側室制度を廃止。庶出に頼らなくても皇位継承に当面支障がないこともあって、ほとんど異論もないまま×に決まってしまいます。ただ憲法国会では庶子の排除を子は平等だとする「憲法に違反する」という主張が展開され、「庶子の天皇は国民の象徴にふさわしくない」

なのか。皇族復帰を願う唯一の元皇族であるらしい。たしかに竹田家の恒徳王は趣味のスケートが幸して、波乱の戦後を乗り切った。国際スポーツ界の「プリンス・タケダ」だったのだ。旧邸を西武に売却。これが芝高輪のプリンスホテル。たしかに気分はプリンス（皇族）なのだろうが、その原資はすべて国民の税金なのである。

吉田茂首相の国会答弁（第九一回帝国議会・衆議院一九四六年一二月五日）

「天皇陛下は国の象徴、国民おのおのの象徴として、すなわち国民道徳の儀表たるべきお方であるのでありますから、その御地位に即かれるお方も、正当の婚姻によって生れられたお方に限りたい、これが提案の趣旨であります。また御血統の純粋性を保つ上からも、皇族会議の議を経たる、正当な結婚に基づいてお生という法制局の答弁書に吉田茂首相が色をつけた答弁をしています。

この点について、筆者は三笠宮の主張（新憲法と皇室典範改正法案要綱）に注目しています。要綱は万世一系を守るには庶出を認めたほうがプラスだが、認めないのが世界の流れだろう、としたうえで「しかし実際問題として一夫一婦を厳守出来るか否かは後で譯述《しやくじゆつ》する皇族の婚姻の際に與《あた》えられる自由の度に関して来る」と言っています。

つまり、皇族が一夫一婦制を守れるかどうかは「婚姻の自由」が与えられているかどうかによる。新民法で、婚姻に親の同意は無用になった。皇族も自由に恋愛し、その結果の婚姻に、皇室会議の許可など必要ないのだ、といっているのです。これはまた、自由恋愛によって、庶子が生まれることもある、と解することもできます。その権利要求は注目に値します。

庶子を一夫多妻、側室制度の所産としか考えない人たちに対する抵抗です。人が愛に従って人生を送れば、制度のはざかいに婚外子（庶子）も生まれます（したがって、はざかいをすくい上げる制度が必要です）。婚外子差別を当然と考える戦後民法の過ちはこれを見ないことに端を発するのです。

繰り返しになりますが、日本がモデルとした欧米（ローマン・カトリック）は、すでにここからの離脱を始めていたのです。結婚は個と個の自由な結合であって、神に選ばれた聖なるセットではないのです。神の恩寵《おんちょう》や行政の施策はセットに対してではなく、個に対してまず注がれるべきである、というのが現代の基本思想です。

まれになったお方に限るとすることが適当である、こう考へましたわけであります」（儀表《ぎひょう》＝模範。手本）

婚姻制度のはざかい

婚姻制度のはざかいは、法的婚姻関係に入る前、法的離婚が成立する前にある。性愛や慣習は制度とずれている。戦前は足入れ婚や婚約状態、内縁状態，今日では事実婚が前者のはざかい。婚姻実態を失いながら、離婚できない状態（この状態を学者は「外縁」と呼んでいる）は戦前も戦後もあり、その間の出会い、性愛は「不倫」とは呼べない。これが後者のはざかい、である。内縁の保護は戦前から進んでいる（ただし、子に関しては問題が多い）が、外縁下の事実婚保護は今なお、見るべきものがほとんどない。子の保護については何もない。国連の「子どもの権利条約」によれば、子は両親が婚姻

はんぱに終わった民法・戸籍法の改正

憲法国会で「家族制度は日本の国体」と主張した国体護持派は、民法の成立に抵抗し、憲法の発布と同時に改正が予定されていた「民法」「戸籍法」は棚上げになってしまいます（当初の予定は一九四七年五月三日、実際の施行は四八年一月一日）。この間に激論があり、親子の相互扶助義務（実際の狙いは嫁による舅の世話）や、祭祀の単独相続、付録に親族図を追加など、護持派の主張を入れて修正されます。また「家」制度の否定によって存在の根拠が失われた戸籍制度もわずかの修正で存続されています。

最大の変化は「三代戸籍の廃止」（戸主→筆頭者は単なる呼称の変更にとどまった）ですが、一つの戸籍に記載される関係者は二代を越えない、としても、関係が無限に辿れるので「祖先を崇拝し、家系を重んずる」という「我国の美風（＝家）」を「護って行かせる」道具立てとしての戸籍の役割が、これで減退したわけではありません。また、一一宮家の臣籍降下（新戸籍編製）が、新戸籍形式で行われたことから、国体護持派も、この変化は受け入れざるを得なかったようです。

ところで、憲法二四条には「婚姻は両性の合意のみに基いて成立し」とあるにもかかわらず民法七三九条は「婚姻は、戸籍法の定めるところによりこれを届けることによって、その効力を生ずる」としています。これが憲法違反ではないか、という強い疑問が出され、政府もその可能性を認めています。そのため、成立直後に改

していようがいまいが平等である、としている。世界はすでに、子どもの権利について解決して久しい。いまや、日本だけが異様なのだ。（↓一九三注（柳原白蓮））

三代戸籍の禁止

旧法の戸籍は、戸主が変わらない限り新戸籍をつくることはなく、他家に婚出した者は戸籍を出るが、そうでない限り何代になっても同じ戸籍にとどまる。これを二代に限ったのが三代戸籍の禁止である。

皇族戸籍法

新憲法ができながら、新民法、新戸籍法がない状態。その間に一一宮家の臣籍降下が行われた。新たに戸籍を作る必要が生まれたのだ。そこで一九四七年九月「皇族の身分を離れた者及び皇族となった者の戸籍に関する法律」が制定されたが、これはすでに二代限りの戸籍だった。

正のための検討に入ると約し、暫定成立を急ぎます。

この約束によって生まれた機関が法制審議会民法部会。同部会は七年後の一九五五年、民法七三九条の違憲判断をしないまま、「届出の慣行が定着した」ことを理由に「現行どおり」と決定しています。しかし、憲法の規定は「合意のみ」とあるので、戸籍の規定に従う義務は説明できません。結婚するに当たって、夫婦どちらかの氏を選ぶ必要はない（夫婦別姓《ふうふべっせい》）し、戸籍上の届けがなくても、実態さえあればその結婚は認められる（事実婚《じじつこん》）はずです。とすれば、届けのあるなしで子どもの地位を差別する婚外子差別（私生子差別）もありえなかったはずです。両性の意味を広く捉え、生物学的な性にとらわれなければ、同性結婚も容認されたはずです。

こうした発想は第一次大戦以降の欧州の王侯貴族やオピニオンリーダーによって推進され、現在の国際的な流れになっています。欧州の王侯貴族との交流が多かった日本の皇族も、こうした考えに接触しており、戦前から皇族華族の巷を騒がすスキャンダルをたくさん生んでいます。こうした文脈の中で、先の三笠宮の主張も受け止めるべきなのです。

が、悲しくも日本は、届出婚を絶対視し、子どもの地位を切り分けています。戦前「嫡子（嫡出子《ちゃくしゅつし》）、庶子《しょし》、私生子《しせいし》」または「公生子《こうせいし》、私生子」と分類（法的差別を伴う）されていた子どもが、戦後は「嫡出子、認知を受けた嫡出子でない子、認知を受けない嫡出子でない子」または「嫡出子（婚内子）、非嫡出子（婚外子）」とさ

華族と二代戸籍

華族という称号は戸籍に与えられていた。つまり戸籍から出た者は称号を失う。分家せずに大家族になる、これが華族の家だった。戦後、華族が廃止されたので、二代戸籍が可能になったということもできる。

柳原白蓮《びゃくれん》事件

華族スキャンダルは山ほどあるが、白蓮事件を取り上げてみよう。白蓮とは柳原公爵家の娘・燁子《あきこ》の雅号。家の都合で二五歳上の炭鉱王（大富豪）と結婚したが、彼にとっては多くの妾の一人。単なる勲章だった。その煩悶が白蓮を恋愛歌人に育てる。一〇年後に出奔。宮崎滔天の子・龍介と和歌を地で行く大恋愛に陥る。「愛は人格と人格の結合」と称える世論が沸きあがり、白蓮が産んだ子も、夫の子ではなく龍介の子、との裁定が下る。

れています（→一六二頁注）。ここで目立つことは、庶子の地位が公生子（呼称上は嫡出子並）から婚外子（呼称上は私生子並）に低下していることです。

これは庶子が皇位継承権を失ったことと対応しています。戦後の日本は家父長的な「家」の原理を一定、失いましたが、結婚家族（届出上の）の上に、象徴の根拠（国民統合の足場）を見出した、ということです。そして、これを核に日本の美風、日本の国体の復活維持を目指そうとしているのです。しかし、それは決して世界の人権潮流と相容れるものではありません。

個の確立を認めず、「家」あるいは「結婚家族」のルールに組み敷こうとする、この国の明治以降一貫した国民政策は、個を基準とする近代国家・近代社会のルールとは相容れません。個を基準とせざるを得ない人権には、思想信条の自由、表現の自由、信教の自由のほか、居住の自由、結婚の自由などがあります。最後の二つはすでに国境を越えており、国際結婚の有効性などは日本政府がどう抵抗しようと、もう阻止することはできません。

恐らく明治以降の日本は、個の確立（国民の覚醒）を恐れたのでしょう。だから天皇制という神秘的なトリックを用いて、思想信条の自由、表現の自由、信教の自由などの人権を押さえ込んできたのです。いまの象徴天皇制にも、同様の狙いがあるのではないか。私たちは、それを監視していく必要があるのです。

五・一五事件と青鞜

筆者の祖母の話で恐縮する。五・一五事件で殺された犬養毅首相の官邸近くで、おなじ時、女だけのパーティーが開かれていた。参加条件は洋装で、ストッキングの最上部に青いリボンを縫いつけてくること。すなわち「ブルーストッキング（青鞜）」の秘密パーティーである。江戸以来の呉服商「赤のれん」の看板娘で神田小町と評判だった祖母はこれに招待されていた。ホストは恐らく犬養首相の細君。孫で作家の犬養道子はパーティーのことに触れているが、幼少だったためか内容について知っている様子はない。祖母もすでに他界している。青鞜社の解散は一九一六（大正五）年。五・一五事件は三二（昭和七）年の出来事なので、おき火は一五年以上も続いていたことになる。

Q19 女性天皇でなにが変わるのか

女性が天皇になれば世の中が変わる、という意見があります。でも、どう変わるかの説明はありません。あまり変わらない、ということですかね。

憲法改正の三点セット

国体護持派には象徴天皇制はやむなく受け入れるにしても、単なる存続ではなく、限りなく神権天皇制＝天皇親政制に近いものに戻したい、という思いがあるようです。憲法に国民主権を明記したがらなかったり、皇室典範を特別な法律に見せかけたがったりしたことでも明らかですが、その後、天皇を国家元首と規定する憲法改正（一条）を打ち出してきたのもその現れです。

現在、検討されている憲法改正論議は、「今の憲法はアジア太平洋戦争（第二次世界大戦）の敗戦の結果、戦勝国（主にアメリカ）に押し付けられたもので、日本が再び戦争できないよう弱体化を狙ったもの」、という認識の上に立った「自主憲法制定運動」をベースにしたものです。したがって、論議の焦点は憲法九条（戦争放棄）の改正問題にある、と考えられがちですが、国体護持派によれば、日本の国体の破壊（天皇制度と家族制度の民主化）が、弱体化の根底にあると考えます。

自主憲法制定運動

アメリカによる押しつけ憲法を国家的屈辱ととらえ、自主憲法を求める動きはいく筋かの流れを持っている。筆者は文字通りの「自主」を求める発想は理解する。しかし、現実の運動はどうか。初めからゴールありきの主張で、「自主」というのは疑わしい。たとえばこの運動の流れの一つに韓国の「統一教会」と密接な関係を持つ「勝共連合」が噛んでいる。自主憲法制定国民会議の会長だった岸信介元首相にしても、極東したがって、戦後何度か現れた自主憲法制定運動の影響下に作られた憲法改正案には、九条改正のほか、二四条改正が必ずうたわれています（新民法もこれを巡って紛糾したのです）。すなわち一条、九条、二四条の改正は、自主憲法制定運動の三点セットなのです。これは「自主憲法」と名乗ってはいるものの、旧日本帝国憲法への回帰運動だと考えることもできます。

しかし、時代は変わっていて、国民主権を正面から否定できないのと同様、男女平等（憲法一四条、両性の「法の下の平等」）を否定できなくなっています。そこで、二四条の中に、「家族の保護」条項（文案はさまざま。要は憲法中に「家族」を規定すること）を新設しようと考えているのです。家族の保護をうたっていない憲法は日本ぐらいのもの、というちょっとオーバーな表現で、改正を正当化しようとしています（自主憲法とは相容れない正当化ですが）が、狙いはもちろん別にあります。

「家族の保護」を名目にして、「個人の尊厳と両性の本質的平等」に歯止めをかけようとしているのです。家族保護のためには個人の節制《せっせい》（犠牲）が必要だ、家族保護のためには夫婦がそれぞれの役割（ジェンダーロール）を果たさなければならない。この考え方（イデオロギー）を押しつけるために、二四条の改正が追求されているのです。各人が与えられた役割（ジェンダーロールを含む）を守って婚姻家族を維持すれば、その結果、単婚家族ではなく、父系家族＝家父長制家族（「家」）が形成されるだろう、と考えるのです。

というよりも、「家族の保護」を盛り込むことに成功すれば、さまざまな家族介

裁判におけるA級戦犯の一人で、台湾ロビーとのつながりが疑われている。

ジェンダーロール
性役割、と訳される。フェミニズムを嫌悪する人たちも「男女平等」を批判できないため、男女は平等だが，役割は違う、とする理論を構築しようとしている。それが差別だということに思い至らない。だから、ジェンダーフリー攻撃を開始した。役割の押しつけ、それは性差別はもちろんのこと、個人の尊厳の侵犯でもある。現行憲法の基本原理に対する挑戦であり、憲法に反する言動なのだ。この言動を憲法に合致させたい。そのためにも改憲が必要だ、というのだろう。憲法二四条の改正は男女役割を越え、夫婦役割、父母役割を強制することに繋がる。そう

入が可能になり、「家」意識の醸成、「家」制度の復活に追い込むことができる。そう考えているのではないかと思われます。国体の護持、帝国憲法への回帰とはそういうことだからです。つまり「家族の保護」とは、政府（国家権力）が家族に介入し、コントロールする手段を手にすることができる、ということにほかなりません。結婚に対する親の同意（介入、コントロール。古い国体護持派はこれにこだわっていたが）はもう困難だと思いますが、身勝手な嫁に対して、息子に離婚を迫る舅・姑の主張が正当化されたり、「家」を守る気のない子どもを相続で不当に扱う、といったことが許されようになるかもしれません（現行法でも、この考えが背景にあって婚外子が差別されてきています）。

女性天皇待望論はやむをえないが

国体護持派の最終的な狙いは、帝国憲法への回帰であり、家父長制家族（具体的には「家」を代表する夫の父、舅が仕切る家族）の再建であり、「家」制度の復活です。したがって、このような幻想を打ち砕き、両性の平等を柱とする戦後民主主義の理念を真に実現するためには、皇室典範の改正、女性天皇の容認（というよりも女帝待望論）が必要だ、とする考えが生まれてくるのは当然です。家父長制を絶対視する護持派が敬愛する天皇が女性になる、ということは日本という社会体制にとって、劇的なショックを与えることになるでしょう。

とはいえそれが、国体の根幹を揺るがす変革になるとは断言できません。とい

なると最初に追い詰められるのが片親家族である。

家族の尊重・家族の保護

耳にはすばらしく響く言葉である。政府は家族を尊重して欲しい。配偶者の一方を国外追放したり、親子を切り裂く政策をとってはならない。しかしかんぐれば改憲派の真意は別にある。個人の尊厳を家族という名目で押さえ込もうとしているのだ。家族尊重の改憲派に質問である。日本で生まれた子に日本国籍を与え、事実婚を尊重し、婚外子差別を廃止する。こうした法改正は改憲とは関係なく、いつでもできる。性役割を主張するだけで、家族を尊重する気もない者が二四条改正を訴えるのはどこかおかしい。

うのも、出現する女帝はなお、婚姻家族の守護者として天皇家（の存続）に奉仕する、天皇制内部、国体内部の存在でしかないかもしれないからです。誕生した女性天皇が婚姻家族の形成を契機に、母役割に徹し、個人の尊厳を捨て去ることもあるだろうし、妻役割（ジェンダーロール）に徹して、両性の本質的平等をかなぐり捨てることもじゅうぶんに考えられることです。

女性天皇のその辺りの振る舞いは、彼女個人に保障されたものではありません。結局は宮内庁にコントロールされるのですが、宮内庁は民主的な官庁ではなく、国民の声を代表するシステムを持っていません。職員の採用でさえ民主的ではない、国家公務員とはいえない奇妙な力が掛かっている世界です。女性天皇はこれを変える可能性を持っていますが、変えようとすれば潰される（心を病んだとか、いくらも手があるわけです）存在でもあります。古い意識では、天皇家は婿《むこ》を迎えることになるのですが、女性天皇が婿に仕え、舅（先代の天皇）に仕え、嫁役割を演じてみせる可能性さえあります。そのさじ加減は宮内庁が握っているわけです。

昭和天皇の「人間宣言」が出された直後から、民主天皇、開かれた天皇制像がマスコミに流され始めます。御文庫《ごぶんこ》（天皇の書庫で、敗戦直後、天皇皇后は質素を強調するため、ここで暮らしました）での暮らし振りが喧伝されるのです。「皇后さま、裾《すそ》をはしょってかいがいしく」と題して、風呂場で天皇の背中を流す皇后の記事をほほえましく伝えるマスコミもあったのです。この宮内庁発表記事が事実なのかどうか、私たちには検証する方法がありませんし、宮内庁のさじ加減によっては男性天

帝国憲法への回帰

大日本帝国憲法は憲法という名を持ってはいるが、実態はその名に値しないものである。国家権力に対して人権を守るための歯止めがどこにもないからである。と同時に、旧皇室典範と並ぶ法規であって、最高法規でもない。そこへの回帰とはつまるところ憲法体制の否定に他ならず、自主憲法制定とは呼べまい。

開かれた皇室と小泉信三

現在の天皇の教育係（東宮御教育参与）を勧めたのが慶応義塾の小泉信三塾長である。彼はテニスの師でもあり、現皇后との結婚に際しても仲介役として大きな役割を果たしている。いわゆる「開かれた皇室」の演出者でもあるのだ。その後、この開かれた皇室論はマスコミによってことあるごとに主張されている。し

皇であっても、性役割を越えて、男女平等を強調することは可能です。

「天皇さまもまた、腕まくりして皇后さまのお背中を」という記事を出しえたし、今でもそういう記事を書かせることは可能なのです。女性天皇が実現しなくても、男性天皇が皇后に従って半歩後ろを歩き、妻に譲る場面を演出する（演出ではなく、個人的にはそれでよしとする天皇もありうる）こともできるのです。そんなことはありえないと思えるのは、宮内庁を筆頭とする媒介項（ここには国体護持派の影響力も含まれます）の力です。そしてまた、この力が存続している限り、仮に女性天皇が実現しても、平等社会の前進に寄与するとは断言できません。

女性天皇が夫を立てて「天皇さま、裾をはしょって甲斐甲斐しく」といった記事がリークされる可能性はきわめて高いのです。宮内庁も国体護持派も性役割に関してはきわめて古風な態度と主張を保っているからです。民族派といわれる天皇主義者、自主憲法制定運動のリーダーたちの間で、この点でのズレがあるようには見えません。

天皇家を総本家とする「家」連合

これまでも何度か示唆してきましたが、この国の国体（学者たちはこれを「家族国家観」と称してきました）とは煎《せん》じ詰《つ》めていえば、天皇家を総本家とする「分家連合国家」です。各自の「家」を守ることが国家を守り、天皇家に連なることを意味し、「修身斉家治国平天下《しゅうしんせいかちこくへいてんか》（身を修め＝わが分を守り、家を祭り＝家の祭祀を主宰できれ

かし、皇室の存在価値を日本の伝統文化の象徴と考える三島由紀夫は、小泉信三の皇室演出を厳しく批判。現在の皇室状況に対して「もっと開くべき」というマスコミの論調に対しても、民族派はおおむね批判的である。

『週刊女性』（七一年八月七日号）

「エピソードでつづる天皇ご夫妻の愛の日々——時にはスソをはしょってかいがいしく陛下の背中を流される皇后さま」

ば、国＝天皇家、は治まり＝安泰で、天下は平和である）」という儒教思想の一変形にほかなりません。

しかし、儒教思想では各自が守るべき「家」は対等で、天命に叛《そむ》いた政権は他の「家」から打倒されることが正しい、とされているのに対して、日本ではどの「家」も天皇家の分家に他ならないので、対等ではない。分家が本家を倒すのは反逆だ、それ自体が忠孝に反するという発想が根底にあります。「家」制度とは、こうした天皇家に忠実な分家を後世にも伝えていかなければならない、そのために「家」のリーダー（戸主）は「家」の継承（分家としての立場を後世に伝える）に最大の関心を払い、心を砕いて、家族を誘導しなければならない、とする仕組みです。

この思想はもう儒教とは関係のない、明治以降の日本が創作した国家観で、日本人のアニミズムや仏教を中心とした信心を排して、政府や伊勢神宮を中心にした国家神道が宗教的な裏打ち（彼らが巧みだったのは神道は宗教ではない、として、他の宗教の上位に立ったことです）をしました。日本固有の信仰・天皇教がここに成立したのです。

「家」の中では家長（戸主）が絶対。「家」の外では「本家」が、絶対。地域に稲荷や神社を抱える「家」では、その主宰「家」である大本家が絶対。その神社を束ねる「お伊勢さん（伊勢神宮）」（京都の伏見稲荷も戦前はその役割を負っていたのですが、戦後は神社本庁にも所属せず、稲荷信仰を守っています）やその主宰者である天皇家は各自の「家」の総本家で、絶対を越えた神がかり的な大日本帝国の支柱。天皇に異

「家」制度への回帰

『朝日新聞』（一九五一年九月一〇日）「（吉田茂）首相は社会秩序の一つのより所として『家』を重視し改正民法が家族制度にメスを加えたのは、よい面もあるが行き過ぎもあったと解している」

『朝日新聞』（一九五四年三月二六日）「（自由党憲法調査会・岸伸介会長は）二四条を改正し、全体として昔の家族制度を復活したい意向を強く述べた」

を唱えるなどということは、天に唾《つば》すること。これが庶民の「家」から天皇制へと通じる国体の核心なのです。

戸主、という言葉が成立したのは明治一〇年代以降です。庶民の暮らしの中にはかかあ天下もあれば、出藍《らん》の誉《ほま》れで親を超えて出世していく息子や、西洋から吹く風（主に上海経由でした）に心を焦がした娘たちも少なくはありませんでした。北村透谷の恋愛論は、親の世代との決別をも意味していました。結婚は本人同士、互いの契約であるという考えも生まれ、同性結婚の契約さえ取り交わされていました。これらを否定し、統制するために戸主権が登場した。この言い方は乱暴ですが、とりあえずそう考えるとわかりやすいでしょう。

それでは戸主とはなんであったのでしょうか。そこらのオヤジとは異なる権威、権限をどうして手に入れたのでしょうか。それは天皇制・家族国家観が教育（学校教育・軍隊教育）によって叩き込まれたからです。戸主は家の祭主であり、その権威は、総本家である天皇に由来する。だから戸主は尊重されなければならない、というわけです。では、天皇の権威はどこから生まれるのか。怪しげな神話もさることながら、実際には家庭の中における父の役割、経済力や組織力に依存しています。

お父さんは偉い。その本家筋や祖先はもっと偉い。その総本家であり、わかる限りで最も古い祖先である天皇家の祭祀を今日まで伝え、継承している天皇こそはお父さんよりもずっと偉い、という説明です。深い歴史理解を持てない子どもたち

結婚統制と戸主権

この関係を本文や注で説明するには問題が大きすぎる。きちんと考えるには拙著『戸籍って何だ』（緑風出版・二〇〇二年）のQ8、9、10に当たっていただきたい。

プロブレムQ&A
戸籍って何だ
［差別をつくりだすもの］
佐藤文明・著
婚外子差別から住基ネットまで
差別と監視の根元を考える！

の教育の中では、戸主と天皇の特権はこうした論理のすり替えやもたれあいによって、合理化されてきたのです。この構造は一見堅固ですが、脆弱《ぜいじゃく》でもあります。一方が崩れれば他方も倒れる。つまり、息子や、娘がオヤジを無視すれば、天皇制も崩れるのです。

戦前、これを防ぐために導入されたのが「忠孝一本」の教えでした。天皇への忠と親への孝はおなじもの。だからどちらもないがしろにしてはならない、という教えです。でも、戦後のいま、いきなりそんなことを言っても誰も振り向きはしないでしょう。だから二四条の改正なのです。「家族の保護」をまず認めさせ、それから「家」への回帰を進めようというのです。

「家」制度と女戸主

こうした情勢の中で女性天皇待望論はどう位置づけられるべきなのでしょうか。待望論の中には両性の平等の実現を越え、平和主義（女帝と平和主義とはなんの関係もないのだが）の実現や、出産を根本とする自然回帰（これも女帝とはなんの関係もない）を期待する発想があります。それらの価値観は大事ですが、権威（天皇）に期待するのはいかがなものでしょうか。自ら勝ち取るべきものを、他者に預けてしまう発想は、この国の根底をなす思想であると同時に、この国の人々を自立させない罠《わな》でもあります。まずはそれに注意しなければならないでしょう。

日本社会の家父長的なありよう、男系主義は決して強烈なものではありません。

家父長制的「家」と日本

日本は今もなお、男の力だけを信奉する社会ではない。母系の香りが高いのである。江戸時代の杓子権《しゃくしけん》（台所を預かる女性の権限）もそうだが、女紋《おんなもん》を継いだり、姉家督《あねかとく》（長子相続）を足場に、女系家族を形成したりしている。しかし、だからこそ権力はここからの離脱を追求し続けている。女帝を仲介にした飛鳥の父系制確立もそうであった。女帝を拒否して確立した家父長制的「家」制度もそうである。井上毅は女性天皇を否定して、そうした社会を導こうと願った。反発であるからこそ強烈なのであって、男の力だけを信奉する社会が理想なのである。強烈ではない男権社会を、強烈にしたいというのが、明治以来の国粋主義者の夢であった。欧米の男女平等思想は、彼等にとって危険思想であったのだ。

男女というバイアスで考えれば、そのとおりですが、この国が国体としているものは家父長制的な「家」制度の維持であって、男権社会、武力社会の再現ではない（「家」制度の擁護者が男性にしかいないため、戦争ができる国＝九条改正と一体になっているにすぎない）のです。

それはともかく、明治民法は「女戸主」を認めています（認めるもなにも、それが日本の一般慣習だったのですが）。「家」の父系継承ができない場合は、やむなく、女性が継承することを認めているのです。天皇が日本国民の象徴であれば、この時点（明治の皇室典範制定時）で女性天皇は容認されているべきでした。女性天皇容認は宮内庁の一貫した主張でしたし、伊藤博文も当初は容認派だったことから考えても、家父長制「家」制度と女性天皇とは矛盾するものではないのです。

ただし、男戸主が隠居《いんきょ》（家督《かとく》を譲って、戸主を辞めること）するには裁判所の許可が必要でしたが、女戸主はいつでも隠居ができました（旧民法七五五条）。女戸主はあくまでも臨時的なものと考えられていたからです。同様なことが女性天皇を容認する皇室典範改正の中でも起こる可能性は少なくありません。そのためには天皇の退位が認められることになるでしょう。表面上平等に見える改正でも、運用しだいで女性天皇が臨時であることを強調してしまう結果をもたらします。

もちろん女性天皇の誕生で変化するものもあります。皇室儀礼のいくつかは変更を迫られるでしょう。女系天皇が出現すれば父系継承を基本に据えていた神社本庁系の神社にとって、頭がいたい問題にぶつかります。氏子制度などの見直し（す

女戸主

江戸時代、姉家督の家では長子が戸主となり家督（家の祭祀や財産）を継ぎ、武家ではその夫が家禄（武家としての地位と報酬）を継ぐ。姉家督など、長男相続に反する習慣を「庶民の慣習は慣習にあらず」として抹殺した明治政府だが、男子が絶えた場合、女子が家を継ぎ、女戸主になることを許した。なんとしても家の断絶を避けようとする公家の家の継承法だと思われる。

女系家族と女紋

明治以降、制度としては男系に統一されたものの、女系継承を貫く家族（花柳界など、非婚母子で継承していく町屋がある）、家長は男子だが、実際の切り盛りは母・娘で継承していく家族（女性相手の商家などにある）を女系家族と呼ぶ。また、

でに見直されている神社もあります）が必要になるでしょう。神社が町内会に働きかけ、夫婦別姓に反対の決議を挙げさせる、といったとんでもない出来事が各地で起こりましたが、こんな活動もやりにくくなるでしょう。

夫婦別姓の容認や婚外子差別の廃止を含む民法改正案に対する執拗な抵抗、ジェンダーフリー・バッシングの推進など、国体護持派の行動に我慢ならないものを感じているひとたちは、女性天皇の誕生に過大な期待を寄せるかもしれません。しかし、国体護持派にとって見れば、根幹の天皇制が維持されていれば、それを足場に国体の復活を目指すことは可能なのです。女性天皇が容認されたからといって、これまでの活動が続くことは明らかです。

問題は女性天皇ではなく、天皇制の存在そのものなのです。

家督（家紋を含む）の継承とは別に、母から娘に伝えられる家紋があり、女紋とか、娘紋と呼ばれている。

町内会が別姓反対の請願

福岡県飯塚市で、町内会長名で夫婦別姓反対の決議を求める請願が出された。町内会の政治利用が問われ、追求すると地元神社の要請であることが判明。神主に問いただすと、上からの要請を下ろしただけ、請願の文面も指示されたままであることがわかってきた。同様の市議会決議は九州各地で行われているが、出所はおなじかもしれない。全国的にあるのかもしれない。もちろん町内会の政治利用は憲法違反の疑いがある。

Q20 求められるあなたの究極の選択

天皇頼みで何かを変える、何かを守る。その発想がダメなんでしょうね。変えるのも守るのもまずは自分。そのためには究極の選択が問われますね。

天皇制のメリット

天皇制《てんのうせい》を維持《いじ》すべきかどうか、というアンケートをとると、維持すべきだという回答が高くなります。しかし、なぜ維持する必要があるのか、となるとあいまいになり、あってもいいじゃないか、せっかくあるのになくすことはないだろう、という意見がほとんどで、積極的に必要性を主張する人はほとんどいなくなってしまいます。「天皇制は必要か」と題して「朝まで生テレビ！」（テレビ朝日・司会・田原《たわら》総一朗《そういちろう》）が徹底討論《てっていとうろん》をしています。その記録が同名の本になっていますが（『徹底討論！　皇室は必要か』ＰＨＰ研究所・二〇〇四年）、これを読んでも雰囲気的な必要性は堂々巡《どうどうめぐ》りで顔を出すのですが、積極的な必要性は論じられていません。

中で目を引いたのは工藤雪枝《くどうゆきえ》（ジャーナリスト・拓大客員教授）の主張で、日本の精神文化《せいしんぶんか》の維持《いじ》、伝統文化の継承《けいしょう》が国のアイデンティティーを守るためにも大切だ、という意見（これは三島由紀夫の『文化防衛論《ぶんかぼうえいろん》』に通じる）。具体的には「雅楽《ががく》とか、お歌とか、蹴鞠《けまり》とか、古式馬術《こしきばじゅつ》とか、いろいろあるんですけど」というもの。いろいろの中には日本語の発音、発声が「お美しい」というのも含まれているようです。が、これはもう単なる個人的な美意識で、「それは女性でもいいでしょう」と突っ込まれると「私は男性のほうが決まるんじゃないかと思ったりしている」という具合に、国のアイデンティティーはそっちのけで、慣習維持《かんしゅういじ》がどこまでも気分の問題に流れていってしまいます。美しい日本語を守るためなら「（皇族は）もっとしゃべるべきだ」という田原の追及《ついきゅう》はある意味で正当で、秘められすぎて雅楽も蹴鞠も日本の伝統文化になどなっていません。お歌はともかく古式馬術など誰も知りません。

「美しい日本語」に関しても、筆者は異論《いろん》を持っており、「あっ、そう」（昭和天皇の常套句《じょうとうく》）という感情も意見の表明もない平板な言葉を除けば「よかった、感動した」とは言えずに「よろしいかと思います（存じます）」「感動的かと考えます（存じます）」といった間接表現がはびこって、これが日常言語に還流《かんりゅう》しています。感情を殺す言葉、これが日本語を殺しています（そもそも言葉は、表情を変えずに交わされるものではありません。表情を伴わない言葉、それを美しいと感じるのは問題だろうと思います。奥ゆかしい、というのなら理解はできますが、日常の中でそれは価値を持ちません）。

皇族は日本語の保護者であるのか、破壊者《はかいしゃ》であるのか。この点を検証する必要があります。敬語《けいご》にはもっと問題がありますが、ここではそれを掘り下げることは

三島由紀夫『文化防衛論』（一九六九年・新潮社）

興味をそそる主張であった。以下、その一節。

「われわれは天皇の真姿を開顕するために、現代日本の代議制民主主義がその長所とする言論の自由をよしとするものである。なぜなら、言論の自由によって最大限に容認される日本文化の全体性と、文化概念としての天皇制との接点にこそ、日本の発見すべき新しく又古い『国体』が現れるであろうからである」

筆者はまた、新しく又古い「国体」が現れることをよしとする。言論の自由をよしとする限り、「国体」の変更を論議しうるからである。ちなみに筆者は三島の死の当日、市ヶ谷自衛隊の直近にいた。このような死（割腹自殺）を予期していたので、決起を促す演説をしているという二

天皇制に対するアンケート

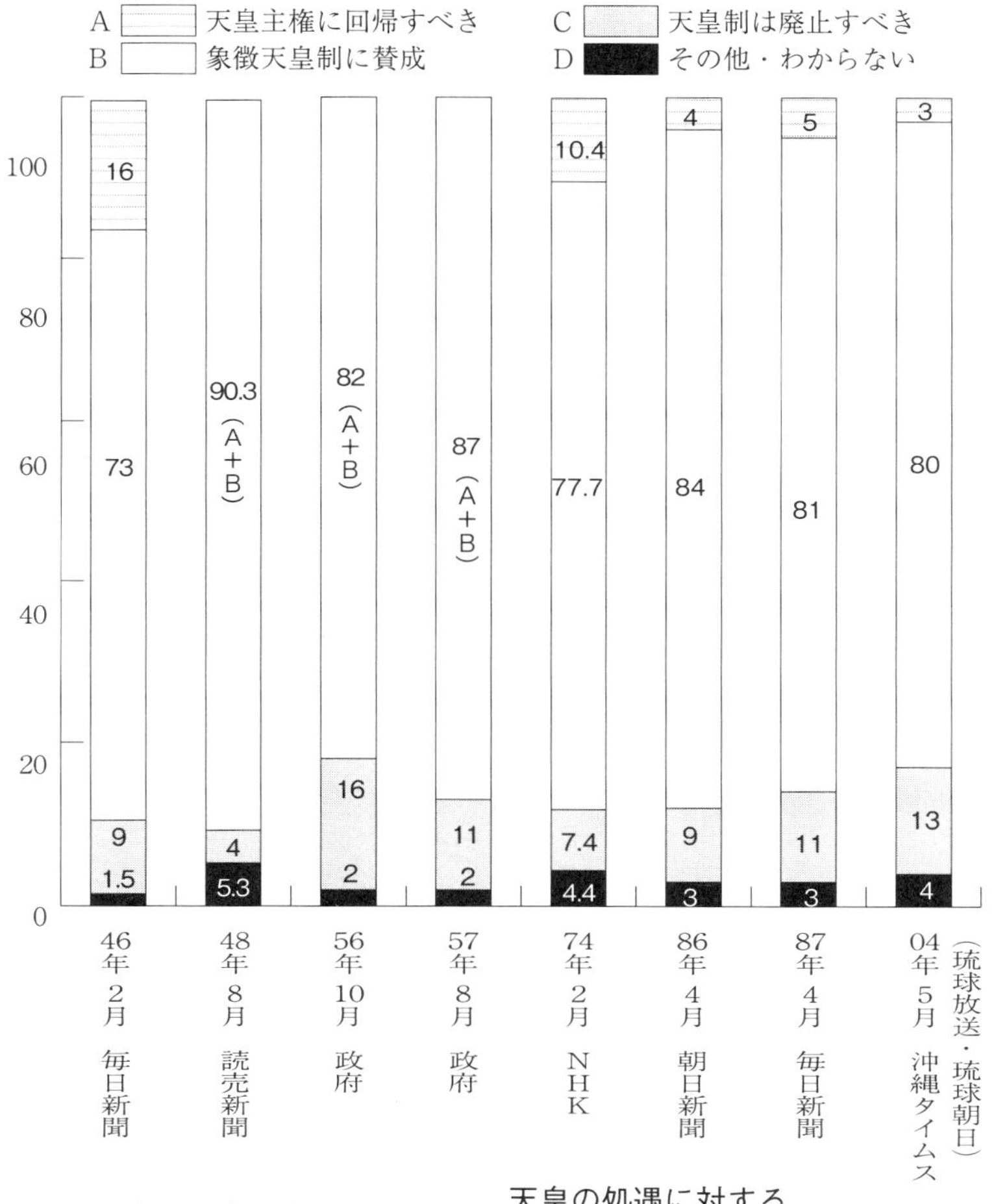

天皇の戦争責任

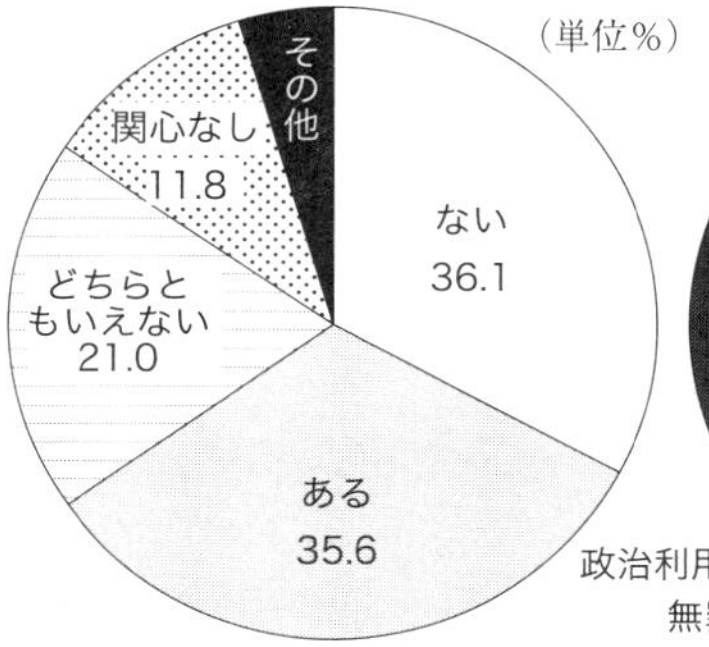

75年12月共同通信

天皇の処遇に対するアメリカ国民の声

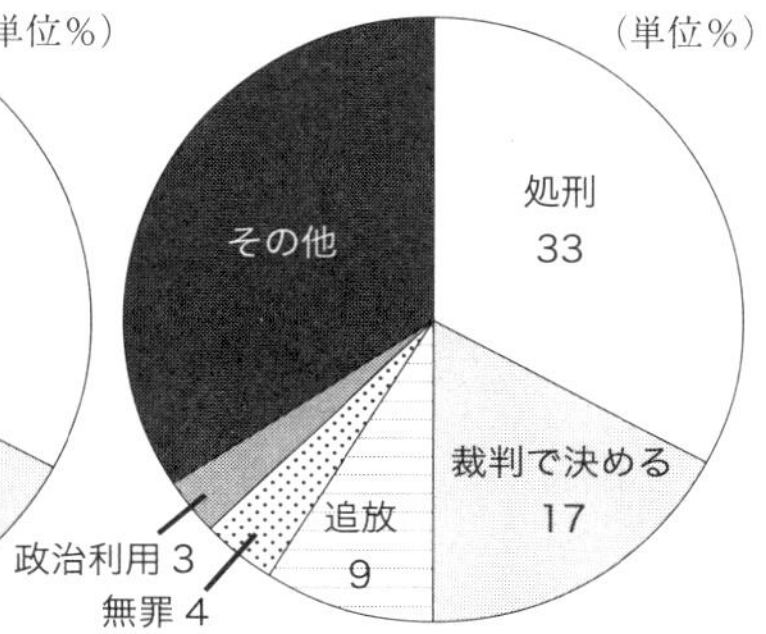

45年6月米ギャラップ

しません、いたしません、いたしかねます、するつもりはございません、ご遠慮申し上げます、遠慮させていただきます、失礼させていただきます。つつしみて……。

天皇制必要論の根拠

もちろん工藤が主張する精神文化の維持、伝統文化の継承《けいしょう》が三島の「文化防衛《ぼうえい》」同様、具体的な何かを指すものでないことは明らかです。もっと抽象的《ちゅうしょうてき》な総体としての日本文化、民族文化ともいうべき何ものかであるように思われます。とするとそれは、天皇制の必要性を語る場合に挙げられる日本の国家アイデンティティー、誇《ほこ》るべき固有性《こゆうせい》の継承、といったものと似てきます。

あるいはまた伊藤博文《いとうひろふみ》がいったように「欧米にはキリスト教があるが、日本にはそれに替わるものがない」といったもの、国民的な宗教の代替《だいたい》として、天皇の神格《しんかく》性が必要なのだ、という主張にも通じるものなのかもしれません。これを通俗的《つうぞくてき》な言葉で表したものが国民を統合するに足る御柱《おんばしら》、道徳的規範《どうとくてききはん》として必要だ、という主張にもなるのでしょう。いずれにしても、必要なのは国民のよりどころとなる基軸《きじく》で、天皇に替わるものが見出せない。天皇こそがそれにふさわしい、ということになるのかもしれません。

これらの主張はそれぞれに、ある程度理解できるものです。これらを価値の規範、権威の源泉、と考えた場合、規範（フロイト流にいえば超自我にコントロールされ

ユースに接し、現場に触れようと思って阻止された（当時、筆者は市ヶ谷自衛隊の住民登録を管轄する実態調査員であった）。無念である。筆者は彼の死を惜しむ一人である。

一橋家の標準日本語

標準語は東京弁（江戸弁）ではなく、徳川御三家のひとつ・一橋家で使われていた言葉、といわれる。チャキチャキ（根っからの）の江戸っ子と呼ばれるのは親子三代の神田の生まれで、関西人には申しわけないが、言語を含む日本文化はとりあえず、樋口一葉が育った神田明神下よりもややしとやかな神田小川町から一ツ橋にかけての言葉と思われ、文化的中心としても無視できない重さ（大相撲の興行形式や江戸歌舞伎のスタイルもこのあたりをターゲットに成立したもの）があったと思う。

た心理）を権威的に内面化している人にとって、この心の蓋《ふた》（超自我《ちょうじが》）が外れることは無意識的な恐怖なのです。また、家庭秩序《かていちつじょ》や教育体系などもこれらの権威《けんい》によって支えられている、と考える者にとっては、蓋を意識的に形成する必要があると考えます。（筆者は権威主義教育の代表的理論家をソヴィエトのマカレンコだと考えています）。これを国体護持論者の間でもっとよく語られている言葉でいうならば、家庭の秩序は父親の権威が生み出すもので、学校教育では教師の権威、校長の権威が不可欠。日本には天皇の権威が必要で、天皇は国民の厳父である、ということです。この考えの延長でいくと、天皇はやはり男性でなくてはならない、女性天皇はあくまでもピンチヒッターである、ということにもなるわけです。

ところで、このような考え方（というよりも無意識の中に刷り込まれた心的反応）は一時代前の権威主義的な時代における常識であって、今日のような理性的、合理的な思考を基礎にする社会とは相容れません。権威を振りかざす社会は新たな権威を刷り込む社会なので、権威が権威を生む結果、出口が見つからなくなりがちです。理性的、合理的思考にも限界がありますが、それを埋めるものが議論です。民主主義はそうした基盤《きばん》の上に築かれます。

天皇制の存在価値が権威の形成にあるとしたら、女性天皇を擁立する意味はどこにあるのでしょうか。男女平等を実現して、このような権威主義社会を終わらせたい、というのが代表的な発想であるような気がします。しかし、この考え方には重大な欠陥があって、それならなぜ天皇制を維持する必要があるのか、という最初

マカレンコ（アントン・S・マカレンコ　一八八六〜一九三九）

戦前のソ連（スターリン時代）を代表する教育学者。戦後のアメリカ型民主教育に反発する日本の教育界にも大きな影響を与えた。一九三七年にマカレンコが行った連続ラジオ講演の書籍版は日本でも二社（三一書房、青木書店）から翻訳本『愛と規律の家庭教育』が出ている。ここで彼は親の権威についてこういう。「わが国の親たちも、ソビエト社会全体とソビエト法に対して各自の家庭に対する責任を担っているのである。だからこそ、わが国の親たちは各自の家庭で大きな権力をもっており、また権威をもたねばならない。各家庭は社会の平等な成員の集団をつくっているとはいえ、やはり親と子は、前者が家庭を指導し、後者が家庭のなかで教育されるという

の問いに対する答えがなくなってしまうのです。

天皇制維持のお値段

精神文化の維持、伝統文化の継承といってみても、つまるところは日本人としての心の基軸、権威の維持・形成（これは女性天皇でも可能だが、それでは権威主義社会は終わらない）が天皇制を必要とする最大の理由だからです。「いや、これからの天皇制は平和（混乱の収拾）と生命の尊重、自然保護の象徴です。開かれた皇室、開かれた天皇制が私たちの目標です」という反論が返ってきそうですが、そのために本当に天皇制が必要なのだろうか。それらの役割なら優れた芸能人にも文化人にも可能です。天皇および皇族を芸能人並に扱うのも結構ですが、それだけのものなら、とてもみんなの負担（税金）に見合った存在だとは思えません。

以下、天皇制の維持のためにどれだけの費用が掛かっているのかを見ておきましょう。天皇家には膨大な固有財産（私有財産）がありますが、英王室などとは違って（英王室は私有財産の運用によって基本的な生計を立てている）、換金性に乏しく（陵墓など、文化財的なものや御陵林など環境保全的な土地がほとんど）、運用手法の歴史的な蓄積がない（運用技術から遠ざけられてきたため、心もとない）ため、制度の維持には民衆の（税金は外国人も納めるので、国民の税金、とは書けない）税金が当てられています。

皇室関連予算はわかりにくいので、ここでは二〇〇三年の関連予算をまとめた

点でことなっている」。家庭での権力が父親に集中することを避けながらも、家庭教育の中身は日本の権威主義者と大差ない。だから彼も「もし両親がいっしょに住んでいなかったり、離婚したりすると、それが子どもの教育にたいへん不健全な影をおとす」と断じてはばからない。この本全体から伝わってくる教育が目指す人間像は軍人、または下級官僚である。

第二次世界大戦以後

国家による権威主義の刷り込み、それを突き破る発想とファシズム、その拮抗関係を民衆支持の側から描いてみせたのがホルクハイマー、アドルノ、W・ライヒ、E・フロムだ。フロムの『自由からの逃走』はベストセラーになり、全米にいきわたる。権威主義は自由を恐れる。だ

森暢平《ようへい》の『天皇家の財布』（二〇〇三・新潮新書）に負うことにします。皇室費は宮廷費《きゅうていひ》、内廷費《ないていひ》、皇族費に分けられていて、宮廷費は天皇家の公的な行事やそのために必要な装備費が含まれます（年によって行事の大きさや数が違うため毎年予算請求が出されます）。これに対して、内廷費は天皇家の私的な生活を支えるための費用。皇族費は皇族（天皇の直系家族を除く）の私的生活を支える費用です。

　内廷費は定額制で、状況が変わる（紀宮の婚出とか、紀子の出産など）と国会に掛けられ、変更されます。皇族費にも一定の基準があって、家族の構成によって決まります。二〇〇三年の段階では内廷費は三億二四〇〇万円、皇族費は二億九七六八万円、となっていました。宮廷費の判断は微妙で、天皇の入院費は宮廷費、皇后の入院費は内廷費など、理解に苦しむものがあります。

　外国への公式訪問はもちろんのこと、返礼としての外国訪問（実質は政府の意向による皇室外交ですが、これは憲法に規定されていませんので、公費の支出には問題が残ります）も宮廷費から支出されます。ただし二〇〇六年八月の、皇太子一家のオランダ訪問は、雅子妃の静養が目的で、公的性格を持っていない（公的立場から神経を病んだとすれば、あるいは、紀子出産の騒動に巻き込まれたくないための日本脱出だとしても、私的目的とばかりはいえないが）ため、宮廷費は使われず、定額の内廷費の中で工面しています。しかし、これが公的だと判断されれば宮廷費は膨らむので、流動的な予算だといえます。二〇〇三年の宮廷費は六三億六一九三万三〇〇〇円でした。

　天皇・皇族の公的、私的生活に関与し、これらの予算を執行する役所が宮内庁

から権威主義を弱めよう、という主張なのだ。ここでは名指ししないが、筆者は何人かの民族主義者とフロムを巡る議論をしたことがある。それをまとめると、人は自由が嫌いなのだ、不安なのだ。だから権威に逃げ込む。不安を解消するためには権威が必要なのだ、というのである。筆者はフロムの誤読にびっくり。でもそれが『自由からの逃走』をベストセラーに押し上げた。筆者にとってこの事実は重い。権威主義社会は人を萎縮させ、自由を奪う。だからヒットラーや天皇、ムッソリーニやスターリンの権威を越えていこう、というのが第二次大戦後のE・フロム、その他の社会心理学者の主張だった。

天皇夫妻の三大旅行

　天皇夫妻は年三回、そろって国内旅行をする（これを三大行幸啓《ぎょうこうけい》と呼

で、職員（公務員）の採用もあいまいなら、リストラ（公務員削減）からも聖域になっている不透明な官庁ですが、ここの年間予算もすべてが天皇制を維持するためのものです。また、天皇・皇族だけでなく、皇居に関連する宮内庁職員を護衛するために皇宮警察本部が設けられていますが、これも天皇制を維持するための国家予算です。前者が一一四億六一二九万九〇〇〇円、後者が八八億三六一四万九〇〇〇円となっています。これらを合算すると二七二億八一五〇万四〇〇〇円、国民一人当たり二一四円の負担、ということになります。

もちろんこれは国費に限られたもので、これに匹敵する地方予算が注ぎ込まれている、というのが定説です。天皇・皇族が外出される場合の警備費は見えやすい負担ですが、そのために生じた交通渋滞などが与える経済活動に対するマイナスの試算はありません。東京都（美濃部都政時代）は首都が負うこの負担を政府に要求したことがあります。同様に負担は植樹祭や海の日などでの地方訪問において繰り返され、地方負担を違憲、違法とする裁判が起こされています。

一本の苗木《なえぎ》を植樹するために、数十本もの樹木がなぎ倒され、儀式会場がセットされる。この異様さには批判が大きく、代わって力を入れている海洋資源の興隆儀礼でも、自然破壊の臨時桟橋を、儀礼のためにだけ予算執行する地方の中央迎合体質が問われています。これら、総予算（国民負担）がいくばくになるか、正確な算定はできませんが、先の国政における国民負担（二一四円）を正しいとするなら、間接的にその倍額、年四〇〇〜五〇〇円ぐらいを負担していると考えていいでしょう。

ぶ）。春の全国植樹祭、秋の国民体育大会（国体）、全国豊かな海づくり大会である。

高知国体の費用

二〇〇二年の高知国体と引き続き行われた全国障害者スポーツ大会で、天皇と一二人の皇族が高知県入りした。これにともなって高知県が支出した行幸啓費は〆て二億三八一二万六〇〇〇円。地方訪問のほとんどは、地方予算の持ち出しになっている。ちなみにこの経費は県民から監査請求が起こされた。

千葉豊かな海づくり大会訴訟

一九九二年一一月、千葉県の勝浦海岸で行われた第一二回豊かな海づくり大会で、千葉県は五億二五〇〇万円を支出した。しかし資金運用は実行委員会（委員長は千葉県知事）

これを安いと考えるか、高いと考えるか、です。筆者はこれを安いと考えます。信者ならそのくらいの喜捨《きしゃ》はなんともないのだろうと思います。でも、別な信仰、自身のアイデンティーを支える根拠を持っている者にとって、この額は決して安いものとは思われません。

女性天皇容認問題はこうした文脈とは少しずれています。しかし、女性天皇を容認するためには、天皇家の女子すべてに宮家を与え、結婚しても皇族にとどめ置く必要があります（清子＝紀宮の婚出は、皇室典範改正前に皇族身分を捨てるため、急遽、逃げ出したと考えることもできる）。女性天皇容認論のネックのひとつになっているのが増える皇族をどうするか、の問題です。そのために皇室関連予算が膨らみ、天皇制の人気が凋落《ちょうらく》する、という心配です。

それに比べれば、婚出して民間人になってくれたほうが遥かに安上がりなのだそうです。それでもこの国は、ノンキャリヤの都庁職員・黒田慶樹《くろだよしき》と結ばれた清子《さやこ》に対して、一億五〇〇〇万円の結婚支度金を支払っています。皇族を離脱する際の持参金にも一定の基準があり、清子の場合も基準に沿ったものです。でも、黒田側からすれば、生涯賃金の半分近くが、結婚という契約行為によって転がり込んできたのですから、逆玉《ぎゃくたま》といわれても仕方ないことでしょう。

天皇制のデメリット①人権に対する危機

天皇制を存続させるメリットがまったくないとはいいません（人々のよりどころと

任せで、細目は不明というひどいもの。稚魚放流のため、海に突き出した仮設桟橋の建設・撤去費用（九三〇〇万円）は判明していたため、この費用を県に返還するよう求める住民訴訟が起こされている。

この行事のためだけに作って壊す仮桟橋に九三〇〇万円とは、あまりにも常軌を逸脱したものといわざるをえない。

なる基軸というより、基軸を共有するというある種の集団的安心感）が、それによって確実にもたらされるデメリットを忘れてはなりません。その筆頭が①人権に対する危機でしょう。

天皇および皇族が、人権の飛び地として、超憲法的な存在であることは、彼らのデメリットであるわけではありません。それを帳消しするに十分な国家的恩恵を受けているからです。もちろん、優れた精神はそうした状態全体に不満を感じ、人権の回復を願う場合があるでしょうが、問題はそうしたことではありません。このような天皇・皇族のありようそのものが国民の模範とされることで、私たち自身に跳ね返ってくることなのです。「天皇様をごらんなさい、皇后様をごらんなさい。おまえもわがままばかり言わずに、立場をわきまえて我慢なさい」といった家庭内でのお説教に始まり、学校教育にも拡大していきます。飛び地はやがて、本体（憲法全体）を侵食するのです。

国体護持論者、民族派の論客の中には、人権そのものを否定する人が少なくありません。そのため、戦後の憲法を憎んでいる（自主憲法という発想そのものに反対ではありませんが、彼らが主導する憲法改正は危険です）のです。彼らは言論人なので、言論を通じて議論すればいいのですが、こと天皇制に関しては、暴力が伴うことが多いのも注意を要します。

民主主義・人権にとって命ともいうべき言論の自由が、こうした事件の結果、保障されなくなっているのです。編集者、出版社、放送局が事件を恐れて取り上げ

嶋中事件《しまなかじけん》

『中央公論』一九六〇年一二月号に掲載された深沢七郎の小説『風流夢譚』の皇太子妃が民衆に殺される場面、民衆が皇居を襲撃する場面などが不敬だとして、一九六一年二月一日に右翼の大日本愛国党員だった一七歳の少年が中央公論社社長の嶋中鵬二宅に押しかけたが、社長は不在で、雅子夫人が重傷を負い、五〇歳の家政婦が刺殺された事件。

事件後、中央公論社の論調が右傾化。同社の『思想の科学』（六二年一月号、天皇特集）を廃棄処分した。これに抗議した同誌の編集者らは思想の科学研究会で自主発行を開始した。『風流夢譚』は「ふうりゅうむたん」で通じるが正しくは「ふうりゆうゆめものがたり」

るのを忌避する（中立という名の自主規制）からです。マスコミ関係者もいつしかこれを「菊のタブー」と呼んで、言論の自由とは別枠で考える思考になじんでしまっています。腫れ物に触る、を越えて、君子《くんし》危うきに近寄らず、になっています。

そういうなかで、耳障《みみざわ》りなほどに強調されているのが敬語《けいご》です。天皇・皇族に対する敬語は一段高い敬語とされ、なじみがないため、放送関係者は異常に緊張を強いられています。その結果しどろもどろになったり、発声が変になったり、尊敬語と謙譲語《けんじょうご》と丁寧語《ていねいご》が入り乱れてしまったり、日本語は崩壊現象を迎えています。

美しい日本語とはほど遠い、こうした事態をどう考えるべきでしょうか。筆者は自然に出る愛着表現や尊重表現を超えた敬語は無用だと考えます。敬語的感覚を持たない外国人を平等に受け入れていくためにも、敬語が使えない人をさげすむべきではありません。美しい日本語は、雅楽や蹴鞠のように文化財として愛する人が正しく受け継げばいいことです。発音、抑揚《よくよう》に興味のある筆者も、それには参加したい（参加させてくれれば、ですが）と思います。

天皇制のデメリット②差別社会の延命

デメリットの二つ目は人権に内包される問題ですが、②差別社会の延命です。民主主義の前提として、人権の前提として、「人はみな平等である（結果平等を認めない場合でも、スタート時点での平等を認めざるを得ないのが民主主義なのです）」というのがありますが、天皇・皇族は飛び地論から憲法上の特権者として存在していま

本島長崎市長狙撃事件

一九九〇年、昭和天皇に戦争責任があると表明した長崎市長・本島等が右翼に襲撃され重傷を負った事件。一九九三年には宝島社本社と文芸春秋社社長宅に対して反皇室報道に抗議する拳銃発砲事件が起きている。

加藤紘一邸放火事件

二〇〇六年八月一五日、小泉純一郎の靖国参拝を批判する言動を繰り返していた加藤紘一自民党元幹事長宅が放火され、全焼するという事件が起きた。犯人と断定されたのは現場で割腹自殺を図った右翼系団体の男である。直接、天皇制に関するテロではないが、犯人にとって靖国は天皇制と直結するものであった可能性が高い。

敬称を間違えた明治神宮

天皇、皇后が明治神宮を訪れ「参

す。そのために、人は必ずしも平等ではない、という意識を生み、平等を強調する先生たちの教育も空しく響きます。

が、本当にそれでいいのでしょうか。かつて部落解放を目指した松本治一郎《まつもとじいちろう》は「貴《き》あれば賎《せん》あり」という有名な言葉を残しています。人間の中に、特別な貴種（天皇・皇族）を認めるということは、反対に賎種を認めることに通じ、部落差別も天皇制の一現象である、とする考え方です。

筆者もこれには全面的に賛成で、江戸時代の部落差別は過去のいきさつはともかく、劣悪な土地に住まわされ、職業が限定されたことによるものと考えますが、明治以降のそれは、どの家に生まれたか、すなわち出身による差別に変わっています。この辺の事情は筆者の関連書籍に当たってもらうほかはありませんが、ポイントだけを指摘しておけば、明治以降、この国は天皇家を頂点とするピラミッド型（分家の分家のそのまた分家というふうに裾野が広がる構造）の「家」連合として組織されています。そして王家の血筋に近い順に見えない序列（制度的なものもありますが心理的な家格意識が中心）が設けられたのです。

明治政府はこの「家」連合の末端に被差別部落を組み込みました。「家」連合の一員であることを証明する戸籍制度は、当初、被差別部落を排除する予定だったのですが、解放令が出されたことから、あわてて組み込むことになったのです。したがって、こうした序列意識は明治天皇制の裏返しとして出現せざるを得なかったものです。

拝式」（二〇〇四年四月）を行ったが、その案内状で、神宮側が敬称を「両殿下」と間違えて記載。抗議した神社本庁に陳謝したが、本庁は担当者の罷免を要求。拒否した明治神宮は八月、神社本庁を脱退した。以後、右翼の攻撃が相次ぎ、明治神宮宮司宅も襲撃されている（〇五年二月）。その結果、明治神宮の本庁への復帰は遠のいた。

筆者の関連書籍

前掲『戸籍って何だ』

『戸籍がつくる差別』（一九八四・現代書館）

『戸籍解体講座』（戸籍と天皇制研究会編一九九六・社会評論社）

そもそも天皇家が庶民の「家」の総本家だというのは幻想にすぎません（同様に天皇は日本国民の厳父《げんぷ》でもないし、日本国民が天皇の赤子《せきし》でもないのです）。天皇家との血筋の近さを誇るなどということは、政権中枢のエリートの間で意味を持つだけで、下々《しもじも》（こうした言葉が残るのも、上がのこっているため）には縁もゆかりもありません。だから、この構造に組み込まれるということが名誉でもなければ、身分の上昇を意味するものでもありません。

また、このような構造は、日本に継承すべき「家」を形成していない外国人を組み込むことを不可能にします。明治が作った日本の姿（国体）は、あらかじめ外国人を排除せざるを得なかった（これが外国人には戸籍がない本当の理由です）のです。仮に帰化すれば日本人になれるじゃないか、といいますが、本当にそうでしょうか。仮に日本のこの構造に組み込まれたとしても、「家」を形成していない外国人はあくまでも「帰化人」であり、低い家格として、ピラミッドの底辺に位置づけられるに過ぎない、というのが明治が作った日本の姿なのです。

また、天皇制と同様に、庶民の「家」にあっても子孫を絶やさず、「家」を継承することが最大の価値とされてきたために、子どもの間に「家」の継承順位を定める必要がありました。すなわち「戸主」をだれが世襲するか、という問題です。その順番をどのように定めるかは、さまざまありえましょう。しかし、こと世襲といった場合に必ず問題になるのが長幼、男女、嫡庶《ちゃくしょ》の三つです。そして嫡子と庶子とが同権であるような世襲制度を耳にしたことはありません。

新井将敬《あらいしょうけい》
大蔵省から自民党入りした政治家で、衆議院議員在任中の一九九八年二月一九日、品川のホテルで自殺したとされる（他殺のうわさも絶えず）。在日朝鮮人で朝鮮名は朴景在《パク・キョンジェ》。一九六六年、一八歳のときに帰化している。一九八三年の衆院選に東京二区から初出馬。この時、対立候補だった石原慎太郎の公設第一秘書に「北朝鮮から帰化」と誹謗中傷するシールを選挙ポスターに貼られ（要人には帰化を証明する戸籍のコピーを送付している）、選挙妨害で石原を告訴した（後に告訴取り下げ）。帰化しても差別対象であることに変わりはないのである。

天皇制は部落差別、外国人差別のほか、年齢差別、男女差別、婚外子差別、を抱えているのです。

天皇制のデメリット③アジアとの関係

デメリットの三つ目は③アジアとの関係性です。先の戦争（東アジア侵略）が天皇の名によって行われたこと、その正当化に用いられた「八紘一宇」という幻想も、天皇による世界支配を意味するもので、日本人のわがままな発想でしかなかったこと、など、天皇制は靖国神社同様、アジアに先の戦争を思い起こさせざるを得ないものです。もちろん、侵略行為が天皇や天皇制それ自体によって起こされたわけではないので、この点は説明できるかもしれません。しかし、東アジアはすでに王国の段階を脱出しています。特別な人や家系を認める基盤はほとんどない（タイ、カンボジア、ネパール、ブータン、ブルネイ、朝鮮民主主義人民共和国を除く）のです。

しかもアジア各国は急速に民主化の度合いを強めており、日本を追い越していく可能性が強いのです。天皇制を日本の固有文化として強調したとしても、ヨーロッパはともかくアジアに理解されるとは思えません。日本は琉球王朝を潰し、韓国王朝を足蹴にし、満州王朝をでっち上げています。それぞれの固有文化の破壊者だったのです。日本がアジアと共生していくためには、こうしたことを踏まえておく必要があるでしょう。

その他のデメリット

道徳的退廃

日本は特別だとする国粋主義が幅を利かす可能性があり、自己中心的で他者の立場に立てない人格的に薄っぺらな人間を育てる恐れが強い。

学問的退廃

歴史認識を含め、異論を封じ込め、学問的批判力をそぐ恐れがある。古墳の調査を妨げているのも、天皇を巡る神秘的で権威的な学問観があるためである。

文化的退廃

文化とは過去の蓄積であるとともに、未来へのパワーである。しかし過去への過剰な崇拝が、未来展望を欠く恐れ、新しい文化の芽を摘む恐れを持つ。

天皇制のデメリット④世界との関係

デメリットの四つ目は④世界との関係性です。もちろん各国の固有性は大切にすべきであり、グローバリズムが常に正しいわけではありません。森羅万象に神の存在を感じ、自然と共生してきた日本の文化は、世界に誇っていいものだと思います。ところが、国体護持論者は天皇制こそが、その文化を今日に伝えた、と考えるのです。しかも、伝えることを可能にした精神こそ神道（あるいは国学）にある、とするのです。これを真っ赤な嘘とはいいません。かなり近い、だから問題なのです。真実のすり替えは真実の破壊に繋がるのです。

天皇制と人権は相容れない。この事実に対して、国体護持論者は「人権こそが問題だ」と主張します。欧米が一方的に押しつける価値観で、経済のグローバリゼーション同様、ある種の侵略だ、というのです。中国が天安門事件で民衆を弾圧したとき、欧米から激しく非難されましたが、中国はこれに対し、「欧米の価値観を押しつけるな。中国にとっての人権は、まず一〇億国民を食べさせること」と反論しました。中国嫌いの国体護持論者は、なぜかこの点だけは中国支持で、人権思想の強制は欧米のアジア侵略だ，と受け止めているのです。

人権思想に対する葛藤はヨーロッパの中にもあり、それはそれで深く考察すべきことなのですが、欧米の人権意識を頭から否定する国体護持論者の主張は危険です。中国は「まず食べさせること」といっただけで、人権そのものを否定したわけではありません。「豊かになるまで、もう少し待ってくれ」といっているにすぎま

ジャパン・パッシング

日本は今、アジアからも世界からも無用な存在になっている。六カ国協議しかり，国連安保理入りしかり。アメリカ依存が日本の存在感を喪失しているのだ。唯一の存在感が経済力だが、それが翳っているのも世界はお見通し。うまく資金の拠出ができれば、後はお払い箱の運命だ。金の切れ目が縁の切れ目、というわけである。日本で民族主義が突出すればするほど、ジャパン・パッシングは強まると思われる。

上海協力機構首脳会議（＝SCO、上海開発会議）

アメリカは中国がイスラム圏と結ぶことを恐れ、アフガニスタンに侵攻した。その結果、中国はソ連から独立したキルギスタン、タジクスタン、ウズベキスタン、トルクメニス

せん。天皇制を異様な権威に祭り上げてしまった日本は、国際的な人権感覚を受け入れることができないのです。

それはもう、各国の固有性を大切に、というレベルを超えてしまっています。世界がさまざまな経験を通して培《つちか》い、積み上げてきた人権という価値観をあざ笑うに等しいことなのです。世界の価値観に対する挑発なのです。神道は日本固有の信仰（本書の中で、そうとはいえない部分に触れていますが）なので、世界のどことも繋がっていない。それが固有性なのか、孤立性なのか、国粋性なのか。その評価はまだ出せませんが、これからの日本はアジアや世界と繋がっていかない限り、取り残されるのは必定です。

そうした現状にあって、いまから三〇年、五〇年先になる女性天皇容認問題に深く思い入れるのは変でしょう。その頃のアジアや世界は誰も予測できません。問題は激動する今なのです。いま、必要なものは何なのか。差別のない社会をどうつくるのか。世界と繋がるためにはどうすべきか。これでしょう。男性天皇（男系天皇）護持も、女性天皇容認も、所詮は見えない未来、未来に解決を託す幻想です。

問われているのは、いま、人権を追求するのか、天皇制を守り通すのか、この一点に凝縮している（人権に関する冷静な論議がない以上）のです。そのために、いまなにをすべきか、ということでもあるでしょう。筆者はこれを各自の選択に委

タンとの結束を強め、上海ファイブを形成。これにカザフスタンが加わって二〇〇〇年に発足したのがSCOである。二〇〇二年六月、ロシアがこれに加盟。本部がキルギスの首都ビシュケクに設置され、世界の新勢力となった。カシミールを巡って犬猿の仲だったインドとパキスタンも加盟を申請（その結果、独立の望みを断たれたチベットのダライラマ＝インドに亡命中＝〔アメリカの援助を受けていた〕は毎年数回、中国に和解の特使を送っている）。イラン、モンゴル、アフガニスタンも申請した。日本はアメリカとともに蚊《か》帳《や》の外。アフガニスタンはアメリカの傀儡《かいらい》政権なので、加盟できる可能性はない。中ロ軍事演習、ロ印軍事演習などが行われ、非米同盟が強固になっている。〇六年、同盟にヒビを入れるため、ブッシュが印・パを

ねます。この国の未来を決めるのはあなただからです。あなたこそが、日本の主権者なのです。

訪問したが、この流れを変えることはできていない。印パは同年、鉄道で結ばれるようになった。東南アジア諸国連合もＳＣＯと経済統合を目指すのは確実である。日本は天皇を奉じてアメリカと心中するのか、過去を清算してアジアと結ぶのか。どちらかを選ぶほかはない。アメリカのアフガン・イラク侵攻は中国の時代到来を三〇年早めた。反中国派右翼、台湾ロビーストは日本の孤立、崩壊を準備することになるだろう。アメリカは日本を捨てて、中国との連携を模索するはずである。

資料

有識者会議報告

二〇〇五年一一月二四日、皇室典範に関する有識者会議が提出した「報告」である。紀子の懐妊によって法制化は棚上げにされたが、自民党の検討会議ではなお、一案にとどまっていた。男子が誕生し、国体護持民族派に近い安倍晋三が首相になると、〇六年九月三〇日、下村官房副長官は、「内閣が代わったので（報告書に）拘束される必要はない」と言明。報告は白紙に戻っている。しかし、今後皇室典範が改正されるに当たっても、ここでの議論を無視することはできないので、今後も参照される報告である。

皇室典範に関する有識者会議報告書

平成一七年十一月二十四日

目　　次（略）

基本的な用語の説明

〔皇　統〕

・「皇統」とは歴代の天皇からつながる血統のこと。

〔皇　族〕

・「皇族」とは、天皇の一定範囲の親族で、世襲による皇位継承を維持するため制度上一般の国民とは異なる地位にある者のこと。

・皇族となるのは、１）天皇・皇族を父として出生した場合と、２）皇族でない女子が天皇・皇族と婚姻する場合に限定されている。

〔皇籍離脱〕

・皇族が、自らの意思や天皇・皇族以外の男子と婚姻したことにより皇族の身分を離れること。これにより、皇統に属する者であっても、皇族ではなくなる。

〔男系・女系〕

・ここでは、天皇と男性のみで血統がつながる（┃の部分）子孫を男系子孫という。

・ここでは、これ以外のつながりの場合（‖の部分）を女系という。

・男系女系を問わず女子の子孫は女系となる。

男系・女系の例

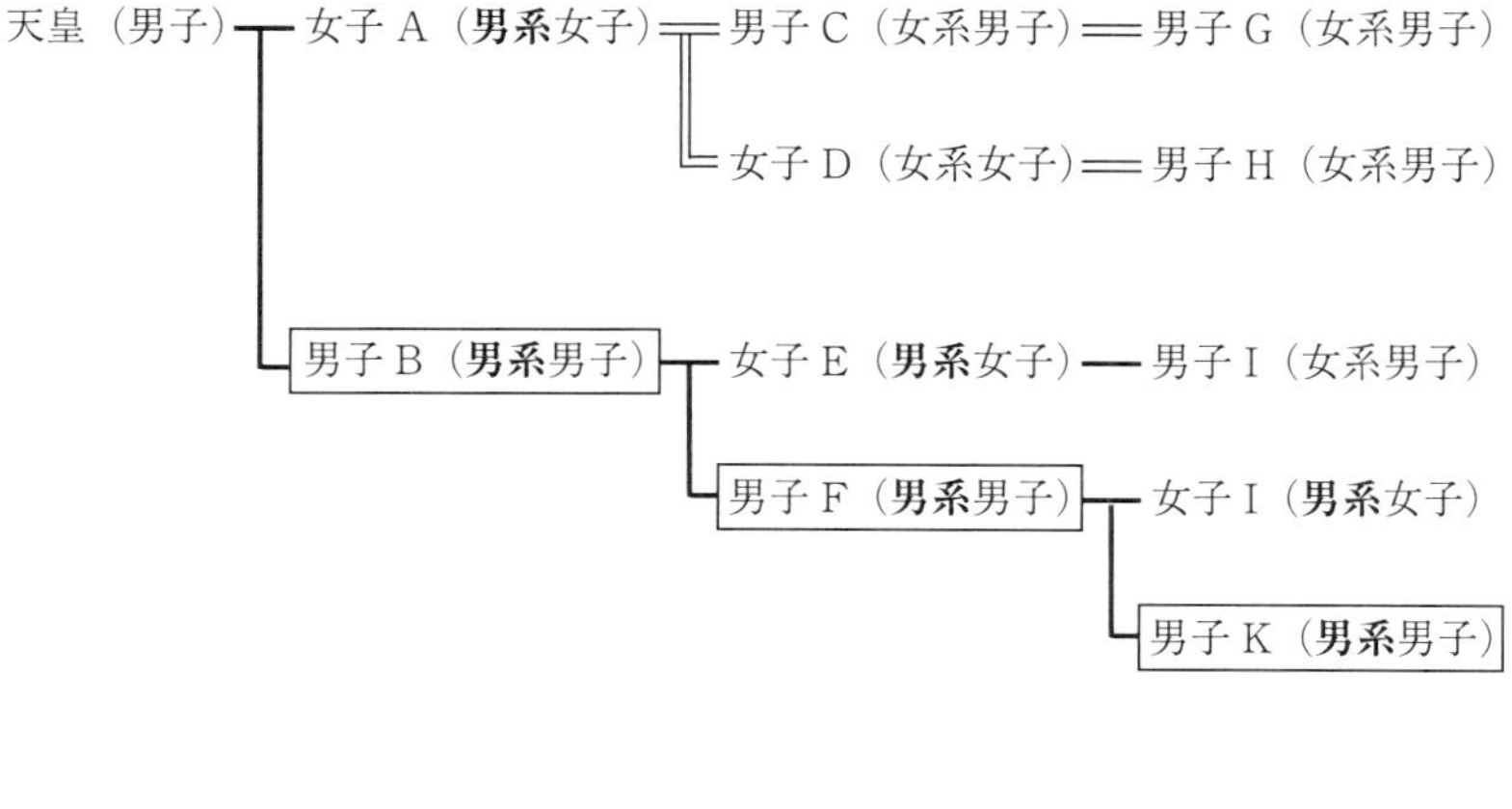

はじめに

「皇室典範に関する有識者会議」は、内閣総理大臣から、将来にわたり皇位継承を安定的に維持するための皇位継承制度とこれに関連する制度の在り方について検討を行うよう要請を受け、本年一月以来、一七回の会合を開くとともに、随時、非公式会合を行い、議論を重ねた。

天皇の制度は、古代以来の長い歴史を有するものであり、その見方も個人の歴史観や国家観により一様ではない。我々は、与えられた課題の重みを深く受け止め、真摯に問題を分析し、様々な観点から論点を整理するとともに、それらを国民の前に明らかにし、世論の動向を見ながら、慎重に検討を進めるよう努めた。

具体的には、現行憲法を前提として検討することとし、まず、現行の皇位継承に関する制度の趣旨やその背景となっている歴史上の事実について、十分に認識を深めることに力を注いだ。

五月、六月には、その後の議論の参考とするために、皇室制度、憲法、宗教、歴史など様々な分野の専門的な知識を有する八名の識者から意見を伺った。また、七月には、広く国民に理解と関心を深めていただくための一助となるよう、検討の基本的な視点を明らかにしつつ「今後の検討に向けた論点の整理」を取りまとめ、公表した。それ以降、これに沿って、中長期的視点に立ちつつ、現在の我が国の社会において広く受け入れられる結論を探るべく、議論を深めてきた。

この報告書は、こうした経過を経て、この度得られた結論を示すものである。

[＊各回の会議資料・議事要旨、七月に取りまとめた「論点の整理」及び本報告書は、首相官邸ホームページに掲載。]

Ｉ　問題の所在

象徴天皇の制度をとる我が国にとって、安定的な皇位の継承は、国家の基本に関わる事項である。

現行の皇室典範を前提にすると、現在の皇室の構成では、早晩、皇位継承資格者が不在となるおそれがあり、日本国憲法（以下「憲法」という。）が定める象徴天皇制度の維持や長い歴史を持つ皇位の継承が不確実になりかねない状況となっている。

したがって、将来にわたって安定的な皇位の継承を可能にするための制度を早急に構築することは、現在の我が国にとって避けて通ることのできない重要な課題である。

Ⅱ　基本的な視点

憲法においては、我が国の歴史・伝統を背景としつつ、国民の総意により、天皇が、日本国及び日本国民の統合を象徴する存在として位置付けられており、また、その地位は血統に基づいて継承されるべきものであるとされている。

象徴天皇の意義は、天皇の存在そのものや憲法に定められた国事行為により明らかにされており、また、戦没者の慰霊、被災地のお見舞い、福祉施設のご訪問、国際親善のためのご活動、伝統的・文化的なご活動などを通じて、天皇と国民との絆はより強固なものとなっている。このような制度の意義や様々なご活動があいまって、象徴天皇の制度は、多くの国民の支持を得るものとして今日に至っている。

象徴天皇の制度は、我が国の歴史と深い関わりを持ち、国民の支持の上に成立するものであることから、これにふさわしい皇位継承制度について、以下の三点を基本的な視点として、総合的な考察を行うこととする。

1）国民の理解と支持を得られるものであること

皇位継承制度は、天皇に関する最も基本的な制度の一つであり、我が国の歴史や制度に対する深い理解に基づく国民の広範な支持が得られるものでなければならない。

皇位継承制度の在り方については、国民の間に多様な意見が存在するが、これは、天皇の制度や歴史・国家に関する国民の間の様々な考え方を反映したものであり、それぞれの立場は十分に尊重されなければならない。このため、このような多様性を前提としつつ、社会の変化の中で、将来にわたって大多数の国民の安定的な支持が得られると思われる制度の在り方を探る必要がある。

2）伝統を踏まえたものであること

憲法における天皇の位置付けの背景には、歴史的・伝統的存在としての天皇があると考えられるため、皇位継承制度も、このような天皇の位置付けにふさわしいものであることが求められる。

伝統の内容は様々であり、皇位継承についても古来の様々な伝統が認められるほか、戦後の象徴天皇の制度の中で形成されてきた皇室の伝統もある。さらに、例外の有無、規範性の強弱など、伝統の性格も多様であると考えられる。

また、伝統とは、必ずしも不変のものではなく、各時代において選択されたものが伝統として残り、またそのような選択の積み重ねにより新たな伝統が生まれるという面がある。

このため、社会の変化や現在の状況に照らして、皇位継承制度に関する様々な伝統の中で、何をどのような形で次の時代に引き継ぐのか、という視点が重要である。

3）制度として安定したものであること

象徴としての天皇の地位の継承は、国家の基本に関わる事項であり、制度としての安定性が強く求められる。

安定性の内容としては、

・必要かつ十分な皇位継承資格者が存在すること

・象徴としての役割を果たすための活動に支障がないこと

・皇位継承者が一義的に決まり、裁量的な判断や恣意の入る余地がないものであること

などがあり、これらを総合的に考慮する必要がある。

Ⅲ　安定的で望ましい皇位継承のための方策

1．皇位継承資格

《歴史と現行制度》

明治二二年の旧皇室典範（以下「明治典範」という。）の制定までは、皇位継承についての明文の規定はなかったが、皇位は、それぞれの時代の価値観や社会情勢を背景にしつつ、すべて皇統に属する男系の者で皇族の身分を有するものにより継承されてきた。その際、半数近くは非嫡系による継承であった。また、一〇代八方の女性天皇（男系女子）が存在するが、その性格や位置付けについては、必ずしも一括りにすることはできない。

明治典範において、皇位継承をめぐる争いを回避するなど皇室制度の安定化を図るため、皇位継承について初めて明文化されたが、その際、皇位継承資格が男系男子（非嫡系を含む。）に限定された。

さらに昭和二二年に制定された現行の皇室典範（以下「現行典範」という。）で、嫡出であるという要件が加えられた。

この結果、現行制度は、歴史上、皇位継承の仕方が最も狭まったものとなった。

現行典範では、皇位継承資格者の要件として、皇統に属する嫡出の男系男子の皇族であることを定めている。この制度の趣旨は以下のとおりである。

1）皇統に属すること

歴代天皇の血統に属することを求めるものであり、世襲制をとる以上当然の要請である。

2）嫡出であること

明治典範では非嫡出子も皇位継承資格を有することとされていたが、戦後、現行典範制定時に、社会倫理等の観点から、嫡出に限定されたものである。

3）男系男子であること

歴史上、皇位は一貫して男系で継承されてきたことなどから、明治典範、次いで現行典範において、この要件が規定された。

4）皇族の身分を有すること

皇族制度は世襲による皇位継承を維持するための仕組

みであり、その趣旨から当然の要請である。

上記の皇位継承資格者の要件のうち、1)「皇統に属すること」及び4)「皇族の身分を有すること」は、制度の趣旨から当然の要請であり、また、2)「嫡出であること」は、国民の意識等から今後とも維持することが適当であるため、皇位継承資格者の安定的な存在を確保するための方策を考えるに当たっては、3)の男系男子という要件が焦点となる。

(1) 男系継承の意義等

皇位は、過去一貫して男系により継承されてきたところであり、明治以降はこれが制度として明確にされ、今日に至っている。

ア. 皇室典範制定時における男系男子限定の論拠

明治典範、現行典範の制定時には、男系継承を制度化するに当たり、それぞれの時代背景の中で、様々な論拠が挙げられている。

具体的には、明治典範制定時には、

・男性尊重の国民感情、社会慣習がある中で女性天皇に配偶者がある場合、女性天皇の尊厳を傷つける。

・我が国の相続形態は男子を優先し、長子が女子で次子以降に男子がある場合は男子が相続することになっている。

・歴史上の女性天皇は臨時・中継ぎのいわば摂位であり、皇統は男統に存するというのが国民の考え方である。また、その在位中、配偶者がなかったが、今日、独身を強いる制度は、道理や国民感情に合わない。

・女性天皇の皇子は女性天皇の夫の姓を継ぐものであるから皇統が他に移り、伝統に反する。

・配偶者が女性天皇を通し政治に干渉するおそれがある。

・女性が参政権を有しないにもかかわらず、政権の最高の地位に女性が就くことは矛盾である。

などの点が指摘され、また、現行典範制定時には、
・過去の事例を見る限り男系により皇位継承が行われてきており、それが国民の意識に沿うと考えられる。
・歴史上の女性天皇は臨時・中継ぎの存在であったと考えられる。
といったことがその論拠とされた。

イ．男系継承の意義についての考え方

男系継承の意義等については、今日においても、
・これが我が国の皇位継承における確立された原理であり、それ以上に実質的な意義を求めること自体が無意味であるとする見解
・女系になった場合には皇統が配偶者の家系に移ったと観念されるため、これを避けてきたものであるとする見解
・律令や儒教など中国の影響により形成されたものであり、必ずしも我が国社会固有の観念とは合致せず、また現実に、女系の血統が皇位継承において相応の役割を果たしてきた事実もあるとする見解
・武力等を背景とした伝統的な男性優位の観念の結果によるものであり、男系継承自体に固有の原理が存在するわけではないとする見解

など、種々の議論があるが、これらは個人の歴史観や国家観に関わるものであり、それぞれの見解の当否を判断することから皇位継承資格の検討に取り組むことは適当ではない。したがって、ここでは、これまで男系継承が一貫してきたという事実を認識した上で、過去どのような条件の下に男系継承が維持されてきたのか、その条件が今後とも維持され得るのか、を考察することとする。

（2）男系継承維持の条件と社会の変化

男系による継承は、基本的には、歴代の天皇・皇族男子から必ず男子が誕生することを前提にして初めて成り立つものである。

過去において、長期間これが維持されてきた背景としては、まず、非嫡系による皇位継承が広く認められてい

たことが挙げられる。これが男系継承の上で大きな役割を果たしてきたことは、歴代天皇の半数近くが非嫡系であったことにも示されている。また、若年での結婚が一般的で、皇室においても傾向としては出生数が多かったことも重要な条件の一つと考えられる。

このような条件は、明治典範時代までは維持されており、制度上、非嫡出子も皇位継承資格を有することとされていたほか、戦前の皇室においては、社会全般と同様、一般に出生数も多かったことが認められる。

しかしながら、昭和二二年に現行典範が制定されたとき、まず、社会倫理等の観点から、皇位継承資格を有するのは嫡出子に限られ、制約の厳しい制度となった。実際に、現行典範の制定の際の帝国議会では、皇籍離脱の範囲を拡大するとともに、非嫡出子を認めないこととすれば、皇統の維持に不安が生じかねないため、女性天皇を可能とすべきではないかとの指摘もあった。

近年、我が国社会では急速に少子化が進んでおり、現行典範が制定された昭和二〇年代前半には四を超えていた合計特殊出生率（一人の女性が、一生の間に産む子供の数）が、平成一六年には一・二九まで低下している。皇室における出生動向については、必ずしも、社会の動向がそのまま当てはまるわけではない。しかし、社会の少子化の大きな要因の一つとされている晩婚化は、女性の高学歴化、就業率の上昇や結婚観の変化等を背景とするものであり、一般社会から配偶者を迎えるとするならば、社会の出生動向は皇室とも無関係ではあり得ない。

戦前、皇太子当時の大正天皇が結婚された時のご年齢が二〇歳、その時点で妃殿下が一五歳、昭和天皇のご成婚時（同じく皇太子当時）には、それぞれ二二歳と二〇歳であったことを考えると、状況の変化は明らかである。現に、明治天皇以降の天皇及び天皇直系の皇族男子のうち、大正時代までにお生まれになった方については、お子様（成人に達した方に限る。）の数は非嫡出子を含め平均三・三方であるのに対し、昭和に入ってお生まれになった方については、お子様の数は現時点で平均一・六方となっている。

男子・女子の出生比率を半分とすると、平均的には、一組の夫婦からの出生数が二人を下回れば、男系男子の数は世代を追うごとに減少し続けることとなる（注）。実際には、平均的な姿以上に早く男系男子が不在となる可能性もあれば、逆に男子がより多く誕生する可能性もあるが、このような偶然性に左右される制度は、安定的なものということはできない。

このような状況を直視するならば、今後、男系男子の皇位継承資格者が各世代において存在し、皇位が安定的に継承されていくことは極めて困難になっていると判断せざるを得ない。これは、歴史的に男系継承を支えてきた条件が、国民の倫理意識や出産をめぐる社会動向の変化などにより失われてきていることを示すものであり、こうした社会の変化を見据えて、皇位継承の在り方はいかにあるべきかを考察する必要がある。

（注）試みに、仮に現世代に五人の男系男子が存在するとして、現在の社会の平均的な出生率（平成一六年合計特殊出生率一・二九）を前提に、将来世代の男系男子の数を確率的に計算してみると、男子・女子の出生の確率をそれぞれ二分の一とすれば、子の世代では三・二三人、孫の世代では二・〇八人、曾孫の世代では一・三四人と、急速な減少が見込まれる（出生率を一・五としても、曾孫の世代では二・一一人となる。）。

（補論）旧皇族の皇籍復帰等の方策

男系男子という要件を維持しようとする観点から、そのための当面の方法として、昭和二二年に皇籍を離れたいわゆる旧皇族やその男系男子子孫を皇族とする方策を主張する見解があるが、これについては、上に述べた、男系男子による安定的な皇位継承自体が困難になっているという問題に加え、以下のように、国民の理解と支持、安定性、伝統のいずれの視点から見ても問題点があり、採用することは極めて困難である。

・旧皇族は、既に六〇年近く一般国民として過ごしており、また、今上天皇との共通の祖先は約六〇〇年前の室町時代までさかのぼる遠い血筋の方々であることを考えると、これらの方々を広く国民が皇族として受け入れることができるか懸念される。皇族として親しまれていることが過去のどの時代よりも重要な意味を持つ象徴天皇の制度の下では、このような方策につき国民の理解と支持を得ることは難しいと考えられる。

・皇籍への復帰・編入を行う場合、当事者の意思を尊重する必要があるため、この方策によって実際に皇位継承資格者の存在が確保されるのか、また、確保されるとしてそれが何人程度になるのか、といった問題は、最終的には個々の当事者の意思に依存することとなり、不安定さを内包するものである。このことは、見方を変えれば、制度の運用如何によっては、皇族となることを当事者に事実上強制したり、当事者以外の第三者が影響を及ぼしたりすることになりかねないことを意味するものである。

・いったん皇族の身分を離れた者が再度皇族となったり、もともと皇族でなかった者が皇族になったりすることは、これまでの歴史の中で極めて異例なことであり、さらにそのような者が皇位に即いたのは平安時代の二例しかない（この二例は、短期間の皇籍離脱であり、また、天皇の近親者（皇子）であった点などで、いわゆる旧皇族の事例とは異なる。）。これは、皇族と国民の身分を厳格に峻別することにより、皇族の身分等をめぐる各種の混乱が生じることを避けるという実質的な意味を持つ伝統であり、この点には現在でも十分な配慮が必要である。

（3）女子や女系の皇族への皇位継承資格の拡大の検討

憲法において規定されている皇位の世襲の原則は、天皇の血統に属する者が皇位を継承することを定めたもので、男子や男系であることまでを求めるものではなく、女子や女系の皇族が皇位を継承することは憲法の上では可能であると解されている。

皇位継承制度の在り方を考察するに際し、世襲による継承を安定的に維持するという基本的な目的に立ち返れば、皇位継承資格を女子や女系の皇族に拡大することが考えられる。これは、内親王・女王やその子孫も皇位継承資格を有することとするものである。

女性天皇に関しては、明治典範や現行典範の制定時にもこれを可能にすべきであるという議論があった。現行典範制定の際の当時の帝国議会においては、歴史上も女性天皇の例があること、親等の遠い皇族男子より近親の女性を優先する方が自然の感情に合致すること、皇統の安泰のために必要であることなどの理由から、女性天皇を可能にすべきではないかとの質疑が行われた。その時点では、男系男子の皇族が相当数存在しており、皇位継承に不安がなかったことなどもあり、男系継承の意義や女性天皇を可能とした場合の皇位継承順位などの在り方に関して、なお研究を行った上で結論を得るべきものとされた。男系男子の皇位継承資格者の不在が懸念される状況となっている現在、女性天皇や女系の天皇について、まさに真剣な検討を行うことが求められていると言わなければならない。

以下では、このような認識に立って、先に述べた三つの基本的視点に照らして、女子や女系の皇族に皇位継承資格を拡大することにつき、考察を行う。

ア．安定性

まず、皇位継承資格者の存在を安定的に確保するという観点から見ると、女子や女系の皇族に皇位継承資格を拡大した場合には、男女を問わず天皇・皇族の子孫が継承資格を有することとなるため、男系男子限定の制度に比べれば、格段に安定的な制度となる（注）。

また、制度の安定性という観点からは、象徴としての天皇の活動に支障がないことも求められるが、国事行為を始めとする象徴としての活動に、女子や女系の皇族では行い得ないものがあるとは考えられない。女性の妊娠・出産等は、国事行為の臨時代行制度などにより対応可能であり、象徴としての活動の支障にはならない。

なお、皇室において継承されてきた宮中祭祀についても、歴史的には女性天皇もこれを行ったとの記録が存在する。

（注）（2）（注）と同様の条件で試算をすれば、五人の現世代に対して、男系・女系や男子・女子を問わない場合の子孫の数は、子の世代六・四五人、孫の世代八・三二人、曾孫の世代一〇・七三人となる。

イ．国民の理解と支持

国民が、象徴としての天皇に期待するものは、自然な血統に加え、皇位とともに伝えられてきた古来の伝統や、現行憲法下の六〇年近くの間に築かれてきた象徴天皇としての在り方を含め、皇室の文化や皇族としての心構えが確実に受け継がれていくことであろう。このような観点から皇位継承資格者の在り方を考えた場合、今日、重要な意味を持つのは、男女の別や男系・女系の別ではなく、むしろ、皇族として生まれたことや皇室の中で成長されたことであると考えられる。

皇位が男系で継承されてきた歴史等を背景として、天皇は当然に男性であるとの観念が国民の間に存在してきたことは事実であろう。それは、男子による家督の継承を重んじた明治の民法の制度や一般社会における家の観念、社会における男性の優位の観念とも結び付いていたと思われる。しかし、他面、現行典範が制定された昭和二二年以降、我が国では、家族観や社会における男女の役割分担などをめぐって、国民の意識や制度に様々な変化が生じてきていることも考慮する必要がある。

例えば、戦後の民法の改正により、婚姻の際に女性が男性の家に入る制度や長男が単独で家督を相続する制度が廃止され、現実にも両性の合意による婚姻という観念や相続において長男を特別な存在とはみなさない考え方が広く浸透するなど、男性中心の家族観は大きく変わってきた。家の観念そのものも、男性の血筋で代々継承されるべきものというよりも、生活を共にする家族の集まりととらえる方向へと変化してきているものと見られる。

また、女性の社会進出も進み、性別による固定的な役割分担意識が弱まる傾向にあることは各種の世論調査等の示すとおりである。

長い歴史や伝統を背景とする天皇の制度と、一般社会における家族観や男女の役割分担についての意識とを直ちに結び付けることはできない。しかし、最近の各種世論調査で、多数の国民が女性天皇を支持する結果となっていることの背景には、このような国民の意識や制度の変化も存在すると考えられる。天皇の制度において、固有の伝統や慣習が重要な意義を有することは当然であるが、他方、象徴天皇の制度にあっては、国民の価値意識に沿った制度であることが、重要な条件となることも忘れてはならない。

以上のような事情を考慮すると、国民の間では、女子や女系の皇族も皇位継承資格を有することとする方向を積極的に受け入れ、支持する素地が形成されているものと考えられる。

ウ．伝統

我が国では、これまで、一貫して男系により皇位が継承されてきた伝統があり、女子が皇位に即き、更に女系の天皇が誕生する場合、こうした伝統的な皇位継承の在り方に変容をもたらすこととなる。

皇位の継承における最も基本的な伝統が、世襲、すなわち天皇の血統に属する皇族による継承であることは、憲法において、皇位継承に関しては世襲の原則のみが明記されていることにも表れており、また、多くの国民の合意するところであると考えられる。

男系男子の皇位継承資格者の不在が懸念され、また、歴史的に男系継承を支えてきた条件の変化により、男系継承自体が不安定化している現状を考えると、男系による継承を貫こうとすることは、最も基本的な伝統としての世襲そのものを危うくする結果をもたらすものであると考えなければならない。

換言すれば、皇位継承資格を女子や女系の皇族に拡大することは、社会の変化に対応しながら、世襲という天皇の制度にとって最も基本的な伝統を、将来にわたって安定的に維持するという意義を有するものである。

（4）今後の望ましい皇位継承資格の在り方

これまで見てきたような皇位継承制度をめぐる国民意識や社会環境の変化は、我が国社会の長期的な変化に伴うものである。女性天皇や女系の天皇を可能とすることは、社会の変化に対応しながら、多くの国民が支持する象徴天皇の制度の安定的継続を可能とする上で、大きな意義を有するものである。

このような意義に照らし、今後における皇位継承資格については、女子や女系の皇族に拡大することが適当である。

女性天皇や女系の天皇はその正統性に疑問が生じるという見解もあるが、現在の象徴天皇の制度においては、皇統による皇位継承が維持され、幅広い国民の積極的な支持が得られる制度である限り、正統性が揺らぐことはない。

なお、皇位継承資格を女子に拡大した場合、皇族女子は、婚姻後も皇室にとどまり、その配偶者も皇族の身分を有することとする必要がある。女性天皇や皇族女子が配偶者を皇室に迎えることについては、性別による固有の難しさがあるとは必ずしも考えないが、初めてのことであるがゆえに、配偶者の役割や活動への配慮などを含め、適切な環境が整えられる必要がある。

2．皇位継承順位

《歴史と現行制度》

皇位継承順位については、明治典範制定までは明文の規定はなく、時代時代の社会情勢、価値観等に応じて様々な形がとられてきたが、歴史全体の流れとしては、直系継承へと向かい、直系継承が伝統の軸となっていった。皇位継承をめぐっては、歴史上、種々紛争も生じているが、皇統に属していることを不可欠の条件とした上で、母親の血筋、先例等によって、その即位の理由が説明されてきた。

明治典範において、初めて、明文の皇位継承順位が定められ、基本的にはこれを踏襲した現行典範の制度に至っている。

現行制度は、皇位継承資格を男系男子皇族に限定した上で、継承順位としては、まず天皇の子など直系子孫を優先し、天皇の子孫の中では年齢順に、長男とその子孫、次男とその子孫…の順に優先し、次いで近親を優先するものである。なお、明治典範との違いは、現行典範が、明治典範で認められていた非嫡系継承を否定したことに伴うもののみである。

この順位の考え方は、天皇の子など直系子孫に皇位が継承されることが歴史的にも多数を占めており、国民に受け入れられやすいこと、その中では年齢順を基準とすることが分かりやすく、世襲の在り方として自然であることなどを理由とするものである。

（1）皇位継承順位の設定方法
皇位継承資格を皇族女子や女系の皇族に拡大する場合、現行制度との連続性等も勘案すると、皇位継承順位の設定には以下のような方法が考えられる。

1）長子優先の考え方
男女を区別せずに、現行の継承順位の考え方を適用して、天皇の直系子孫をまず優先し、天皇の子である兄弟姉妹の間では、男女を問わず長子を優先する考え方
2）兄弟姉妹間で男子優先の考え方
1）と同様に、まず天皇の直系子孫を優先した上で、伝統的に男性の天皇が圧倒的に多く、国民は天皇が男性であることになじんでいるという認識の下に、天皇の子である兄弟姉妹の間では男子を女子に優先する考え方
3）男子優先の考え方
現在、男系男子のみが皇位継承資格を有することから、直系子孫を優先することよりも男子を優先することを重視し、まず、皇族の中で男子を優先した上で、その後に女子を位置付けることとし、男子、女子それぞれの中では、直系、長系、近親を優先する考え方
4）男系男子優先の考え方
3）において、「男子」に替えて、「男系男子」を優先する考え方

（2）直系優先の原則と男子優先の原則

上記4つの考え方の中では、1）、2）が、天皇の直系子孫をまず優先するものであるのに対し、3）、4）は直系、傍系を問わず、まず男子又は男系男子を優先するものである。

この点に関しては、

・皇位継承の在り方としては、過去から現在まで伝えられてきた皇位を将来につないでいくことが重要であり、この過去から将来への連続を象徴する形として、親から子に、世代から世代へと伝わる直系継承が最もふさわしい。国民の側から見ても、親から子への継承が最も自然なものと認識される。

・皇位継承者は、天皇の役割を継承する存在であり、天皇の身近で生まれ、成長された皇族であることが望ましい。

・皇位継承資格を嫡出子に限定する制度や少子化という状況の下では、直系子孫の中に男子が不在という状況は決して稀なことではなく、3）、4）の制度をとると、傍系の継承により天皇の系統が比較的頻繁に移転する結果となることが想定される。その場合、お代替わりにより従前の継承順位が変動するなど複雑な制度となり、また、皇位の安定性という意味でも好ましくない。3）の制度の場合は、母親よりもその子（男子）の方が継承順位が上位になることとなり、世襲の在り方として不自然である。

・伝統的にも直系継承が多数を占めている。

ことなどから、まず、直系を優先する制度、すなわち、1）「長子優先」又は2）「兄弟姉妹間男子優先」が望ましい。

（3）「長子優先」と「兄弟姉妹間男子優先」

皇位継承順位については、国民が、将来の天皇として、幼少時から、期待をこめてそのご成長を見守ることのできるような、分かりやすく安定した制度であることが求められる。そのことは、ご養育の方針が早い段階で定まるということにもつながる。

このような観点から、「長子優先」と「兄弟姉妹間男子優先」とを比較すると、「兄弟姉妹間男子優先」の場合、男女の出生順によっては皇位継承順位に変動が生じ得ることとなり、国民の期待やご養育の方針が定まりにくいという結果をもたらす。これは、長子たる女子（姉）の後に男子（弟）が誕生した場合、弟が姉よりも先順位となることに由来するものであり、このことは、現行制度のように皇嗣（皇位継承第一順位者）たる皇子を皇太子とすると、皇太子が交代する事態が生じ得ることを意味するものである。

しかも、兄弟姉妹間に生じ得る年齢差を考えると、このような不安定な期間が相当程度継続することがあり得ると考えなければならない。

これに対し、「長子優先」の場合、出生順に皇位継承順位が決まることから、制度として分かりやすく、また、国民の期待やご養育の方針も早期に定まるという点で優れている。

国民が、天皇が男性であることになじんでいる面はあるとしても、以上のような意味での安定性は、最大限に尊重されることが望ましい。

したがって、天皇の直系子孫を優先し、天皇の子である兄弟姉妹の間では、男女を区別せずに、年齢順に皇位継承順位を設定する長子優先の制度が適当である。

3．皇族の範囲

《歴史と現行制度》

七世紀末〜八世紀初に成立した律令においては、天皇の四世の子孫までが皇族とされていたが、実際の運用においては、奈良時代後半以降、次第に、天皇の子であっても皇族でなくなったり、また、世数にかかわらず皇族となったりするなど、弾力的な取扱いがなされるようになった。

明治典範においては、天皇・皇族の子孫は世数を問わず皇族となる永世皇族制が採用された。その後、明治四〇年の明治典範増補により、皇族の規模を調整する必要性を背景に皇籍離脱制度が設けられるなどの制度の整備が行われ、現行典範に至っている。

現行典範の皇族の範囲の考え方の概要は以下のとおりである。
○天皇・皇族の嫡出子及び嫡男系嫡出の子孫並びに天皇・皇族男子の配偶者を皇族とする。
○天皇・皇族の嫡男系嫡出の子孫は、世数を問わず皇族とする（永世皇族制）。
○二世までの皇族男子を親王、皇族女子を内親王とし、三世以下の皇族男子を王、皇族女子を女王とする。
○内親王・女王は、天皇・皇族以外の者との婚姻により、皇籍を離脱する。
○皇太子・皇太孫以外の親王はやむを得ない特別の事由により、また、内親王・王・女王は、その意思に基づき、又はやむを得ない特別の事由により、皇籍を離脱する。これらの離脱に際しては、皇室会議の議によることを要する。
○天皇・皇族は養子をすることができない。
○皇族以外の者は、女子が天皇・皇族男子と婚姻する場合を除き、皇族とならない。
皇族の規模を適正に保つための仕組みについては、現行制度では、その範囲を法制度上限定することは困難という判断により、永世皇族制をとりつつ、皇籍離脱制度の運用により、皇族の規模を調整するという考え方をとっている。その際、上記の「やむを得ない特別の事由」による皇籍離脱には、規模調整のための離脱が含まれると解されている。

また、皇統が乱れることや国民と皇族との区別が曖昧になり混乱が生じることなどを避けるという明治典範の考え方を引き継いで、皇族になる場合を、天皇・皇族からの出生及び天皇・皇族男子との婚姻に限り、養子の禁止等を定めている。

（1）皇族の範囲の考え方

皇族制度は、世襲による皇位継承を確保するとともに、一定の場合、天皇の国事行為を代行するなど天皇の活動を支えるため、天皇の親族を皇族とし、制度上、一般の国民と異なる地位とするものである。皇族の範囲に関しては、皇位継承資格者の安定的な存在を確保することを大前提にしつつ、皇族は特別な地位にあること、財政的な措置が伴うこと、皇族の規模が過大となった場合には皇室としての一体性が損なわれるおそれがあること等の見地から、皇族の規模を適正に保つことが求められる。女子や女系の皇族に皇位継承資格を拡大した場合においても、このような要請を満たす制度とする必要がある。

（2）永世皇族制と世数限定制

現行制度では、皇族女子は天皇及び皇族以外の者と婚姻したときは、皇族の身分を離れることとされているが、女子が皇位継承資格を有することとした場合には、婚姻後も、皇位継承資格者として、皇族の身分にとどまり、その配偶者や子孫も皇族となることとする必要がある。

その場合、将来的に皇族の数が相当程度増加する可能性もあるため、天皇と血縁の遠い子孫から皇族の身分を離れるという考え方の下に、一定の世数を超える子孫を一律に皇族でなくする世数限定の制度をとることも考えられる。しかしながら、世数限定の制度をとった場合には、歴代の天皇や天皇の近親の皇族に、一定数の子が安定的に誕生しなければ、皇位継承資格者の存在に不安が生じることになるため、現在のような少子化傾向の中では、世数限定の制度を採用することはできない。このため、現行制度の考え方を踏襲して、天皇・皇族の子孫は世数を問わず皇族の身分を有するいわゆる永世皇族制を前提にした上で、その時々の状況に応じて、弾力的に皇籍離脱制度を運用することにより、皇族の規模を適正に保つこととすることが適当である。

なお、現在の皇族女子については、婚姻により皇籍離脱する現行制度の下で成長されてきたことにも配慮が求められる。その際、世数、皇室の構成等も勘案する必要がある。

(3) 皇籍離脱制度

皇籍離脱制度については、現行制度では、親王は意思による離脱ができないのに対し、内親王は、王や女王と同様、皇室会議の議により、意思による離脱ができることとされている。これについては、女子も皇位継承資格を有することとする以上、親王と内親王とを区別する理由はないこと、親王・内親王と王・女王との間では、皇籍離脱の条件等に差が設けられるべきであることから、内親王に関する制度を親王に関する制度に合わせ、共に意思による離脱ができないこととすることが適当である。

また、やむを得ない特別の事由があるとき、皇室会議の議により、皇籍を離脱する制度については、現行制度と同様、親王、内親王、王、女王すべてについて可能とすることが適当である。現行制度では、皇太子及び皇太孫については、やむを得ない特別の事由による皇籍離脱制度が適用されていないが、今後は、女子の皇太子及び皇太孫についても、同様の制度とする必要がある。

親王・王が皇籍離脱する場合等の配偶者や直系卑属等の離脱の制度は、内親王・女王の離脱の場合等もこれと同様の制度となるよう見直しを行う必要がある。

皇籍離脱制度により皇族の規模の調整を行う場合には、以下のような点に配慮し、円滑な運用を図る必要がある。

・若年の皇統に属する皇族の数を目安として、将来における皇族の規模の適正化という観点から、離脱の要否を判断する。
・原則として世数の遠い皇族から離脱する。
・離脱の決定は、当事者の将来予測を可能にするため、適切な時期に行う。

4．その他関連制度

現行制度には、以上のほかにも、皇族男子と皇族女子との間で差異が設けられているものが存在する。これらは、主として、皇位継承資格の有無に基づくものであり、皇位継承資格を女子にも拡大することに伴い、見直しが必要となる。具体的には、以下のような関連制度について、基本的には皇族女子に関する制度を皇族男子に合わせる方向で見直すことが必要である。

（1）女性天皇、内親王、女王の配偶者に関する制度

1）配偶者の身分

現行制度では、天皇（男性）、親王、王の配偶者は皇族となることとされている。これと同様に、女性天皇、内親王、女王の配偶者も皇族の身分を有することとする必要がある。これに伴い、戸籍上の扱いも、天皇（男性）、親王、王の配偶者と同様、婚姻の際に、その戸籍から除かれ、皇統譜に登録することとする必要がある。

2）配偶者の名称

現行制度では、天皇（男性）の配偶者は皇后、天皇（男性）の寡婦は太皇太后、皇太后と称されている。また、親王、王の配偶者には、それぞれ、親王妃、王妃の名称が用いられている。女性天皇、内親王、女王の配偶者等についても、専門的知識を有する有識者等の知見も得て、適切な名称を定める必要がある。

なお、天皇、皇太子、皇太孫という名称は、特に男子を意味するものではなく、歴史的にも、女子が、天皇や皇太子となった事実が認められるため、女子の場合も同一の名称を用いることが適当である。

3）配偶者の敬称等

現行制度では、皇后、太皇太后、皇太后の敬称は、天皇と同様「陛下」とされ、その他の皇族は「殿下」とされている。また、陵墓についても、皇后、太皇太后、皇太后は、天皇と同様「陵」、その他の皇族は「墓」とされている。女性天皇の配偶者、寡夫についても、これと同じく、天皇と同様の敬称等とする必要がある。

4）婚姻手続き

現行制度では、天皇（男性）、親王、王の婚姻は、皇室

会議の議を経ることとされている。これと同様に、女性天皇、内親王、女王の婚姻についても、皇室会議の議を経ることとする必要がある。

（2）摂政就任資格・順序

天皇が成年に達しない場合や重大な事故等により国事行為を自ら行うことができない場合は、摂政を置くこととされている。現行制度では、天皇の配偶者・寡婦（皇后、皇太后、太皇太后）も、この摂政に就任する資格を有することとされている。これと同様に、女性天皇の配偶者・寡夫も摂政就任資格を有することとする必要がある。

また、就任の順序については、現行制度では、皇族男子（皇太子、皇太孫、親王・王）が優先され、次いで皇后・皇太后・太皇太后、さらに内親王・女王、という順位が設定されている。この順序は、皇位継承資格を有する者を優先するという考え方であると思われるため、今後は、まず、男女を問わず皇位継承資格を有する皇族を先順位とし、次いで、天皇の配偶者・寡婦（夫）を位置付けるという考え方をとることが適当である。皇位継承資格者の範囲内では、現行制度と同様、皇位継承順によることが適当である。

なお、この摂政就任資格・順序は、国事行為の臨時代行にも準用されているため、臨時代行制度にも以上の考え方が適用されることとなる。

（3）皇室経済制度

皇族としての品位保持の資等に充てるために支出される皇族費について、現行制度では、親王と内親王、王と女王との間で差が設けられている。具体的には、独立の生計を営む場合の年額につき、内親王及び女王は、それぞれ親王及び王の二分の一の額と定められており、これが、皇籍離脱等の際の一時金にも反映される制度となっている。これは、皇位継承資格の有無に着目して設けられた差異であると考えられるため、内親王・女王も皇位継承資格を有することとした場合には、親王・王の水準に合わせる必要がある。

また、親王・王についてのみ配偶者の皇族費の額が定められているが、婚姻による皇籍離脱制度の見直しに伴い、内親王・女王の配偶者についても、同等の額を定める必要がある。

なお、皇族費及び内廷の日常の費用等に充てられる内廷費については、皇族としての役割等に照らして十分な水準となるよう適時適切な見直しを行う必要がある。

結　び

象徴天皇の制度は、現行憲法の制定後、六〇年近くが経過する中で、多くの国民の支持するものとして定着してきた。我々は、古代から世襲により連綿と受け継がれてきた天皇の制度が、将来にわたって、安定的に維持されることが何よりも重要であり、また、それが多くの国民の願いであるとの認識に立って、検討に取り組んできた。

象徴天皇の制度は、国民の理解と支持なくしては成り立たない。このことを前提に、冒頭述べたように、制度の成り立ちからその背景となる歴史的事実を冷静に見つめ、多角的に問題の分析をした結果、非嫡系継承の否定、我が国社会の少子化といった状況の中で、古来続いてきた皇位の男系継承を安定的に維持することは極めて困難であり、皇位継承資格を女子や女系の皇族に拡大することが必要であるとの判断に達した。

古来続いてきた男系継承の重さや伝統に対する国民の様々な思いを認識しつつも、議論を重ねる中で、我が国の将来を考えると、皇位の安定的な継承を維持するためには、女性天皇・女系天皇への途を開くことが不可欠であり、広範な国民の賛同を得られるとの認識で一致するに至ったものである。

検討に際しては、今後、皇室に男子がご誕生になることも含め、様々な状況を考慮したが、現在の社会状況を踏まえたとき、中長期的な制度の在り方として、ここで明らかにした結論が最善のものであると判断した。

ここでの提言に沿って、将来、女性が皇位に即くこととなれば、それは、近代以降の我が国にとっては初めての経験となる。新たな皇位継承の制度が円滑に機能するよう、関係者の努力をお願いしたい。

皇位の継承は国家の基本に関わる事項であり、これについて不安定な状況が続くことは好ましいことではない。また、皇族女子が婚姻により皇族の身分を離れる現行制度の下では、遠からず皇族の数が著しく少なくなってしまうおそれがある。さらに、将来の皇位継承資格者は、なるべく早い時期に確定しておくことが望ましい。このような事情を考えると、皇位継承制度の改正は早期に実施される必要がある。

当会議の結論が、広く国民に受け入れられ、皇位の安定的な継承に寄与することを願ってやまない。

〈著者略歴〉

佐藤文明（さとう　ぶんめい）

フリーランス・ライター、戸籍研究者、批評者。1948年東京生まれ。自治体労働者（戸籍係）を経て、フリーに。“グループ社会派”で活動。1979年に〈私生子〉差別をなくす会を結成。

著書に『戸籍って何だ』『個人情報を守るために』『在日「外国人」読本〔増補版〕』『あなたの「町内会」総点検』『「日の丸」「君が代」「元号」考』（緑風出版）、『〈くに〉を超えた人びと』（社会評論社）、『戸籍がつくる差別』（現代書館）、『戸籍うらがえ史考』（明石書店）などがある。

本書の補助情報・改訂情報などは

http://www2s.biglobe.ne.jp/~bumsat/book.htm/

なお、本書中に掲載されている URL 等は変更される場合があります。

プロブレムQ＆A

お世継《よつ》ぎ問題読本《もんだいどくほん》

［どこへ行く？　女性天皇論争］

2007年3月30日　初版第1刷発行　　定価1800円＋税

編著者　佐藤文明 ©

発行者　高須次郎

発行所　緑風出版

〒113-0033　東京都文京区本郷 2-17-5　ツイン壱岐坂

〔電話〕03-3812-9420　〔FAX〕03-3812-7262　〔郵便振替〕00100-9-30776

［E-mail］info@ryokufu.com

［URL］http://www.ryokufu.com/

装　幀　堀内朝彦

組　版　R 企 画　　印　刷　モリモト印刷・巣鴨美術印刷

製　本　トキワ製本所　　用　紙　大宝紙業

E2500

ISBN978-4-8461-0704-8　C0336